国外毛泽东研究译丛
主编 石仲泉 萧延中

Chinese Communism and the Rise of Mao

中国的共产主义与毛泽东的崛起

典藏本

[美] 本杰明·I·史华慈 著
Benjamin I. Schwartz
陈 玮 译

中国人民大学出版社
·北京·

出版说明

毛泽东是举世公认的20世纪最为重要的革命家、政治家和思想家之一，也是一位颇富个性的诗人。鉴于他对现代中国之思想、制度和社会所产生的深远影响，也鉴于他对建构20世纪国际政治格局所产生的重要作用，数十年来，对毛泽东本人及其思想体系的研究已经成为一个具有长久意义的学术领域。毛泽东研究不仅是中国的，也是世界的。尽管国外的毛泽东研究在理论目标、分析方式、社会功能和学术立场等方面与国内存在差异，但在全球化之“现代性”和比较政治学的宏观视角上，其研究成果，应当被看作毛泽东研究整体的一个重要组成部分。

基于这样的一种视域和理解，在毛泽东诞辰120周年之际，我们在众多国外毛泽东研究的学术著作中，精选翻译了这套“国外毛泽东研究译丛”，首先旨在推进毛泽东及其思想研究的深入扩展，同时也期望为人们进一步审视和反思20世纪人类的“现代性”过程，提供一个侧面的资料支持。

“国外毛泽东研究译丛”是编委会与中国人民大学出版社精心合作的科研出版成果。华东师范大学中国当代史研究中心的诸位专家，为本译丛的持续和拓展做出了大量建设性的贡献。秉承学术研究的基础准则，我们注意精选那些经过时间检验，具有较强理论价值和持久影响，持论公允、论说严谨的研究著述。对于那些具有严肃治学精神和审慎论证的学术作品，即使与我们的学术观点不尽一致，也在选择范围之内。

“国外毛泽东研究译丛”的作者都是享誉世界的知名专家，他们慷慨允诺我们翻译其各具特色的学术名著，是促成此一国际学术交流盛事的基础要素。国内各位权威专家慨然允诺担任译丛的顾问，是对我们译介工作的肯定和支持。审读专家们对选题和译文所提出的多方面的修改意见，也是译丛能够顺利出版的重要条件。在此，我们向上述所有关心、支持译丛翻译出版的专家、学者和单位，一并表示敬意和谢意。

对书中出现的引文，编译者采取如下的文献处理原则：凡国内有对应的公开发表的毛泽东著作，均按中文版本原文进行核校；凡属毛泽东文稿，但未公开发表者，按相关文献进行核校，如凡引用日本学者竹内实主编《毛泽东集》和《毛泽东集补卷》者，按该书进行核校；凡属不能确定是否为毛泽东著作的引文，则尊重原作者的引文，未加处理，如凡引用《毛泽东思想万岁》和国外报刊报道的文献，一律按外文原文译出。

译介工作本是一件永远达不到尽善尽美境界的苦差，语际书写过程中的误读、遗漏和错置，以及特定条件的局限所带来的问题等都在所难免。我们恳切期望和真诚欢迎来自国内外专家学者以及广大读者的指教和批评。

编委会

2013年8月

目　录

中文版代序：他给我们留下了什么？[1]

——史华慈史学思想与人文精神初探

林同奇

史华慈教授离开我们两年多了。他的去世曾广泛引起西方汉学界的沉痛哀悼。去年四月《东西方哲学》（Philosophy East and West）还开辟专栏，刊载他去世前写的最后一篇文章[2]，美国亚洲学会也有专题讨论。但在中国，至今还没有什么有组织的反应。记得在费正清东亚研究中心的一次集会上，史华慈曾富有感情地说："有的人喜爱中国，有的人厌恨中国。我尊敬她。"《世界汉学》今天郑重推出这期专辑，在他毕生研究并由衷尊敬的中国，纪念、介绍这位汉学界的一代宗师，的确是非常有意义而且应该的。

但是，人世有代谢，往来成古今！时间是无情的，它终将吞噬一批又一批勤学有成的学者或思想家的名字，乃至他们的有价值的成就也往往被人遗忘。今天史华慈的不少著作虽然被公认为汉学领域的经典著作，但随着时代的推移，视野的转变，资料的积累，加上当今中外学界著书立说的惊人速度或加速度，有可能不要二三十年，汉学界中有兴趣研读他著作者已经无多。不过，这种结局对史华慈而言，大约并非意外。

史华慈曾说过，文化（指非物质层面的文化）在某种意义上只是围绕着一些无法确解的问题意识（Problematiques）所展开的持续的会话或辩论的过程。尽管这些"问题意识"具有超越历史与文化的普世性，可是针对它们所提出的答案却必然会因时、因地、因人而异，因为人们的关注视角乃至表达方式都必然千差万别，不断变化。思想史在这个意义上可以说就是对这个漫长而往往是众声喧哗的对话与辩论过程所做出的历时性分析。因此，史华慈很清楚自己所能扮演的角色，深知自己的著作只是这个无止境的对话过程中的一瞬即逝的“一个微弱的声音”。他曾把整个非物质层面的文化比喻成一座储存人类经验与思想的“图书馆”。他说：

> 写书的人多半热切希望把自己的书放在图书馆未必就意味着从此他的思想就将死去。诚然，绝大部分的卷册可能再也无人问津，可是谁也不能保证这些书就此长眠不语。[3]

史华慈一向对人（首先包括他自己）的局限性和可堕失性(fallibility)有深刻的理解和体认。而且，他是一位非常淡泊名利的学者，他的学生曾说“我们很难再找到一个人比他对权力的种种炫饰更加兴趣索然的了”[4]。显然，史华慈不仅无意青史留名，他甚至根本不会去掂掂自己的学术遗产有多么重。我仿佛听到一个声音叮嘱我：“如果一定要说我还有什么学术遗产，它只是人类思想的长廊里‘一个片面的、可能失误的微弱的声音’。”[5]但是，和其他声音一样，它可能有朝一日忽然引起另一个声音的共振，因为发出和接受这些声音的心灵毕竟是相通的。

把学术遗产仅仅理解为几本专著，似乎是近代西方学术思想极度专业化带来的偏见。史华慈所尊敬的苏格拉底和孔子都没有自己撰写的学术著作。史华慈通过言传身教，参加各种学术会议，广泛接触来自世界各地的学人，培养了一代又一代的汉学专家[6]，无形之中影响了一批遍布全球的曾经来美求学的学者。传道、授业、解惑是他的志业和乐趣，也是他的学术遗产中颇具特色的重要组成部分，应该另写专文予以介绍。他的内容充实、富有卓识洞见的专著正被译成中文。本文目的只是向国内学人介绍他的史学思想及人文精神。因为我感到正是他的史学思想和人文精神使他的著作具有经典性，并赋予他作为人师所独具的那种风范和魅力。

史华慈并无有关史学思想的专著或专文，但是经常随文点拨，很难归纳。他的人文精神更是渗透在他的众多著作之中，史华慈在自选的一本论文集中曾说：

> 我无意为我的这些文章所表述的每条意见或提法进行辩护，也不想按照事后的认识来改写它们。我的主要目的是借此来重新考虑并重新申述作为这些意见与提法之依据的那些预设与关切。当时我写下这些意见和提法时并不是为了去证实任何一种已经明言的、预先建立的“方法论”。可是，当我重新检视这些意见和提法时，我察觉存在着一些渗透其中的，并未明言的关切与预设，对这些关切与预设我则大体上仍然准备为之辩护。[7]

可以说，史华慈并没有一套固定的系统的“方法论”。他的方法就是由这些“关切与预设”组成的。他的人文精神也大半体现在其中。但这些关切与预设之间都有某种可寻的内在联系，从而构成一个相当连贯、统一的治学导向。较之“史学方法”，统称之为“史学思想”可能更加妥帖。据此，本文的做法不是全面系统地描述一个完整的方法论，而是经由史华慈的著作（他具体的“意见和提法”）去阐述他的史学思想和人文精神（他的“关切与预设”）。这种阐述必然带有综合成分，实际上是一种诠释，难免带有主观成分而且有些凌乱。再则，史华慈的一些具体意见与提法已引起一些争议。[8]我个人无意（且不说不能）为他的每条意见和提法申辩。但有一点我深信不疑，即史华慈的史学思想和人文精神将比他的具体的意见和结论具有更强的生命力。在史华慈诸多史学思想内容中，关于他的运思方式本专辑中已有描绘，本文不再详谈。

史华慈一生著作大体可分为三类。第一类属中国现实政治研究，可称时论，多已收入两本自选论文集：《共产主义在中国：流变中的意识形态》(1968)（下简称《流变》）和《中国与其他》

(1996)（下简称《其他》)。这类著作多半记录了他跟踪中国现实政治发展达半个世纪的研究成果。第二类属中国政治史研究，即《中国的共产主义与毛泽东的崛起》(1951)（下简称《毛泽东的崛起》)，是由史华慈的博士论文改写而成，是他的成名之作。第三类属中国思想史，主要包括《寻求富强：严复与西方》(1964)（下简称《寻求富强》)。此外，史华慈还有不少的论文散见各杂志，尚未整理成册。我认为推动史华慈穷毕生之力潜心研究中国的最终的驱动力不是对中国的好奇心，也不是由于响应当时美国学界提出的种种思想挑战，甚至也不是对有关中国的专业知识的知性的追求。诚然，他偶然也用"好奇"(curious）这个词来描绘自己研究中国的心情，他一直热切参与美国学界随时出现的争论，他有强烈的追求事物真相的知性诉求。但是，埋藏在这一切实用的、知性的动力背后或下面的是对人类命运的深切关怀，是对人的思想世界及其奥秘的探究，是一种具有深沉宗教情操和冷静理性思考的人文主义的诉求，这种思想上的诉求我想称为"史华慈式的人文主义"。换言之，站在这位中国问题专家和中国思想史专家背后的是一位真正的思想家。这个看法是本文的结论。下文将大体按照史华慈著作的时间顺序，就其中一些具体意见和提法，介绍他的史学思想和人文精神。史华慈的思想很难简述，他的文章一经压缩就难免失其原貌，因此本文有时不得不长篇引用原著而且加进较长的批注，希望读者能耐心细读。

一、"问题意识"和研究政治人物的框架：史华慈时论的特色

史华慈在青年时期的研究兴趣并不在现实政治。他在哈佛大学本科主修南欧文学，学士论文为《巴斯噶和18世纪法国启蒙思想家》(1938)，其中心议题是人性、伦理、宗教。毕业后史华慈曾想当高中语文教师，也曾有意做犹太教教士。他自述他写的第一篇论著是关于印度佛教传入中国后对中国文化所产生的影响。可见青年

史华慈的兴趣本在探究人的内心世界，特别是伦理与宗教问题，而且已带有比较思想的倾向。但是，正如他自己所常说的，由于第二次世界大战前后的种种外在机缘，他终于进入费正清主持的中国地区研究班攻读硕士学位。他曾风趣地说，当时恰好有一笔奖学金，“由于金钱的引诱，我放弃了对中国古代佛教的研究，开始注意中国当代问题”[9]。在此后数十年，史华慈仍然一直密切注意中国的现实政治动态。据说在很长一段时间里，他几乎每日都阅读《人民日报》，而且几乎不间断地写出一篇又一篇讨论中国现实政局的时论直到1989年。他还明说：“在我拿了永久聘书之后，我的研究方向就不取决于外缘因素了。”[10]究竟是什么内在力量促使史华慈继续关心并研究中国现实政治呢？我认为这主要是出于他把现实政治的研究，同政治史与思想史的研究一样，都看成是一种探索人的思想世界，理解人的奥秘及其命运的重要渠道。其主旨和他后来的严复研究与先秦诸子研究可说一脉相承。

从20世纪50年代开始美国学界研究中国政治现状逐渐成风，一度几成显学。但是不少学者认为这种研究，由于资料来源的限制，而且内容往往未必可信，加上研究者本人容易卷入政争，导致情绪化，因此难登学术大雅之堂。但史华慈认为资料不足，易于情绪化是任何历史研究都必须克服的困难，并非时论所独有。他认为新闻与学术的“最后分水岭”不在话题的不同，而在于前者只提出当前局势中大家都关注的议题，后者则同时还能提出“更加广阔深远的重大思想议题”，探究“一系列与人有关联的广泛而富有意义的议题，并且为这些议题打开新的丰富的探索领域”[11]。另外，学术研究者不能像新闻从业人员那样只满足于报道“事实真相”，而必须“深切意识到当他分析周遭正在发生的事件时，他自己无时无刻不在运用并测试自己所具有的，已明言或未明言的政治的、社会的乃至哲学的预设”[12]。因此他说：“即使华盛顿和北京之间的所有冲突明天全部得到解决，当代中国研究依然极具思想上的吸引力。”[13]

以《流变》一书为例。该书共有十篇论文，涉及20世纪50年代的中苏同盟、中国的百花齐放、反右、“大跃进”、中苏论战、“文化大革命”，等等。从文章的标题上看，它很像一本通常的时事研究或新闻分析论文集。但是它却提出了一系列新闻分析往往未能提出的远为深远的关切与议题。例如，史华慈指出在比较具体的层面上，该书提出了什么是当今的共产主义，其走向是什么，中国整个社会走向何处，整个世界走向何方；在比较概括的层面上，它提出了什么是民族主义，民族主义和跨国界的意识形态之关系如何。当一套思想从自己的文化与历史的母体移植到另一个异质的文化与历史环境时，会发生什么变化？当它上升为这个社会的统治的意识形态时又会发生什么变化？在更深刻的层面上，它甚至提出并讨论了人的思想意识和行为（政治行为、经济行为、社会行为）到底是如何联系起来的，大家知道，这是一个极具争议性的而且涉及心理学社会学乃至哲学的根本问题。[14]

从上文我们已经可以察觉到在史华慈著作中，经常出现关切（concern）、议题（issue）、预设（assumption）和后来的“问题意识”这些词语。它们是构成史华慈史学思想的基本概念或范畴。“关切”最少在史华慈本人不止是一般的关注，往往是指一种深刻的存在感受，有时近乎我们的“忧患意识”。[15]史华慈认为关切是开展思想史研究的“基始依据”（primary datum）。人类有一些“历久不衰，反复出现的共同关切”（perennial common human concerns），往往构成某种人生的奥秘，例如生死爱欲。它们是思想论说的原生点，不应再把它们完全化约为某种心理学或社会学的要素。“议题”指的是为了解决关切而引发的争论中的焦点，可有不同层次。如果换成我们的语言，可以说只有关切而无议题，不成其为学术，只是倾诉；只有议题而无关切，不成其为思想，只是戏论。争论一旦扩大，则形成“话语”（discourse）。论域参与者往往各有自己立论的明言的或未明言的预设。但是大家既然能参与同一论域则必有某些共同预设，否则无法进行辩论和对话。关切、议题、预设相互关联，构成史华慈所谓的“问题意识”（problematique）。此词是指由相关的议题作为核心所组成的问题丛，它可大可小，无固定结构，也无明确边界，因此似不宜译为“问题结构”。林毓生经过再三斟酌，译成“无法获得确解的问题”，我认为深得其意。因为依史华慈，这类问题的解答是有的，而且会层出不穷，但事实上都无法取得一个明确无误、肯定无疑的答案。而且，答案的内部往往充满张力，带有史华慈常说的“富有成果的歧义性（或模糊性）”（fruitful ambiguity）。但林毓生的翻译较饶舌，为方便计，本文采用“问题意识”。问题意识是史华慈史学思想中的一个关键性范畴。这个观念贯穿史华慈全部著作。史华慈认为整部思想史，乃至非物质层面的文化，都可以视为环绕各种问题意识而展开的对话。史华慈的时论不断提出比较深层的关切、议题、预设和问题意识，使它们具有通常时论所罕见的思想洞见和耐读性。

史华慈时论的另一特色是他研究政治人物的框架。战后美国兴起史学和社会科学相结合的风尚，史华慈对此是欢迎的，但是当时也出现一股内容庞杂却颇有影响的思潮，其共同趋向是认为不能用人们，尤其是政治人物自己所申言的思想、信念来解释他们的行为。因为他们认为这些人的思想、信念本身最终完全可以，而且必须由一些社会学、社会行为科学、深层心理学、文化人类学或政治文化背景来解释。在这种思潮影响下，一些政治学家认为对共产主义国家政治人物的决策行为只需用权力欲求来解释，无须涉及他们的思想与信念，而权力行为又完全可以用权力游戏中的某种内在逻辑来解释。史华慈对这种取消人的自主性，把人彻底单面化的“人的模式”非常不满。他曾提出自己的“人的模式”：

> 我们所需要的是一种可以呈现人的全部的带有悲剧性的复杂性的人的模式。这种模式把人视为一种依据各种思想和目标采取行动的受造物，这些思想和目标又以无数的方式和追求权力及保持自身利益纠缠在一起。此外，他还得对既不是他所创造，也不是他所能预见的客观处境所提出的种种要求做出反应。[16]

关于史华慈的人的模式下文还将详谈。按照这种模式，政治人物的权力欲求不是在真空中运作，它和思想、目标、利益、处境等彼此互动，纠缠在一起。因此，他认为人在处理权力时可以采取无数的，很难完全预测的方式：

> 它可以不顾一切地盲目扩大权力，也可以在扩大权力的同时清醒地估量其中的风险，也可以只想保全已有的权力，甚至可以让出权力。而且掌权者心中的思想、理想和信念又可以和处理权力的方式发生各种不同的联系。同一思想在某一时刻可能刺激权力欲求，在另一时刻却可能只为已有权力做出辩解。在同一套意识形态的复合体中，有一部分可能会真正引导权力去采取某种方式，而另一部分却可能变成只是为权力辩解的套话。[17]

人是一种充满“悲剧性、复杂性”的受造物。这一判断是史华慈的史学思想中最根本的预设之一。探索人的“全部的带有悲剧性的复杂性”则是他的终生志业。政治人物的研究也必须放在这个框架中进行。他在研究毛泽东这位颇有争议的政治人物时既没有像今日某些美国的中国通那样把他妖魔化，也没有像当年美国的一些“新左派”那样把他神化。[18]下面拟选择史华慈《德性统治：“文化大革命”中领袖与党的宏观透视》(1968) 这篇时论（下简称《德性统治》）为例，以说明史华慈思想谱系与问题意识结合的方法。

二、思想谱系和问题意识相结合：《德性统治》

《德性统治》这篇文章写于“文化大革命”仍在激烈进行的1968年春天。

文章的前半部基本上以时论方式出现。史华慈认为当时的中国共产党不论作为一种“人员组合”，还是作为一种“组织结构”都已暂时瘫痪。但是在真正信仰马列主义的人看来，共产党不只是其组成细胞（即人员）的总和，也不只是经过解剖后剩下的一副骨架子（即组织结构），而是“一种大于其部分之总和的‘本体论’意义上的有机体。这个有机体的‘灵魂’是马克思赋予工业无产阶级的一切智力上与道德上的能力”[19]。史华慈断言在这种意义上的党，毛泽东并没有捐弃，也绝不会捐弃。因此，重建这种意义上的党势在必行。问题在于如何重建。诉诸“德性统治”（the reign of virtue）正是在这个历史脉络中终于完全浮现出来的理念。它成为重建中国共产党和中国社会的重要思想导向。

史华慈采用“德性统治”一语，是由于人们常把法国大革命雅各宾专政称为“恐怖统治”（the reign of terror）。史华慈把它改成“德性统治”，旨在提醒大家在这场“恐怖统治”背后还有一个重要的思想远景（vision），那就是对于“德性统治”或“道德理想国”（朱学勤语）的追求。“德性统治”在雅各宾派那里是指一种企图“把人民组织起来粉碎一切自私自利、结党营私的图谋，建立一个使每个社会成员都充满公共德性的社会”[20]。换成“文化大革命”的语言可以说就是“通过无产阶级专政建立一个六亿神州尽舜尧的理想社会”。

必须指出的是，史华慈在这里着重提出毛泽东的理想远景，绝不意味着无视在毛泽东的政治行动背后有一种从1959年后就日益激烈的权力斗争和某种“大大膨胀了的个人自尊与自傲”。他只是想指出毛泽东的远景理想是理解他的政治行为绝不可少的一个重要因素。[21]

显然《德性统治》是想从思想史上追溯“文化大革命”中的德性统治的历史根源。这是一种思想谱系的追寻。但是，在史华慈的心目中这种纵向的探源同时也是横向的探理。因为在史华慈看来，这种思想上的探源实际上往往是围绕着一些重大问题意识而展开的不同思想家之间的跨时代的（乃至跨文化的）的对话。如果说思想谱系可视为问题意识的历时性展现，则问题意识可视为思想谱系的共时性铺陈。

从思想谱系上说，《德性统治》侧重追寻“文化大革命”的西方思想根源。这一点和许多中外学者强调“文化大革命”和中国传统文化的连续性很不一样。但是，这并不意味着史华慈忽视传统思想对“文化大革命”的影响。在该文结束前，他专门指出“‘文化大革命’的许多主导思想似乎说明中国传统文化的看法（尽管激进派表面上采取了反传统姿态）起了比西方思想更加有力的作用”[22]。接着他还集中讨论了孟子的思想对“文化大革命”的可能影响。其实，《德性统治》侧重阐述“文化大革命”的西方根源是因为他在“文化大革命”中看到了一个他自己一直关切的跨越古今中外的巨大的问题意识。他说：“我之所以首先集中探讨可能来自西方的根源，恰恰是因为西方某些‘实用的’学者倾向于在毛泽东的道德的豪言壮语中仅仅看到一种中国特有的现象。”[23]他问道：“如果我们探讨的是一种许多人都认为疯狂的现象，那么这种疯狂是毛泽东一人所独有的，还是和更广阔的中西思想史有某种联系呢?”[24]他还进一步指出，即使这些学者从西方寻找“文化大革命”的根源，他们往往也只知道从马列主义这个比较具体的特殊的意识形态去寻找，忽视了隐藏在这一特殊意识形态背后的“更加一般的”、“其源起最少可以追溯到启蒙时期的思想”，而这种思想的影响比某种与它有关联的特殊思想体系要深远得多。换言之，史华慈一方面固然在追寻“文化大革命”的思想谱系，但同时也提出一个最少涵盖西方启蒙运动以来二三百年未曾解决的巨大问题意识。这个问题意识他直接称为“卢梭式的问题意识”（Rousseauan problematic）。[25]在史华慈看来，在毛泽东和罗伯斯庇尔的“疯狂”的背后，隐藏着这个悬而未决的卢梭式的问题意识。单纯地嘲笑或咒骂这种“疯狂”，不如冷静地面对这个巨大的问题意识提出的挑战。所以他在《德性统治》结束时，明确指出：“也许比文化根源更有意义的是这里所讨论的问题已取得了跨文化的意义。”[26]

粗略地说，史华慈所谓的“卢梭式的问题意识”是由启蒙运动中两股互相对立交错的思潮所组成。一股史华慈称为“工程取向”，指的是当时以伏尔泰或百科全书派为代表的思潮，它相信人类的关键问题大部分可以通过科技进步和精心设计的政治、经济秩序或社会制度最终得到解决。另一股史华慈称为“道德取向”，可以卢梭为代表，它认为人类的问题最终得靠个人和整个社会的内在道德品质和人际关系的改善才有可能得到解决。制度安排和科技进步必须从属于道德的完善，并对工程取向想绕过人的动机问题去建立功利主义伦理观提出激烈批评。

罗伯斯庇尔的“德性统治”终于彻底失败了。但是这个失败却激发了整整一代青年思想家的思考。青年黑格尔和青年马克思都认为卢梭的“人民”只不过是追求私利的个人和集团的杂凑，根本无法体现卢梭的公意。黑格尔提出体现这个公意的是现代国家，而马克思则在阶级这个概念中蕴含了卢梭的公意。他们两人都把卢梭的道德取向彻底“历史化（historisize）”了。卢梭的静态的道德理想国蓝图被精心化成一部动态的历史的伦理剧。黑格尔把这部伦理剧视为向自由的进军。马克思更把卢梭的道德理想和圣西门的科技工业，把道德取向和工程取向综合起来，使之转变为一股不可抗拒的历史洪流。他可以一方面满腔义愤地谴责历史进步所带来的种种不公正与异化现象，另一方面又可以对人类的科技天才沾沾自喜。在他的理想社会中，人们既可以具有卢梭的社会美德又可以享受美好的物质生活。这是马克思主义特有魅力的重要源泉。列宁和斯大林都继承了马克思综合两种取向的意图。两人虽然都强调党员的道德品质，但是列宁同时也强调革命家的工作效率，而斯大林则更多趋向工程取向，突出党在建设社会主义中的专业能力。如果说毛泽东嫌他的党不够红，斯大林则嫌他的党不够专。卢梭式的问题意识就这样经过罗伯斯庇尔、马克思、列宁、斯大林终于再度摆到了“文化大革命”时期的毛泽东的面前，在他的思想中卢梭的社会道德因素把圣西门的技术官僚式的因素彻底边缘化了。

史华慈指出工程取向在战后的美国进入了鼎盛时期，但是卢梭的道德取向并未绝迹，例如，当时美国的“新左派”（New Left）就带有明显的卢梭的影响，在非西方世界中尤其如此。在该文结束时他说：“毛泽东后的中国明显地又转向了我所谓的工程取向，但是本文所提出的种种问题对中国而言仍然没有解决，对我们这些在中国以外的所有人来说，也同样没有解决。”[27]换言之，这个卢梭式的问题意识不论在西方或东方至今仍然都“没有获得确解”。

思想谱系和问题意识相结合是史华慈史学思想的重要特色，也是解读他的著作的重要线索。这一特色使史华慈的著作比较难读，因为这种著作是由纵横两条线交织而成，往往布满大小的岔路和曲折的幽径，读者容易迷失方向。但是也正是这个特色使他的著作耐读，曲径寻幽，它往往会给细心的读者带来意外的收获和喜悦。

三、“人的模式”和“三角互动”:《毛泽东的崛起》

史华慈曾说，当他回顾研究中国这个非西方文明时，发现自己“总是趋向于把精力集中在当时在美国史学界的专业中并不吃香的两个领域，即政治史和思想史”[28]。“当我反思隐藏在这两个领域背后究竟有什么公约数时，才发现它们都是涉及人的有意识活动的领域，也就是说人的意识和他所遇到的处境之间，以及他和他在此处境中所采取的行动之间的关系”[29]。换言之，驱使史华慈在千门万户的中国文化中选择政治史和思想史作为终生研究内容，是出于他对“人的有意识生活”的强烈兴趣和关注，是他探索“人的全部复杂性”的志业无形之中所决定的。人的有意识生活在此可理解为由意识、处境和行动三者之间的“三角互动”所交织而成的有血有肉的网络。[30]它是政治史和思想史共同关注的领域。其不同仅在于：如果说思想史侧重人的内心世界和真理宣称（truth claim），较多从思想层面入手；政治史则侧重政治决策、权力斗争和意识形态的变化，较多从行动层面入手。下面让我们看看史华慈是如何界定“人的意识世界”的，他说：

> 我所谓的意识不限于认知那套语言，而且包括意志、情感和有意向之行动的那套语言。这种人的意识是个人的可堕失的（fallible）意识，不是黑格尔式的观念的进军。它预设人的意识可能为自己的利益服务并为之辩解，但也可能做出真理宣

称。观念可能超越利益，但也可能转而为利益服务。它可能不经反思地作为一种“集体心态”被局限在某些持续的文化导向的界限里，但也可能用一种反思的、诠释的态度对待这些导向。它甚至可以抛弃这些导向，转而接受从外国文化中介绍进来的一些倾向。当然意识要和种种自然的和社会政治的外在“力量”所组成的世界不断互动，要和完全是临时出现的处境不断互动。最后，这种意识生活的领域绝不是由纯粹的理想和明澈的理性所独占之地，它同时也是犹豫难断、失误堕落、异化和道德冲突昭然若揭的坐落之所。至于同一个人类怎么可能一方面被束缚在自己的文化、自己的历史轨道、自己的阶级、自己的社会地位和心理的种种癖性之中；另一方面又会向往并力求做出种种真理宣称而且据之而采取行动，则是一个谜，一个不仅对古代与现代的中国人而且对我们自己同样是个没有破解的谜。[31]

这段话是在史华慈去世前三年写的。我认为它可以被视为理解史华慈全部史学思想的带有关键性的一段话。它是史华慈对人性所做的巴斯噶式沉思，勾画出史华慈特有的人的模式。这种模式一方面坚持人的哪怕是有限而脆弱的自主性（autonomy），另一方面又警示了他的随时起作用的可堕失性。自主性指的是人有运用思想，通过反思超越自身的利益和视野，从而做出真理宣称（求真）并据以决定自身行动（欲善）的能力，它展示了人的灿烂辉煌。可堕失性指的是人在运用这种能力过程中，由于自身利益与视野的限制，由于判断错误或意志脆弱而造成失误和堕落，它展示了人的悲惨与渺小。人性的吊诡就在于他的自主性和可堕失性不仅共存，而且共生，因为只有当人有了自主性才有可能产生失误。至于“同一个人是如何可能一方面被束缚在自己的文化、自己的时空、自己的社会阶层和自己的心理历史之中，另一方面又可以让自己相信自己的行为和看法可以建立在事物之本然和应然之上”则是一个“终极之谜”，一种人性的奥秘。[32]

史华慈的终生志业就在于尽可能穷究这个错综复杂、气象万千的人的意识世界，尽可能去理解（而不是破解）这个无法破解的人性之谜。在这种人性的穷究中，“政治史不是被视为一种唯一可能的不可逆转的发展过程，而是被视为储存政治经验的种种例案的宝库”，“政治行动和政治事件之所以重要，不仅由于它们在某种在世界范围内展开的历史长剧中占有一席之地，而且由于它们是研究在不同时空中进行政治活动的人的比较材料”[33]，政治活动只是一个窗口，通过这个窗口去审视那个大写的人。换言之，审视大写的人才是驱使他研究政治史的最终动力。在这个意义上，史华慈是名副其实的人文主义的政治史家。

诚然，政治史要着重研究人的有意识活动，但是史华慈再三强调人的有意识活动并不是在真空中进行的。它是在客观处境所产生的种种问题、压力和制约中展开的。例如，当史家讨论中国政治人物提出政治纲领、做出决策或彼此争辩之前，必须经常考虑诸如中国经济中农业比重很大，中国人口的压力极重，中国传统文化根深蒂固，中国的对外关系常带来强大压力等等。因此研究中国的政治史家非常需要经济学家、人口学家、文化人类学家等等来帮助他们了解政治行动发生时人物的处境。另外，除了这些外在因素，还有政治人物的内在因素也可能起某种决定作用，诸如他们的社会背景、个人经历、性格、癖习、嗜好，当然还有意识形态等等都可能是解释人物有意识行动的缘由。但是史华慈强调的最根本一点是，不管是外来的或者是内在的可以起作用的一切因素，通通都得通过政治行动者有意识的政治行动这个无法回避的媒介才能发挥作用。他说：“这就打开了政治领域中相对的自主性的空间，也打开了政治行动和决策可以相当有力地影响历史进程的可能性。”[34]因此，人的意识、处境和行动之间的三角互动就成为史华慈研究政治史和思想史的一种根本方法，通过这个方法不仅使政治人物的行动成为可以理解的行动，而且展示了历史事态的发展并不像有些人事后回顾时说的那样只有一种可能。

结构主义的人类学家列维—斯特劳斯曾强调：人文科学的最终

目标“不是建构人而是消解人”，即把人消解在各种各样的非人格的结构，诸如生物的、社会的、人类学的结构之中。史华慈坚决反对这种只有结构没有人的对历史的诠释。他说：“本文所谓的中国思想史不仅仅关注‘中国的思想’，而且要关注中国人在他们的历史处境的框架里如何不断地想而又想。同样，中国政治史不仅仅要去重建中国这个国家的无时间性的各种制度性结构（尽管这工作也很必要）。而且应该是一部卷入这些结构的人的活生生的玩弄政治的历史。”[35]因此，他说：“历史的诠释所应该关切的仍然是建构人而不是消解人。”[36]

这种通过“三角互动”以建构活生生的人的史学方法令他对战后一批社会科学家提出的种种模式，尤其是自称可以包罗万象的解释模式，颇有反感，例如魏特夫（K. A. Wittfogel）主编的《东方专制论》，弗里德里克（K. Friedrick）的极权主义理论，斯大林的社会发展五阶段说，以及当时刚刚冒尖的某种现代化理论。所有这些理论都企图用一种可以涵盖一切的，固定的框架来解释世界共产主义运动。还有一些学者则从文化人类学、社会心理学甚至语言学理论出发抓住中国语言、传统文化与政治文化中的一些特点，夸大其作用，用以解释中国当代的各种变迁。当时史华慈的老师费正清非常鼓励他的学生熟悉、使用这些理论与模式，但是，追忆当时自己的心情，史华慈说：

> 我虽然无意否认这些或其他假说可能具有启发思路的价值，但是，我必须坦白承认从一开始我就发现自己对隐藏在这些假设背后的“科学的”妄自尊大有一种强烈的抗拒心理。我们刚把自己的脚拇指踏进中国这片人类经验的茫茫大海，就被邀请去充当一位不受任何条件限制的科学家，以“超越的主体”自居把中国当作一个应用自己理论的对象，肆意查考。[37]

史华慈心目中的“人类经验”，依我理解不限于客观的存在，也不限于主观的感受，而是指上文所说的人的意识、处境和行动的三角互动交织而成的、有血有肉的人的生活网络。史华慈不能容忍“科学模式”的傲慢，不仅因为这些模式太僵化封闭，无法适应复杂流变的人类经验，而且还因为他无法把自己先验地放在一个“科学家”的地位任由自己的理论去宰割它的研究对象——一个有自己的思想与感情、苦难与希望的巨大的人的集体。作为一位富有人文关切的史学家，他只能带着同情、尊敬乃至惊奇的心情走进这一片人类经验的茫茫大海。他说：“当我们断断续续，十分费劲地可以阅读中文文本时，我发现自己就像进入了一个新的非常复杂的多层面的世界。”[38]

正是基于这种人的模式和三角互动的方法，《毛泽东的崛起》的重点不在描述历史事件，寻找因果关系，也不在经由推动中国共产主义运动发展的客观的社会和政治状况来考察这个运动，而是按史华慈自己的说法：“经由中国共产主义运动的教义这个参照系及其内部政治斗争来考察这个运动中的一段历史。”[39]因此，他笔下的这段中共历史（从建党到1933年）在不小的程度上是经由李大钊、陈独秀、瞿秋白、李立三、王明、毛泽东及其他革命精英在面临多种多样的处境和复杂的任务下“想而又想”，“用什么方式去完成或未能完成这些任务”，从而一步步展开的。

四、视野的比较与扩展：《寻求富强》

在撰写《毛泽东的崛起》中，史华慈很快发现中共领导人中几乎无一不与“五四”的激烈反传统思潮有过密切联系，他们只是20世纪初以来探求西方“现代性”之核心意义的两代知识分子中很小的一部分。史华慈感到如果脱离前面这段历史脉络，就无法真正理解毛泽东等人的思想世界。[40]这一切显然代表了一种追溯思想谱系的“冲动”。它使史华慈从毛泽东上溯到“五四”，又从“五四”上溯到严复，但是，史华慈选择严复作为他第二个研究对象，除了出于思想溯源外，还由于他心中横亘着一个问题意识，即西方无限追求富强所带来的困境。他说，他之所以选定严复是因为在他看来，

“严复的关切是有重要意义的关切，他力求解决这些关切的努力是有重要意义的努力，他所提出的问题对于中国和西方都具有深远的涵义”[41]。因此，他说：他无意将此书写成一本严复的正传，他将把注意力主要集中在严复的关切和思想上。[42]换言之，《寻求富强》又一次体现了史华慈把思想谱系和问题意识相结合的方法。

但是，在进入严复研究时，他的史学思想似乎有了新的（最少是更加明确的）发展，这种发展在他回顾他的研究如何从毛泽东回溯到“五四”时期时，有所透露。他说：

> 我对（中国）过去文化越来越有兴趣，绝不仅仅是受到中国传统和共产主义或现代化有什么关系这个问题所驱动。既然我从来就没有相信过共产主义或被称为历史之终局的现代化已经给我们提供了解决人类存在所有奥秘的答案，我就仍然相信以各种不同形态出现的人类的一切经验对于人生的悲惨渺小和辉煌灿烂都有其意义。注意研究这些经验可能永远无法解决全部奥秘。但是，当我们针对某些持续存在的——或者我不知能否大胆称之为普世性的——人类关切做出响应时，这种研究肯定可以充实丰富我们对于不确定性之范围的理解。[43]

“不确定性”（indeterminacy）一词在史华慈的词汇中指的是，人不是一种完全由外在环境所决定的消极的生物，他可以在面临外在环境时，做出不能完全事先即已确定的响应，这种看法（即人可以具有一定范围的不确定性）又是建立在人拥有一定限度的自主性这个预设上面的。[44]在此意义上，人拥有的不确定性的内容愈丰富，范围愈广阔，他在响应环境挑战时选择的余地就愈多，从而也可能愈加恰当。据此，我们可以说，史华慈在着手研究严复时已明确提出他治学的另外一个深远的目的，即通过不同文化的比较，拓展人的视野，使人在对一些普世性的关切做出响应时，有更多可供选择的参照系，我认为这是史华慈研究比较思想史的一个中心意图或取向，可简称为“视野的比较与扩展”。

“视野”（horizon）在这里是借用伽达默尔（G. Gadamer）的用语。[45]在伽达默尔那里此词是指在诠释过程中“从某一特定的观察点（vantage point）所能看到的一切事物之眼界的范围（range of vision），在这个眼界范围中大大小小的事物之间呈现相对的重要性”[46]。“视野扩展”是指在诠释过程中诠释者的现在视野和所诠释之对象所处的历史视野的不断交融所必然导致的“视野”提升与扩展。[47]诚然，史华慈没有采用“视野”或“视野扩展”这类词语。但是在《寻求富强》中他一开始就说了一段话。如果把这段话和以上引述有关“人的不确定性”一段话放在一起考察，则可看出史华慈实际上已在使用这些概念。他说：

> 我认为在研究西方社会和任何特定的非西方社会交遇时，必须尽可能深入地把自己沉浸（immerse）在两个世界的种种特殊具体的情况之中，除此之外，别无他途……我们甚至于可以期待在双方交遇之处的本身可以提供一个新的观察点（vantage point），从那里可以对两个世界都采取新的看法。[48]

显然，史华慈认为从这个“新的观察点”所能看到的“视野”（或“不确定性的范围”）比从原来的观察点所能看到的要更加广阔。这实际上正是一种视野的扩展，而这种视野扩展正是通过视野的比较和交融来完成的。

我们也许可将史华慈“视野的比较和扩展”取向简单归结如下。首先，比较史家先确定一个比较对象——双方共有的关切（或问题意识）。如果说关切是研究思想史的原基出发点，则共同关切是研究比较思想史的原基出发点。其次，史家必须就此共同关切尽可能深入地沉浸在比较对象双方的世界之中（即进入研究对象双方各自所处的历史视野之中）去考察双方针对这个共同关切所提出的各自解答，特别是其中的不同的解答。这种考察或诠释过程可视为研究者和研究对象通过文本所展开的辩证的对话过程。由于比较史家还需要把经过自己诠释的双方对象进行比较，因此事实上形成了一个围绕共同关切展开的包括研究者和两个比较对象在内的三边对话。这是一个较一般诠释更加复杂的视野的比较与扩展的过程。下文拟简单介绍《寻求富强》如何体现这种史学取向的运作。

在此书中，史华慈认为严复当时（尤其在甲午战争之后）面临国运艰危，他的压倒一切的关切是国家富强。在向西方寻求富强之道的过程中，他进入了西方文明的本质，发现西方富强的总根源在于高扬人的力量，全力开发人类在体、智、德三方面的无限潜力，从而导致了对自然的不断征服以及人类社会所纠集起来的力量快速增长。史华慈把西方这种横决天下之动力的文明特质称之为“浮士德/普罗米修斯精神”。这套思想严复主要得自他对斯宾塞的综合哲学，尤其是他的社会达尔文主义的理解。后者把“物竞天择，适者生存”的思想运用在人类社会，尤其是当时的国际社会，使严复深信“最终足以解释西方社会中这些社会有机体（即民族国家）得以富强的根源是隐藏在个人之中的能量；而开发这些能量需靠一种开明的自利（‘开明自营’）。自由、平等和民主则提供了使这种‘开明自利’得以伸张的环境”[49]。但是，史华慈指出斯宾塞对严复思想的冲击除了社会达尔文主义一面，还有自由主义一面。这一面思想在严复所译的其他西方诸哲，如亚当·斯密（Adam Smith）、穆勒（J. S. Mill）、孟德斯鸠等人的著作中也十分显著。这批西方先贤（包括斯宾塞），都是被公认的古典自由主义者。因此，严复面临了一个深层的问题意识，即寻求国家富强和肯定个人自由之间的张力与矛盾究竟应如何处理。这个问题意识实际上是《寻求富强》全书关注的中心课题。它固然是严复的思想课题，但也是严复所崇敬的西方诸哲的思想课题。其实，说到底它也是盘旋于史华慈脑际的思想课题。在全书结尾时史华慈带着他特有的同情、困惑和忧虑点明了这个中国与西方共同面临的问题意识：

> 我们很难对严复或近代中国知识分子如此关切国力问题下什么判语。中国确实一直深受羞辱，而且当今世界，没有国力就无法生存。不过，事实却是一旦我们把价值作为获取力量的

手段来评估，这些价值就极可能变得脆弱难保，扭曲变形。

一旦卷入这类问题，严复和中国就进入了我们大家都在其中漂流的现代世界这个没有标明航道的大海之中。无限追求富强的浮士德式的宗教和实现社会/政治价值——乃至更根本的人生价值——之间的关系问题，对我们和对他们同样都仍然是一个有待解决的问题。[50]

为了比较严复和西方诸哲对这个共同问题意识的不同解答，史华慈一方面得尽可能地将自己“沉浸”在严复的世界之中，另一方还得将自己也沉浸在斯宾塞、赫胥黎、斯密、穆勒、孟德斯鸠等人的世界之中。他在书中分立八章，把严复的早期论文和七部作品，从《天演论》到《点评老子》逐章分别分析每位西方哲人的思想。全书立论主要以文本解读为基础，但同时把文本涵义放在政治变化与严复个人经历中来考察，基本上没有脱离上文介绍的“三角互动”方法。史华慈书的副标题是《严复与西方》，足见史华慈把重点放在中西双方交遇时严复所发出的思想火花。但是，史华慈采取的并不是“西方冲击——中国响应”的模式，而是一种在广阔的范围内，围绕该书序言作者，哈茨教授所谓的至今“没有被埋葬的”，“最重要的历史问题”，即上述的问题意识所进行的比较研究。我认为可以把史书的整个比较过程视为在史华慈主持和参与下严复和西方诸哲展开的一场跨文化对话，在这场对话中不仅暴露了严复对西方诸哲的某些误读，同时也暴露了西方诸哲本身思想中未能解决的矛盾和张力。[51]这个对话过程对史华慈而言则是一个视野反复比较与不断扩大的过程。它构成该书中最精彩的一部分，也是他的比较史学方法的一次示范。

五、史华慈学术生涯的归向：《古代中国的思想世界》

在《古代中国的思想世界》（下简称《古代》）一书序言中，史华慈说他明知中国古代思想是一片已被中外学者深入开垦的园地，但是他仍然决定再写此书。对此，他提出两方面的理由。首先，是出于思想史家通常都有的追寻思想谱系的癖好，特别是由于他认为先秦思想及其原典在很大程度上塑造了后来中国思想家所面临的问题意识。因此，要进一步了解从毛泽东到严复的中国现当代思想就必须回到先秦诸子。但是，我以为同样重要的仍然是出于史华慈所特有的对于问题意识的追问。在撰写《寻求富强》过程中他越来越意识到在严复思想的背后有一个广阔深邃的中国传统思想世界。这个心灵世界对史华慈极具吸引力，因为它提供了就他自己所特别关切的许多重大问题意识进行跨文化思考的无比丰富的可能性。他说："在处理古代中国的思想世界时，我无意全面铺开，也无意讨论中国、日本和西方文献中提出的所有议题和主题。我宁愿集中讨论对我而言似乎具有特别重要意义的议题和主题（即问题意识）。"[52] 另外，这里值得注意的是他特别强调自己对中国古代思想的兴趣"受到雅斯贝尔斯（Karl Jaspers）《历史的起源和终结》一书中'轴心时代'一章有关'世界历史的'提法的强烈刺激"[53]。他说："轴心时代提出的那些问题意识已经以一种错综复杂而且往往预想不到的方式进入了所有高级文明的人类文化史之中。""轴心文化对我们的启示，不在于各文明之间有相同之处，而在于进行富有意义之比较的可能性。"[54] 如果说《寻求富强》只限于严复和五六位西方思想家之间的比较，《古代》则一跃而扩大为先秦诸子和其他四五个源远流长的轴心文明传统之间的远为复杂困难、但更具吸引力的比较。如果说前者所考察的只限于当代的若干问题意识，后者所探讨的则是中外古今人类所面临的一系列普世性的问题意识。最后史华慈用了一句话概括他写这本书的理据："足以说明我做这件事的最终理据只能是：从人类思想的比较史的角度所理解的对思想本身的固有的兴趣。"[55]

史华慈的多元的身世经历（俄国的犹太家庭，移民到美国，出身贫苦，又进入哈佛，第二次世界大战从军到了日本，后来又进入中国研究），他的学术性格（对"思想本身的固有的兴趣"与人类命运的执著关怀），他的罕见的语言禀赋（能同时运用十种语言），以及他已形成的比较思想的思维定势似乎都在无形之中催促他下决心写出这本著作。从政治史到思想史，再到比较思想史；从毛泽东到严复，再到先秦诸子，是这位具有深沉人文情怀、强烈思想追求和广阔思想视野的汉学家史华慈几乎注定要选择的学术生涯的归向！下文准备就《古代》谈两个问题：史华慈的文化观及其与文化比较方法的关系，“史华慈式的人文主义”的一些特点。

六、文化观和文化比较方法的特点

20世纪70年代开始，文化人类学对美国史学思想产生了重大的影响。其中列维—斯特劳斯（Claude Levi—Strauss）和格尔兹（Clifford Geertz）二人最受史华慈瞩目。但是，前者把文化看成是类似结构语言学派所谓的“结构”；后者则视文化为体现意义网络的“象征符号系统”。史华慈认为“他们都把‘文化’看成一种（比人）高一层的现实存在，这些存在好像是在活生生的人的有意识的生活‘背后’或‘假手’这种有意识的生活而运作的，人只是这些总的图式的一些例证而已”[56]。例如列维-斯特劳斯曾专门研究神话的结构。他说：“我无意宣称自己能够说明人是如何在神话中思想的，但是，我可以说明神话如何在人未察觉的状态下‘假手’人将它自身显现出来。”[57]格尔兹则力图说明外在的客观的意义符号系统（“文化蓝图”）如何塑造人的思想与行为模式。史华慈由于坚信人具有一定的自主性，自然无法接受这类观点。他决定提出“文化导向”（Cultural orientations）这个概念以区别于列氏的“文化结构”和格尔兹的“文化蓝图”。史华慈采取“导向”一词一方面表示他承认文化对人的思想与行动具有一定的诱导和塑造的作用；另一方面却给人的自主性留下了运作的空间。因为，文化虽然极大地缩小了人可能选择的范围，但是在剩下的若干可能中，最后选择哪种可能，仍得由个人裁断。这是史华慈作为人文主义者不可放弃的底线。由于人的自主性的运作，人类文化并不是“建立在某些固定不变的原则之上的封闭的、紧密编织成的、整合得天衣无缝的系统”，而是“远为松散、脆弱的大有问题的一种整体”[58]。它诚然有若干占统治地位的、持久不衰的共同的文化导向，但是这些文化导向不仅彼此之间矛盾冲突，而且每种导向内部都充满张力。于是，这些导向往往会转化成问题意识，围绕这些问题意识展开了不间断的持续的对话。史华慈认为这正是思想史家和许多文化人类学家的不同之处，后者往往把文化视为某种固定不变的模式。作为推动“轴心文明”学说的史学家，史华慈无疑是一位文化多元主义者。但是，和某些后现代主义的多元主义者不同，他坚持人类有某种共同的关切和经验，不同的文化并不是完全散立的系统，而是有通约性的，可以相互沟通的不同的人类集体经验。他还指出亨廷顿的“文明冲突论”正是建立在文化是铁板一块难以沟通的整体这一错误概念上面的。

值得注意的是，史华慈在人类起源这个棘手问题上，也坚持人的自主性。格尔兹曾经臆测经过漫长岁月，把灵长动物塑造成为人类的是一种叫做文化的“外在的力量”[59]。可以说，格氏采用了“文化创造人”的观点。但史华慈宁可采用一种人与文化并进，乃至近乎“人创造文化”的观点。他说：“我们可以将从灵长动物中涌现出来的人类描绘为发展出某种预见、想像力和各种不确定性的内在的性向[60]（dispositions）。正是由于有了这些性向，文化符号才成为可能。”[61]他对这位新诞生的“人”做出如下描绘：

> 由此出现的是一种奇特的动物。为了对付他所理解的新环境，他必须生产出文化。他甚至于是这样一位受造者，由于对自己而言他多少是个奥秘和问题（麻烦），他总是对同一个“存在性的”（existential）问题做出不同的文化解答。用格尔兹自己的非常妥切的话说，……“问题由于是存在性的，所以是普世的；答案由于是属人的，所以是有分歧的”。[62]

这段话是史华慈从人类学角度提出的关于人类起源的臆测，但是和他对人性沉思所得出的结论是一致的。一方面，人有基于普世性人类生存经验和感受的共同关切；另一方面，人由于各自的文化、历史、身世、性情和利益等等的限制，对同一问题势必做出不同的，乃至相互冲突的响应。而且更“麻烦”的是，响应者几乎无一不认为自己的响应如果不是“真理”，至少也是“真理宣称”。这是人类文化及其困境之所以产生的人性论上的依据。

我想在这里顺便指出，其实史华慈提出“问题意识”这个重要范畴也与上述的人性论预设有关。既然人的自主性极为有限（他无法像斯宾诺莎的神那样“在永恒的相下”，从无限角度同时思考），既然普世性的问题必然会持续带来不同的解答，这类问题就极可能不断地转化成无法取得确解的问题意识。史华慈特有的“巴斯噶式”的运思方式并不是一种奇特的癖好或天性。归根结底，它是史华慈为了力求摆脱这种人性吊诡所容易造成的人的思想困局而不得不做出的艰苦努力。

史华慈认为文化导向可以诞生于远古时期（如中国龙山文化中的祖先崇拜），也可形成于有史时期（如殷商的普世王权思想）。但是，在轴心文明（约在公元前七八百年）以前，各大文明中的文化导向大体上皆属于某群体共同默认并遵循不逾的、未明言的预设。到了轴心时代，各大文明中出现了一批杰出的思想家或先知。他们往往由于强烈感受到人们的现实行为和大家公认的规范之间的巨大鸿沟，开始对于作为未明言之预设的文化导向做出比较全面的、带有根本性的反思并提出新的“理想远景”，出现了史华慈所谓的“超越的突破”[63]。于是围绕古老的文化导向展开了激烈争论，在中国出现了“百家争鸣”的局面。史华慈说：“这时，我们所面临的就不仅是文化导向，而是势将塑造文化导向之演变的思想史。”[64]因此，思想史家不能采取某些文化人类学家惯用的方法。他说：

> 与一些文化人类学家不同，思想史家对于提供足以打开整个文化的某种万古不变、明确无疑的“钥匙”的努力总是抱强烈的质疑态度，这类钥匙往往导致一些粗糙的总括性的提法，诸如“西方文化是X，中国文化是Y”。其实，和古希腊的思

想一样，中国古代思想并没有对古代文明所提出的问题提供单一的回答。从各个轴心文明中涌现出来的并不是众口同声的响应，而是一些共享的问题意识。只有当我们从总括的文化导向的层面下降到问题意识层面，跨文化的比较才变得最令人兴奋，也最具启发性。真理更多地存在于细腻的差别之中，而不存在于对甲文化或乙文化的总体性特征做出的粗糙的概括之中。也正是在这个层面，尽管更大的文化导向（按：指各大轴心文明的文化导向）之间存在着更巨大的分歧从而造成无可争辩的差距，我们仍然可以看到有可能出现某种普世性的属于整个人类的论域。[65]

这段话说明了史华慈文化比较方法的特点。史华慈在《古代》这部书中正是“下降到问题意识层面”，进行“跨文化比较”，并展示了一个“普世性的属于整个人类的论域”。在这里，我们几乎随时可以听到孔子和苏格拉底，墨子和霍布斯（Hobbes）、老子和《奥义书》，孟子和卢梭，荀子和柏拉图，韩非子和马基维利等等之间的对话。

七、“史华慈式的人文主义”：当今人类向何处去？

史华慈对人类管理自己的能力一向期待不高，对人类的命运历来抱着戒慎恐惧的心情，不敢过分乐观。但是，他对当今世界由西方主导的某些文化导向却特别感到忧虑。早在30年前他就说过“我们正生活在一个充满深刻的精神、文化和政治危机的时代”[66]，这种忧虑到晚年几乎发展到悲观失望的地步。

1. 浮士德/普罗米修斯精神溯源

史华慈认为标志着当今西方文明这种危机之特质的是一种他所谓的“浮士德/普罗米修斯精神（Faustian-Promethean spirit）。这种精神指的是一种全方位开发人的潜在能量（energy），用以无止境地控制、主宰包括自然界和人类社会在内的整个外在世界，从而几乎完全忽视了人类内心世界的调控，特别是精神、道德品质的提升”[67]。横决天下的动力、自我肯定、积极行动、无限扩张是这种精神最珍视的价值。[68]其强势形式可以将其他价值包括真、善、美、自由、平等、民主统统边缘化，视之为达成上述价值的工具。它的恶性发展则不仅导致天人关系断裂、精神价值源头枯竭，而且造成纯粹的物质享乐主义泛滥，自我喂养的消费主义失控。浮士德精神一旦和社会达尔文主义与某种民族主义的思想情感相结合，更造成个人、集团、民族国家之间为争夺财富、权力、荣誉而进行你死我活的惨烈厮杀。[69]

作为思想史家，史华慈深知浮士德精神的出现不是偶然的。它是近三百年来西方出现的若干思想趋向相互激荡、会聚所致。我将其中比较重要的思想趋势归纳为以下四种，史华慈分别称之为“化约主义的自然观”，“人类中心的主体主义”，“社会技术工程取向”和“社会环境决定论”。

化约主义的自然观指的是一种对宇宙真实的本体论看法。它把丰富多彩的宇宙或自然最后化约为只具有简单的物理性质（如广延、质量、运动）的某种素料（Stuff）（如某种粒子或连续性实体）按数字方程式组成的结构，也就是通常所谓的“牛顿式的宇宙范式”。[70]有人把这种化约主义上溯到古希腊的自然哲学。但是史华慈指出古希腊人探索自然往往带有深厚的人文关切，并非完全出于科学的冲动。直到16、17世纪科学冲动才成为压倒一切的驱动力。这种变化和号称“近代哲学之父”的笛卡尔有密切关系。笛卡尔把宇宙看成一架完全可以用数学和物理定律加以描绘的巨大机器。“诚然，在笛卡尔那里，自然宇宙的背后还站着一位上帝，但是这位上帝很快就变成神理论（Deism）中的那位钟表匠”[71]。于是，宇宙本身变成毫无意义与价值意味的，只供科学家探索和工程师开发的对象。笛卡尔曾自豪地宣告：“给我广延和运动，我可以建构这个宇宙。”笛卡尔这种从零开始建构整个宇宙的理性建构主义很快就导致了史华慈称之为“人类中心的主体主义”[72]。

人类中心的主体主义指的是“把种种品质、价值、意义……从

‘外面存在’的世界中全部驱逐出境，一股脑儿注射到人的主体性之中，使人的主体成为这些现象所能找到的唯一容器”[73]。“整个‘象征世界’和‘价值世界’全都坐落在人的主体性领域或人类文化的集体心灵之中，被视为一种‘附带派生的现象’或者另外某种对已被化约的自然世界的无法解释的入侵”[74]。人不仅具有了解和控制整个宇宙奥秘的能力，而且成了一切价值和意义的终极源泉。可以说，化约主义的自然观和人类中心的主体主义两者相结合给浮士德精神提供了宇宙论和人生观的依据。

到了18世纪的启蒙运动，上述的笛卡尔/牛顿式的自然观被大量应用到人类社会这个“第二个自然”上。于是在物质的技术工程取向之外，开始流行一种“社会的技术工程取向”。这种工程取向是认为人类的困境基本上可以通过重新设计社会、经济和政治的秩序而最终得到解决。其实，这种取向由来已久，但到启蒙时期，由于各种原因变成了高度自觉和备受瞩目的思想趋向，和物质工程取向一样，社会工程取向也必须预设自己的研究对象是一种简单的、完全可以预测的“素料”。于是一种极端简单化的人的模式应运而生。根据这种模式，人首先需要的是安全和满足自己的起码的生理需要，然后就是追求最大限度的快乐和争取最小限度的痛苦。18、19世纪的古典经济学家们则主张任何有理性的个人都是在尽量扩大利得和尽量降低代价两极之间移动。史华慈说，“诚然，我们可以把（这种移动）叫做理性的选择”。“但是，这种选择已被压缩到一个如此窄小的沟槽里，人们实在可以追问：在这个框架中的真正理性的选择还能算是选择吗？”[75]。史华慈语带讽刺地指出：“在这种模式中，个人是一种徘徊挣扎于‘应然’与‘实然’这两个领域之间的受造物这样一种奇特的道德主义者的看法，干脆完全消失。”[76]这里，史华慈似乎在强烈暗示，真正称得上区别于动物的人的选择，是一种建立在明辨是非（求真）基础上的道德选择（欲善）。它是人的自主性的表现。[77]

社会工程取向把人性单面化，实际上已经为“社会环境决定论”铺平了道路。这种决定论认为人（最少绝大多数人）的行为乃至思想是由他们所处的社会政治环境决定的。[78]例如，伏尔泰就采取洛克的白板说，认为一切感觉和思想归根结底都来自外部世界。人只是一种比较复杂的高级动物。他和其他动物一样有一定的需要和欲望，只要这些需要和欲望得到满足，他就可算是幸福的。[79]人间的悲苦大部分也是由于社会环境或生理不适造成的，只要改善社会环境，采用科学成果就可以大大减少痛苦。孔德塞（Marquis de Condorcet）甚至认为人的邪恶也可以通过消除愚昧、改造社会得到消除。人似乎可以不必致力于自己的精神道德品质的提高，只需等待一个良好的社会政治秩序出现，加上高度发达的科学，就足以保证自己的幸福和高贵。不过，这种理论遇到一个难题，即如此美好的社会环境如何产生？大体上，启蒙的思想家们，不论伏尔泰还是卢梭，都认为得依靠一批具有非凡智能和高贵灵魂的立法者或教育者，由他们设计一个良好社会的蓝图，领导大众，付诸实施。但是，这种解答留下了另一个难题。如果用马克思的话，那就是："谁来教育这些教育者呢?"于是，到19世纪后期，部分由于达尔文的影响，出现了一种更加严格的社会决定论。史华慈称之为"乐观主义的社会演进的决定论"。正像任何一颗原子都无法摆脱物理规律的控制一样，任何个人（包括教育者和立法者）也都无法摆脱控制人的社会选择的社会演化进程。并且依据这套理论，这种演化进程终将导致自由与平等的实现。史华慈还指出，深信有一种不可抗拒的（或我们称之为"不以人们的意志为转移的客观的"）社会演变规律，绝不限于马克思主义者。[80]史华慈说，当今席卷全球的现代化理论家中许多人都认为自由市场和资本主义是社会长期演变的不可避免的结局。这种理论的斯宾塞式的社会达尔文主义的版本，甚至于"可以期望达尔文的自然淘汰机制终将自发地把'非理性的'演员从舞台上完全消灭，剩下的是一个经济人的世界，他们将不可避免地，以各种不同的程序，做出理性的选择"[81]。

如果说化约主义的自然观和人类中心的主体主义切断了人和超越的联系，断绝了人间价值的超越源头；社会工程取向和社会环境决定论（或社会演变决定论）则消除了个人转向自己的内心世界，提升人的精神与道德素质的必要性。两者结合构成了浮士德精神的主要思想史背景。但是，浮士德精神还有它的更加直接的现实灵感来源，即现代化的整个过程。[82]

关于“现代化”一词，史华慈采取韦伯的界定，即把现代化过程看成是在人类活动的各个领域（经济、政治、法律、军事等等领域）中借由工具理性达到控制、主宰自然界和人类社会秩序的目的。[83]但是，当初无形中推动现代化的新教伦理还维持着与超越实体（上帝）的某种联系，并从中汲取一定力量来进行“个人的自我转化和伦理修身”。而浮士德精神则继承了新教伦理中征服、主宰外在世界的强烈欲求，却逐渐抛弃了其中的精神道德的内心追求。它不仅从古老的财富与权力的追求中得到驱动力，而且从失控的自我喂养的消费主义中获得新的巨大推动力。于是，韦伯的可怕预言终于实现：“对外物的忧虑本应是披在圣徒肩上的一件薄薄的外衣，可以随时脱去。但命运注定这件外衣将变成一具铁笼。”[84]新教伦理的内在张力——向往“上帝之城”和控制人间世界，“对外物的忧虑”和对内心的关切之间的矛盾终以上帝之城的幻灭和“逐物不返”的压倒性优势告终。

在这里也许有必要提醒一点：即史华慈对启蒙的反思和对现代化的批评绝不意味着全盘否定它们取得的成果，更不反映任何回到“前现代”的怀古幽情。且不说史氏对现实当有公允的观察，光是盘踞他心中的问题意识概念和他的习惯的运思方式就几乎断绝了这种可能。[85]首先，他指出：“科技进步与经济成长已经使培根‘缓解（自然界中）人类这一高阶层之痛苦’的梦想有可能部分实现。全世界已有很多地区有可能满足大量人口的基本经济需求并改善其健康情况，还让许多人可以得到新的舒适条件，如感官与审美的愉快。”他说，只要不是禁欲主义者，“都必须在衡量技术创新和脱缰般的经济成长带来的恶果时，非常重视这些好处的分量”[86]。另外，他还认为在法治基础上建成的宪政民主和人权保障是近代的另一项辉煌成就，尽管其渊源可以上溯到启蒙之前。他个人还认为这些政治成就具有普世性意义，并希望它们能被东亚社会以某种形式加以吸收。[87]在此，史华慈批评启蒙的全部主旨只在于通过比较文化研究，寻求更多的人文主义资源来补救当前西方文化的单维度的、偏颇的弊病，以响应当今人类向何处去这个涉及人类命运的大问题。[88]史华慈正是带着这种迫切的寻求，走进古代中国的思想世界。在这个世界中最能引起他内心共鸣的可能是孔子和孟子的“敬天崇德”的思想。

2. 孔、孟的“敬天崇德”思想的回响

在先秦诸子中，史华慈似乎独钟孔孟。他对墨子之功利主义，法家之行为科学，老庄之神秘主义，乃至荀子之徘徊于功利主义与道德主义之间皆有不满与批评。[89]唯独对孔孟，特别是孔子，则几无微辞。下文只能简单介绍史华慈对孟子的道德主义动机论和孔子的天、命范畴所做出的“韦伯式”的移情理解[90]，以进一步说明史华慈式的人文主义的特质。

史华慈在提到“卢梭是一位彻头彻尾的道德主义者”（Edmund Burke 语）时解释说：“道德在这里指的首先并不是由本身在道德上是中立的技术手段所产生的可欲的社会成果。它指的是人的贴身的道德素质。在这里，至关重要的是‘有道德的’（virtuous）动机。这不仅是因为好的社会效果最终只有在一个由有道德的人所组成的社会里才能实现，而且还因为构成社会幸福最关键的正是人的贴身的道德品质。”[91]史华慈对卢梭的道德思想绝非完全同意，但是从总体上史华慈反对功利主义伦理观，比较同情道德主义伦理观，并将“善的”动机作为伦理观的关键，则似乎可以肯定。这一点在他讨论孟子的义利之辨及其与墨子的区别中可得到印证。

史华慈认为“义利之辨”触及“孟子道德哲学的核心”[92]。它构成了功利主义和道德主义争论的焦点。在宋牼[93]与孟子关于秦楚弭兵的著名争论中[94]，双方都主张弭兵，但是，双方的理据完全不同。宋拟使秦楚之王“悦于利”而弭兵，而孟子则准备使他们“悦于仁义”而弭兵。史华慈说，宋很可能会指出战争将耗费大量财力人力，使生灵涂炭，国家贫弱。史华慈则在孟子的反驳中突出一点，即孟子认为：“一旦把人的心思完全集中在所设想的‘功利的’

后果上，则由此而得到的各种满足（如安全、财富、权力或荣誉）其性质本身就势必导致人们渴望在此时此地为自己取得这些后果。”[95]史华慈在这里似乎在暗示一心追逐财富、权力和荣誉其本身势将腐蚀人的道德品质。[96]“只要人的心思完全钉在安全、财富、野心或名誉上面，则对大众普遍利益的追求势必会不断瓦解、蜕变为对特殊利益的追求。”[97]换言之，孟子的逻辑是只要你一心追求的是“利”（哪怕是“天下之利”），而不是“义”，则你终将陷入为我的私利（或与我有关的小集团之利益）的窠臼之中。墨子的“兼相爱”既以“交相利”为最终目的，则兼爱的理想，势必落空。史华慈接着似乎在赞扬孟子，他说：“孟子的论证在反驳梁惠王时尤其有效。”[98]当梁惠王问孟子：“亦将何以利吾国乎?”孟子断然纠正：“王何必曰利，亦有仁义而已。”接着孟子是这样论证的：“王曰：‘何以利吾国?’大夫曰：‘何以利吾家?’士曰：‘何以利吾身?’上下交征利而国危矣。”孟子以事实说明只要你的动机是功利主义的，终将造成你争我夺的结局。在此，“‘有道德’的动机是关键的”。史华慈还指出，正如罗尔斯（John Rowis）所言：“功利主义者之所以强调同情在培养德性中的作用，以及仁慈在德行中的中心地位，是因为不广泛深入地培育同情和仁慈就会危及正义概念的稳固地位。”[99]

当然，史华慈本人绝不是“唯动机论”者。他对人性之复杂性的深刻理解不允许他做出如此简单的选择。作为宪政民主的坚定的拥护者，他一直深信在位者必须对自己的政治行为所产生的后果负责。[100]而且他也指出孟子并不是不讲社会效果。孟子和孔子一样，都有兼济天下的抱负，讲究社会效果是必然的。孟子只是从长期的效果，乃至解决人类困境出发提出自己的动机论。[101]由于史华慈强调道德乃至一切价值的最终源头在于超越，他势必会注意在孔孟“崇德”思想背后的“敬天”思想。实际上他在《古代》中曾用很多篇幅讨论先秦诸子对天与道的种种看法。其中对孔子的天、命范畴尤为关注。

关于孔子心目中的天，近年的争论集中在这个天到底是一位有意识的、类似西方的人格神，从而是全然“超越”的，还是某种等同于自然宇宙秩序，乃至人类社会的或个人心性之中的规范，从而是纯粹内在的？抑或是两者结合或关联，即所谓“内在超越”？

史华慈似乎认为孔子心目中的天有其文化、历史甚至个人的特点，不宜简单套用直到近代西方才流行的“人格的神”与“非人格的自然秩序”这种非此即彼的二元对立模式。首先，他认为考察孔子的天，应分别从自然秩序和人类社会两个不同层面着手：即当天只涉及循环不已的自然（宇宙）秩序时，可以说它是内在于宇宙自然之中；但是一旦涉及人类社会时，由于人有一种从指导其运行的规范中堕落下来的致命的能力，天势必需插手人间事务的进程，因为天总是站在人一边的。这时天不仅会干预政权的转移（“天命靡常，唯德是从”）而且还会赋予个别人（如孔子自己）以特殊的使命，从而表现出“某种有神论的关切”[102]。为了进一步说明这点，史华慈详细分析了“论语”中著名的“天何言哉？四时行焉，百物生焉”一章。[103]

史华慈认为此章既然是由孔子自己提出“予欲无言”所引发，全章主旨不应落在天而应落在孔子自己：孔子但愿道行于天下，自己就可以像天那样沉默无语，而天下（人类社会）仍像宇宙万物一样生机盎然地有序运转。孔子在此是以天为自己的楷模。因此，这个作为自然秩序的天（或作为天的自然秩序）绝不可能像理神论说的那样是一架巨大的钟表。孔子“七十而从心所欲不逾矩”，这时孔子虽然按一定的规范（“矩”）反复践履，但孔子的“活生生的在场”并没有从中消失。同理，当天按一定规则反复运行时，这个天（或天内在于其中的自然秩序）也不是“无心”、“无灵性”(spiritless) 的死物（spirit 在此指意义、心智、目的性、价值等与物质或肉体有别的事物，暂译为“灵性”）。史华慈还说，我们当然可以把《圣经》中超越的上帝和孔子心目中的天作种种对照。但是他认为不应把这种对比“绝对化”。例如《创世记》中的上帝面对自己所创造的世界时曾称颂说：“看啊，这是好的”，从而揭示了自然秩序是充满价值意味的。当孔子面对“四时行焉，百物生焉”的自然秩序时，很可能也会发出同样的赞叹。因此，不论《圣经》或《论语》都没有把丰富多彩的宇宙化约为一些只具有物理或数学性质的素材。再则《创世记》虽然说上帝是万物的创造者，但这并不意味着上帝为了维持这个世界的运转，必须不断地“言”。最后，史华慈断言：“在这样一个框架里，我们完全有可能认为那个在四时运行中默默呈现自己的天就是那个‘知’孔子并赋予孔子以历史使命的天。”[104]

但是，史华慈同时也指出，“在自然范围内的这个天的心（mind）和灵性的属性，似乎更像斯宾诺莎心目中的神的心智和意志所具有的属性，而不像《圣经》中的神所具有的那种能斟酌考量、可创造万物的、具有目的性的意识”。史华慈说“如果用斯宾诺莎的话来说，我们也许可以说孔子的天只就其和自然的关系而言就像是‘神已经将他全部的赦令都穿越永恒，来自永恒，颁发完了。因为否则，人们将可以辩说神是可变的和不完美的’”[105]。

再则，史华慈在诠释孔子的天时，似乎凸显了天对孔子的不可测知性。他认为孔子无能也无意去测知天的全部意蕴。相反，他有时会被天的不可测知性所困惑乃至感到痛苦。例如，天为何要让颜回短命，夺去他最心爱的弟子？如果天有意把“斯文”交托给他，又为何使他无法彰显“斯文”？为什么在众多的当权者之中，竟没有一人能真正“理解”他？但是史华慈指出“（孔子）并不怨天，因为在天的经纶中总有超出人所能理解者”[106]。总之，孔子以天为楷模，以天赋予的使命作为自己的终生事业，以及感到天的某种神秘性等等，都表明了孔子的敬天情志。但是，这种情志还有其亲切的一面，这就涉及孔子提出的仁的概念。

史华慈认为孔子的最重要贡献不在于阐发天的概念，“而在于提出了仁”的理念，从而把焦点集聚在道德精神生活的主观的内在的层面。正是“这种向伦理的内在源头的转向——这种向内收摄的超越——使孔子足以和苏格拉底媲美”[107]。史华慈说，孔子没有提出神正论的问题，一方面是由于他始终相信天意难以全部测知，另一方面也由于仁的内在的斯多亚式的忍辱负重的能力使他有可能面临种种挫折而处之泰然。史华慈认为孔子的仁有时“几乎是指一种不可名状的神秘的实在，其上达的境地超越了夫子自己所可把握者”[108]。史华慈似乎在暗示孔子“践仁”可以“下学而上达”，从而使他和天有某种亲切的沟通。

史华慈对孔子思想中“命”这个范畴也有独特的诠释。他认为孔子的“命”指的是天颁发的不可更改的敕命。但是吊诡的是，一方面命是指人生中人无法或无须控制的各个领域，但是另一方面它恰恰又是指人生中行动应该发挥其作用的领域，或者说是指天赋予人的某种持久的终身任务，即所谓个人的志业。因此，孔子说自己“五十而知天命”，可能是指他在五十岁才“清楚地理解什么是他自己所无法控制的，什么是他自主行动所能及的真正的领域”[109]。生死有命，富贵在天。甚至在他自己所特别关切的伦理政治这个领域中，君子也是在各方面都受制于“命”。人们常说孔子对道德的影响力过分乐观，其实孔子生不逢时，深知历史的命运常会给这种影响力带来诸多限制。即使他退而传道授业，他苦心孤诣培育的弟子中也不乏辜负夫子的期望者。“到头来唯一真正无法侵犯的，可以由他自主的领域就只剩下修身律己以影响他人”一途。但是即使如此，孔子还是为自己能够参与天赋予君子的道德使命而感到欣慰。

史华慈对孔子天、命范畴的诠释是否正确，是否受制于他的犹太教背景而有偏颇是可以讨论的。但是从他的诠释中我们可以感到孔子的崇天思想已穿越巨大的时空间隔在他的心中激起了回响。在结束他对孔子的长篇讨论时，史华慈写下了下面一段话，透露了这种跨文化的回响：

> 总之，虽然天在许多方面不可测知，虽然命所管辖的范围非常广阔，而人力所能及之处十分有限，可是天在自然中所体现的秩序和它给人所规定的秩序，仍然得到了肯定。天最少赋予某些人一种能力，使他们得知在人类事务中应该取胜的秩序是什么，而且这种秩序在过去也确实曾经实现过。天还赋予某些人以带头实现这种秩序的能力，尽管天并不保证这种努力一

定成功。一旦这种良好的秩序得以实现，所有人都可以在自己的生活领域中参与这种秩序的具体运转。同时，天也使君子有可能通过仁在面对挫折与不幸时，完全处之泰然，安之若素。将来仍有希望在人间恢复道的主要风貌。到那时历尽苦难、尝遍辛酸的人类大众就有可能回到芬珈莱所谓的“礼仪群体”之中，进入安宁、和谐与福乐之境。[110]

3. 史华慈式的人文主义

如果史华慈的确是一位思想家，他的思想有何特色？能否予以某种定位？我的答案是肯定的。我试图把他的思想称为“史华慈式的人文主义”（The Schwartzian Humanism）。史华慈一直谨慎地避免使用“人文主义”这个已被滥用了的词。在提到孔子的天、命时他说：

> “人文主义”这个词的极成问题的一面，当然是它和后笛卡尔西方一直被称为人文主义的整个思潮之间的紧密联想。可是在《论语》中似乎压根找不到这样一种看法，即把人的主体视为一切意义的唯一源泉并将一个以此主体为中心的人类世界和一个对人类漠不关心，毫无价值含量，乃至敌视人类的宇宙彻底断裂甚至完全对立起来的看法。[111]

后笛卡尔的人文主义的核心是一种人类中心的化约主义，它将天人（或神人）关系完全断裂，对立起来。“文化大革命”前中国内地学人所熟悉的人文主义多属此类。但是在指出人文主义一词的问题所在之后，史华慈仍然称他所心仪的一些轴心时代的思想家，如摩西、孔子、苏格拉底、佛陀等为“人文主义者”或“人文主义的实用主义者”[112]，并采用“孔子的人文主义”一词。[113]在《千文》（即注释［2］中所提文章）中他更是正面竖起“人文主义”的旗帜对开始泛滥当今世界的“物质主义”展开针锋相对的批评。看来，史华慈用“人文主义”一词是取其广义，即指一切把中心关切放在人世间及人的命运的思想。按此义，则称史华慈的思想为“人文主义”，他本人当可接受。本文在此词前冠以“史华慈式的”作为限定语，是为了凸显史华慈人文思想的特质。史华慈的人文主义不是逻辑建构的结果，而是对人生、历史、思想、文化长期观察与思考的产物。其中固然有脉络可寻，但不易描述。本文无法深究。不过，我们可以从不同角度对其特点做出各种归纳，例如：对人的关注与对超越的渴求相结合，“实用主义”与理想主义相结合，对人的困境与人性奥秘的关注，强烈的批判意识和反潮流精神，对道德伦理与个人“修身”的强调，对古老的轴心文明中精神道德资源的开掘等等。上文对这些已经有些描述，此处只想揭示其中两个特点作为全文结束。

(1) 对人生奥秘的沉思：史华慈人文主义的出发点

在史华慈的著作中频繁出现“奥秘”（mystery）一词。此词在史华慈不仅是一种修辞学上的隐喻，而且有其实质含义。它和人在运用其理智（intellect）的过程中由于遇到了两难、吊诡、悖论从而造成思想上的挫折与困惑有关。[114]史华慈心目中的奥秘当然不限于人性一题。[115]我们甚至于可以说史华慈认为人（首先是他自己）本来就生活在一个巨大的奥秘之中。不过，本文认为人性的奥秘实是史华慈人文主义的出发点或基石。它是区别史华慈人文主义和其他流行的人文主义的一个根本标志。后者往往把人性简单化，例如，视人为一种高级动物，一种具有理性的动物，或是只知求生避死、趋乐避苦的动物等等。本文把史华慈对于人性的思考称为“沉思”，是因为他不仅扣紧人生经验执著地思考，而且还不间断地对自己的思考进行第二序、第三序的反思与再反思。

对人性的这种沉思表现在史华慈思想的各方面。例如，在史学思想上表现为对人的全部意识世界的极大关注，对一种自称能解释历史文化的宏观模式的疑惧，以及无形中将问题意识融入思想溯源之中的做法；在社会政治层面，则表现为对一劳永逸的社会工程设计的排拒，主张渐进主义，对“制度论”的不满和对人的有意识活动之作用的反复强调；在伦理道德层面，则表现为对道德行为内在驱动力（动机）的重视，对幸福观的复杂的解说，以及强调“修身”在解决人类困境中的重要作用；在运思方式上，则走上一条巴斯噶式的迂回曲折的道路；在处世待物上，则表现为一种开放的、多元的、谦卑的心态，突出对话的独特作用，甚至给他的人生观投下某种貌似怀疑主义的乃至悲剧的色调。最后，我们甚至可以说，正是这种人性的沉思把他引向宗教信仰。

（2）理性精神和宗教情操的结合：沟通天人（或神人）之间的桥梁

史华慈全部著作透露了一种非常冷静、犀利、细致的理智思考，反映了他特有的学术性格。这种性格可称之为理性主义的。但是史华慈的理性主义既不必与经验主义相冲突，也不必与存在主义相矛盾。其实，在史华慈那里与其说它是一种哲学上的“主义”，不如说它是一种“哲学人类学”上的取向。它指的主要是一种在探索人类困境和宇宙奥秘中充分发挥并依靠作为人的一种性能之理智(intellet）的作用。因此，称之为理性精神也许更妥。在史华慈看来，这种理性精神和宗教情操（或对超越的渴求）非但不是势不两立，而且“本是同根生”。

史华慈的弟子孔斐力在哈佛举行的史华慈追思会上曾指出：在古代思想家中对史华慈最具吸引力的是那些“后退一步并远眺彼方”的思想家。孔氏还非常中肯地点出：“这种‘后退一步并远眺彼方’正是史华慈先生的本质所在。”[116]“后退一步并远眺彼方”原是史华慈对轴心时代“超越突破”的界说。“后退一步”是为了尽可能拉开和现实社会与人生的距离，对之做出全面反思、质疑和批判，是理性精神的大发扬；“远眺彼方”则是在怀疑批判的同时，寻求新的精神愿景，它指向对某种超越性之真实的渴求，意味着新的宗教性或宗教信仰的诞生。对希伯来的先知、佛陀、苏格拉底、孔子、老子而言，这两方面本是齐头并进、同时展开的。追求人生真谛是人的多种固有的、内在性能的全方位使用，理智在其中发挥了不可缺少的重要作用。

我想提出的是，史华慈似乎强调在追求人生真谛中，除了需发挥理智和意志的作用外，还必须注意发挥被史华慈称之为“对整体的直觉把握的能力”。例如，史华慈曾详细讨论孔子的“学”与“思”。[117]他认为孔子在“学”与“思”时固然是首先从人的具体经验出发（“多学而识”）；但是，孔子又非常强调一种“整体性的直觉领悟能力——一种足以涵盖‘道’的全局的鸟瞰式的眼光”[118]。所谓“吾道一以贯之”[119]就是此意。史华慈还说苏格拉底的真理“接生法”，虽然诉诸辩证的逻辑推理，但并不限于经验知识与事实的积累，其主旨乃在于通过不断揭示对话者的定义与概念中的片面性和错误从而指向某种涵盖整体的“至善”。孔子对仁的许多指点语也是为了引导弟子从不同角度去把握仁——这个与“至善”一样涵盖一切的目的，不可名状地作为整体的终极“真实”。[120]老庄的神秘主义虽然依靠理智去解构错误概念，但是最终“悟道”还得依靠对于道本身的整体性把握，好让自己终于能像“一滴水溶化在大海之中”[121]。史华慈认为墨子的不足恰恰在于他缺乏孔子这种“整体性的把握”，单纯依靠智性的推理，终于无法解决善的意志的源泉的问题。[122]

如果说这种“整体”在孔子是天（或仁），在老子是道，在苏格拉底是“至善”，那么在作为犹太教诚信者的史华慈应当是《旧约》的上帝。如上文所言，史华慈不赞成在后笛卡尔西方出现的那股截断事实与价值，知识与信仰，人与神之间的一切联系的看法。他认为，这种二元对立的模式不但不足取，而且并不符合历史事实。他指出：“认为真知（不管对这种‘知’如何理解）必然会导致价值的实现（不管这些价值的内容会如何随着文化不同而大异其趣）——这种思想在印度、西方和在中国一样都可以找到。”[123]但是，在史华慈看来如果没有对终极“整体”的追求，则经验性的学习难以导向“价值的实现”。例如，史华慈说：“（孔子）似乎有一种热切的信念，即积累性的、经验性的‘学’，如果按照正确的精神进行下去，就会在人们心中产生某种整体的景象。同时孔子还使人感到如果一开始根本就没有这种信念，没有对整体的哪怕是最起码的某种预期的直觉，则整个追求都必然不得要领。”[124]他还从正面指出："孔子的圣人和君子由于能在一定程度上，从天的观点在'永恒的相下'去看待世界从而具有某些天的气象。"[125]"在永恒的相下"此处是采取斯宾诺莎的说法，指的是从无限的角度来观察每件具体的事物，从而加深对上帝这个整体的理解。史华慈非常注意中国思想传统中"有为"和"无为"的争论。"有为"指的是人有意识的活动，"无为"指的是进入类似"从心所欲不逾矩"的圣境、化境。[126]史华慈也许不会完全同意孔子、老子肯定人能完全进入这种化境。但是，他似乎和孔子一样深信只要通过不断的、点滴的学与思，通过决心与笃行，并且把这一切努力和贯穿其中的某种超越的真实（无论是天、仁、道、至善或上帝）相关联，人就可以架起天人或神人之间的桥梁，逐步逼近这个超越的真实，从中汲取生活的价值与意义，增进人的智能和勇气，来面对由痛苦与欢愉，罪恶与善良，伟大与可悲交织而成的人生奇景和困局。这也许就是史华慈式的人文主义给当今世界带来的核心信息。

【注　释】

［1］本文原载于《世界汉学》第二期，38～66 页。2005 年 9 月 14 日中国人民大学国际关系学院政治学系的萧延中先生 E-mail 给我，建议并希望把该文作为史华慈名著《中国的共产主义与毛泽东的崛起》一书的“中文版代序”。由于史华慈先生已于 1999 年仙逝，而这部著作又是美国，乃至西方学术界此一研究领域中的开山之作，所以，为全面理解他的观点，的确有必要对其历史背景、思想理路和研究方法做一较全面的介绍。基于这一考虑，经再三斟酌，我同意了延中先生的建议。本文刊载于此，征得了《世界汉学》杂志主编刘梦溪先生的允诺；延中先生根据编辑体例，对该文的注释做了统一的规范，在此一并致以谢意。——林同奇于哈佛大学东亚系

［2］此文题为“中国与当今的千禧年主义——太阳底下的一桩新鲜事”。其文由林毓生翻译并撰写了一篇介绍性的导言。

［3］M. Meisner and R. Murphey ed., *The Mozartan Historian: Essays on the Works of J. R. Levenson.*, p. 108，1975.

［4］Paul A. Cohen and Merle Goldman, ed., *Ideas Across Cultures*, p. 3，1990.

［5］M. Meisner and R. Murphey ed., *The Mozartan Historian: Essays on the Works of J. R. Levenson.*, p. 107，1975.

［6］墨子刻（Thomas Metzger）在评《古代中国的思想世界》一书时曾指出：“多年来有一批才华卓越的学者，他们代表了哈佛大学学术造诣的最高理想而且转变了中国研究的面貌，史华慈和费正清、杨联升一起处于这批学者的中心。”如果说费的主要作用在于组织、推动，杨联升的作用在于“把二十世纪在中国发展起来的文史研究传统中较成熟健康的成分（如训诂治史）引进海外汉学研究（见余英时：《犹忆风吹水上鳞》，180～186 页，1991），史华慈的贡献则在于发挥哈佛汉学研究中的人文精神，引导哈佛中国研究

在一个比较广阔的思想视野中进行，使研究向广度、深度和精密度发展。与费正清、杨联升相比，它是一种更加无形，但可能更加深远的影响。（以上墨子刻引文，见“The Definition of the Self，the Cosmos and Knowledge in Chou Thought：Some Comments on Professor Schwartz's Study，” in *The American Asian Review*，Vol. 4，1986。）史华慈的一些学生在他60岁寿辰时编了一本带有戏谑性的小册《史华慈式的论语》（未出版），梅谷（Merle Goldman）在她写的“编者按”中说：“本（史华慈）真称得上是我们的‘伟大导师和舵手’。”此言虽是谑语，但也道出师生之间的真情。[这本小册是柯文教授（Paul Cohen）提供的，谨此致谢。]

[7] Benjamin I. Schwartz，*Communism in China：Ideology in Flux*，p. 5，Cambridge，Mass：Harvard University Press，1968.

[8] 例如关于对芬珈莱（Herbert Fingarette）的评价和墨子思想的理解，见 A. C. Graham，“Making Out the Way，” *Times Literary Supplement*，July，18，1986；对轴心时代中国“超越的突破”的理解，见 Paul Cohen 和 Merle Goldman 的 *Ideas Across Culture* 一书中张灏的文章“Some Reflections on the Problems of Axial-Age Breakthrough in Relation to Classical Confucianism”；对严复思想的分析，见李泽厚：《中国近代思想论》，267页，1976；与黄克武著《自由的所以然》，台北，1998；以上所引墨子刻文是一篇对史氏《古代》的长篇评论；对史氏比较思想研究方法最集中的批评可见 *Anticipationg China*，by David L. Hall and Roger T. Ames，pp. 144－165，1995；关于考释问，见王元化：《“达巷党人”与海外评注》，《清园夜读》，16～23页，1993。

这里我想说明一点，史华慈非常强调原典文本的掌握，但训诂考据非其兴趣所在，也非所长。在《古代》中，他说，对先秦原典的训诂诠释即使在中国传统学者内部已经足以“令人望之生畏”，至于任何现代的西方翻译更“必然是一种诠释”（《古代》，11页）。既然如此，他决定干脆“主要依靠自己的翻译，同时也尽量着重借重他人的翻译”（同上）。因此，有些译文未必都能经得起专家严格推敲，但是我认为我们不宜因为这个弱点而忽视他的思想洞见。另外，我同意墨子刻对史华慈的一点批评，即史华慈对中国近现代有关学者的研究成果比较生疏。他多半在解决一些技术性问题（如文献年代）上才采用他们的意见，始终未能和任何一位中国当代第一流思想（史）家如唐君毅、牟宗三、徐复观、钱穆等人展开深入细致的对话（尽管他也引用了他们的一些看法）（见上引墨子刻文，pp. 72-73)。史华慈常说自己学习汉语起步较晚，这也许是一个原因。无论如何，我认为这是一件非常可惜的事。

［9］［10］史华慈：《研究中国思想史的一些方法问题》，载《近代中国史研究通讯》，台北，1987。

［11］Benjamin I. Schwartz，*Communism in China：Ideology in Flux*，p. 3，Cambridge，Mass：Harvard University Press，1968.

［12］Ibid，p. 4.

［13］Ibid，p. 4.

［14］Ibid，p. 4.

［15］关于史华慈的知性追求中的存在感受可参看上引 *The Mozartian Histonian*，p. 101。“忧患意识”一词最初是徐复观提出；经牟宗三推广，20 世纪 80 年代后开始在中国流行。牟强调君子所忧不是财富、权势之未足，而是德之不修，学之未讲。甚至于也由于有见“人生宇宙的确存在缺憾”。它是“终生无已而永在于坦荡荡的胸怀之中”（牟宗三：《中国哲学的特质》，17～19 页，1963)。这些都和史华慈的“关切”完全一致。史华慈曾列举一系列普世性的关切，“包括生死爱欲这类人生头等大事的奥秘”；“个人之间与群体之间人际关系无法穷尽的奥秘”；“在一切人际关系中权力和身份认同所扮演的角色”；“人和他周围的浩瀚的不属人的真实世界之间的关系这个无底洞般的奥秘”。史华慈还指出在最后这项我们称之为“天上”关系的关切中还包括一系列不同层次的关切，如“维持生存的技巧”的关切；“对于自然现象之千差万别及其运行的带有工具性与不带任何工具性的好奇心”；“对这个世界的神圣的、审美的，和令人恐怖敬畏的性质的关切，甚至于人类在处

理这些奥秘的过程中想像和礼仪所扮演之角色的关切”等等。（见史华慈，“The Ideology of Globalism and the Study of Comparative Culture”.）其中译文载于《二十一世纪》，1999 年（二月号），上面引文是我根据史氏给我的英文版本译成中文的。

［16］Benjamin I. Schwartz，*Communism in China：Ideology in Flux*，p. 10，Cambridge，Mass：Harvard University Press，1968.

［17］Ibid，pp. 9-10.

［18］关于驱使毛泽东采取政治行动的种种目标，如权力欲、现代化、民族主义及远景理想，苏联模式等等之间的错综复杂的动态关系可参看史华慈著“Modernization and the Moaist Goals-Some Reflections on Chinese Communist Goals，” *the China Quqrterly*，1965 Jan-March。

［19］Benjamin I. Schwartz，*China and Other Matters*，p. 162 Cambridge，Mass：Harvard University Press，1996.

［20］Ibid，p. 178.

［21］史华慈常用 vision 一词（可勉强译为“远景理想”或“愿景”），如孔子的 vision，毛泽东的 vision 等等。史华慈专门说明他为何用此词，而不用 doctrine（学说，教义）。因为此词“所涵盖的空间充满了各种问题和富有成果的模糊性”，而 doctrine 一词则把所有空间几乎都撑满了。以毛泽东为例，他的 vision 并不是事先固定好的一套明确的理念。其中有的因素比较稳定持久，有的则是在特定的环境（如政治运动）中才提出来，逐渐明确的；有的则可能失去作用变成纯粹为权力辩解的遁释。和“导向”一词一样，此词反映了史氏对人性的看法，即人的有意识的信念可以指导人的行动，它是人的自主性的组成部分。史华慈甚至说：“认为纳粹党人有关犹太人的有意识的信念可能确实曾经决定过他们行为的这种看法并没有什么‘软心肠’之处。”（《古代》，7 页）因为，在史华慈看来“有意识的态度、导向和远景理想，在更多情况下，在人类事务中所扮演的是一种极具摧毁力的悲剧角色”（《其他》，44 页），他指出“人有一种巨大的犯错误（铸造错误）的能力”（《千文》）。远

景理想不但和意识形态难解难分，而且本身就已孕育着巨大的危险。

［22］Benjamin I. Schwartz，*China and Other Matters*，p. 183，Cambridge，Mass：Harvard University Press，1996.

［23］Ibid，p. 176.

［24］Ibid，p. 175.

［25］Ibid，p. 226.

［26］Ibid，p. 166.

［27］Ibid，p. 226.

［28］Ibid，p. 32.

［29］Ibid，p. 30.

［30］史华慈指出“处境”一词既可以指诸如生死爱欲一类的历久弥新的超越时空的普世性主题，也可以指特定时间、地点的具体的特殊社会、文化处境。有人对前一种处境反应敏锐，如莎士比亚、斯宾诺莎（王国维可属于此类）；更多人则对后一种处境反应敏锐（见史华慈，“The Intellectual History of China：Preliminary Reflections，” *Chinese Thought and Instiutions*，ed. John K. Frirbank，1975，pp. 16-20）。史华慈在“三角互动”中把处境和意识隔开是因为人有一定的自主性，外在的处境不能完全决定他的意识；他又把意识和行动隔开是因为人的自主性毕竟有限，他的意识世界内部充满张力，不能全部超越自己的处境与利益，完全决定自己的行动。

［31］Benjamin I. Schwartz，*China and Other Matters*，p. 8，Cambridge，Mass. ：Harvard University Press，1996.

［32］我个人初步认为这个“人性之谜”是支持，甚至促进史氏宗教信仰的重要因素。在他 21 岁时所写的讨论巴斯噶的学士论文中，他说：“巴斯噶的目光注视着人。他正是从对人的恰当研究乃是人这个前提出发的。他所作的辩解，并不是想从自然秩序或形而上学的根据出发来证明基督教真理，而是主要从人性出发。他的中心关切不是形而上学的真理本身，而是人的幸福。那么，什么是

人性呢？人是蒙台涅为我们所描述的软弱可怜的动物，一种在各方面都受到限制的受造物，一种注定永远愚昧无知的、可鄙的自我中心的受造物呢？还是爱比克泰德心目中的受造物，一种只要自己愿意就能够做自己命运主宰者的超级的存有呢？……巴斯噶主张人两者都是，他是一个活生生的吊诡，是对立的统一。……那么什么哲学能对这个吊诡做出适当的解释呢？巴斯噶说：'我们发现只有基督教能作出这种解释'”（史，*Pascal and the* XVIIIth *Century Philosophers*，现存哈佛大学档案馆）。这是60年前作为大学毕业生的史华慈写下的他对巴斯噶思想的理解，但是我推测它大体上反映了史华慈终生未变的对人性和宗教之关系的看法。他在1972年发表的一篇文章中写道：“《创世记》的宇宙论背后的关切显然是宗教和道德的关切而不是科学的关切。”“人是由地上的泥土造成的，但是上帝却从他的鼻孔里吹入了生命。”史华慈指出“'气息'（吹）一词在希伯来文中，和在许多其他文化中一样，具有灵魂的诸多品质之意。”因此史华慈接着说，“这里的关切似乎是对受造物之奥秘的关切，这种受造物既是被造成的，又有神的气息使它具有灵魂”（《其他》，84～85页）。值得注意的是，史华慈在他的学士论文中已经指出巴斯噶由于历史的限制对基督教以外的文明，例如中国和埃及文明都没有多少了解，因此在涉及其他宗教的文明时采取了武断的态度，受到伏尔泰的正确的批评。但是，他同时指出伏尔泰对人性和人的命运的极为简单化的理解，显然不能和巴斯噶提出的带有悲剧性的吊诡的理解相比。史氏这些早期看法虽然此后基本上没有变化，但是其深度、广度和精密度则不断得到强化。史氏学术思想和他的宗教信仰之间的关系是一个非常复杂的问题，本文无法细究（有兴趣者可参看 *Contemporary Jewish Theology*：*A Reader*，ed. E. N. Dorff and L. E. Newman，pp. 39-50，112-122，148-156，1999）。

[33] Ibid，p. 36.

[34] Benjamin I. Schwartz，*The World of Thought in Ancient China*，p. 33，Cambridge：Harvard University Press，1985.

[35] Benjamin I. Schwartz, *The World of Thought in Ancient China*, p. 43.

[36] Ibid.

[37] Ibid.

[38] Ibid, p. 6.

[39] Benjamin I. Schwartz, *Chinese Communism and the Rise of Mao*, p. 1, the President and Fellows of Harvard College, 1951.

[40] See Benjamin I. Schwartz, *China and Other Matters*, p. 15, Cambridge, Mass. : Harvard University Press, 1996.

[41] Benjamin I. Schwartz, *In Search of Wealth and Power-Yen Fu and the West*, p. 4, President and Fellows of Harvard College, 1983.

[42] Ibid, p. 5.

[43] Benjamin I. Schwartz, *China and Other Matters*, p. 16, Cambridge, Mass. : Harvard University Press, 1996.

[44] See Benjamin I. Schwartz, *The World of Thought in Ancient China*, p. 8, Cambridge: Harvard University Press, 1985.

[45] 史氏的哲学立场和珈氏有根本分歧，而且对珈氏诠释学的末流颇为反感。(《古代》, 2 页) 例如，史华慈由于预设存在着跨越历史与文化的人类共同经验，就不可能同意珈氏把理解完全本体化，把人类经验彻底历史化的观点。但我认为剥离了这些哲学预设后，珈氏对具体诠释过程的某些描绘，史氏是可以接受的。再则，近年来对珈氏诠释学的解读有转而强调文本中所透露的“他者的声音”的趋势。(见 James Risser, *Hermeneutics and the Voices of the Other*, pp. 1-24, 1997) 按照这种解读，诠释者需下苦功深入具体把握“历史视野”，并将“视野融合”理解为历史的和现在的“两种声音的对话”。因此，我们不能说只要诠释者言之成理，持之有故，所言具有连贯性，其诠释就能成立。珈氏的这种看法和史氏要求比较史家“应尽可能深入地把自己沉浸在两个世界的种种特殊具体情况之中”是完全一致的。珈氏提出的著名的“诠释就是和文本

会话”的断言（见本文所引珈书，pp. 331，325-341）也和史氏认为诠释文本的过程是“文本和诠释者之间的不间断的辩证的互动过程”（《古代》）如出一辙。

［46］ G. Gadamer，*Truth and Method*，p. 269，1975.

［47］ Ibid，p. 272，317.

［48］ Benjamin I. Schwartz，*In Search of Wealth and Power-Yen Fu and the West*，p. 2，President and Fellows of Harvard College，1983.

［49］ Ibid，p. 60.

［50］ Ibid，p. 247.

［51］ 其中最著名的是史华慈对斯宾塞思想中的矛盾所做的分析（见《寻求富强》，73～80页），但也有对史密斯·穆勒思想中的张力和概念模糊的分析批评（见《寻求富强》，121～123，138～141页）。

［52］ Benjamin I. Schwartz，*The World of Thought in Ancient China*，p. 14，Cambridge：Harvard University Press，1985.

［53］ Ibid，p. 2.

［54］ Ibid，p. 3.

［55］ Ibid，p. 3.

［56］ Ibid，p. 7.

［57］ Ibid，p. 8.

［58］ 史华慈：《全球意识形态和比较文化研究》，载《二十一世纪》（香港），1999（2）。

［59］ Benjamin I. Schwartz，*The World of Thought in Ancient China*，p. 8，Cambridge：Harvard University Press，1985.

［60］ 关于“不确定性”含义上文已有解释。这里史氏使用的dispositions一词指的是人类所具有的某种内在的倾向、能力、品质，有时接近中国传统中的“性”（人性），可译为“性向”。史华慈强调此词含有的“内在性”及其和活生生的人的意识世界的联系。它和芬珈莱与英国分析哲学家莱尔（Gilbert Ryle）等人把此词基本上指向外在行为的取向迥然相反（见《古代》，72～75页）。和

orientation，vision 等词一样，在史华慈的词汇 dispositions 中也反映了人的内在的自主性，没有这种自主性，人类无法创造文化。

［61］Benjamin I. Schwartz，*The World of Thought in Ancient China*，p. 8，Cambridge：Harvard University Press，1985.

［62］Ibid.

［63］“超越的突破”（transcendental breakthrough）这个概念是史华慈在雅斯贝斯的轴心文明学说基础上提出的著名论断。但是他在这里提出的“超越”一词曾引起不少误解。史华慈指出“超越”“在此指的是接近其词源学上的原意，即一种后退一步并远眺彼方——一种对现实（存在）的批判性的、反思性的质疑和对远处那边的新理想的憧憬”。史华慈说，这种“超越”“从思想一面说，可视之为‘智能’与‘怀疑’，从精神性的理想憧憬一面说，可视之为‘启示’，尽管此词在更加特殊的情况下指的是希伯来传统中超越的神向人类露他自己”（见“The Age of Transcendence”，p. 3）。因此，“超越”在此是指从两方面同时“跨过”现实世界：一是从理性的反思中“跨过”，二是从新的理想远景的追寻与确立中“跨过”。理性的思考和新宗教性（或宗教信仰）的诞生在这里本是一件事，“同根生”，难以区隔。这也许足以说明为什么史氏最心仪的思想家多是诸如麦蒙耐连斯（1135—1204）、巴斯噶和斯宾诺莎这些既有强烈的智性追求又有坚定宗教信仰的人物。史华慈此处对“超越”虽然采取比较宽泛的界定，它足以涵盖轴心文明中多种超越突破的方式，例如，亚伯拉罕抛弃一切，离开他的故乡吾珥，奔向神所指引的方向；佛陀舍弃人世间一切，追求寂灭；孔子目睹天下无道而寻求内在的仁与某种外在的秩序；老子则向往不可名状的道；希腊人追求超越荷马诸神的宇宙秩序；苏格拉底则转而向内心世界寻究“至善”等等都象征着不同方式的超越突破。

再则，“启示”（Revelation）一词在犹太传统中有多种诠释。史氏所选择的“保守犹太教”（其实此教派并不“保守”，它相当开放，只是不激进而已），其中有一部分人就和史氏在这里一样把

“启示”解释为“神向人类露他自己”。据此，“启示”指的并不是神直接用人的话语向人间颁发训令，而是指神在和人相遇时通过互相沟通和理解使人经历或感受到他的在场，然后人用自己的语言把这种感受表达出来。对启示的这种理解自然会突出人神对话的重要性，并且给宗教信仰与《圣经》诠释带来浓厚的人文主义色彩。（Elliot N. Dorff，*Conservative Judaism：Our Ancestors to Out Descendents*，pp. 101-151，1996.）

［64］Benjamin I. Schwartz，*The World of Thought in Ancient China*，p. 10，Cambridge：Harvard University Press，1985.

［65］Ibid，p. 14.

［66］“The Religion of Politics：Reflections of the Thought of Hannah Arendt,” *Dissent*，March-April，1970，p. 144.

［67］“浮士德精神”首先由斯本格勒（Oswald Spengler）在他的《西方的没落》（*The Decline of the West*）中提出。他用此词来象征一种从10世纪发端的欧洲近代文化的“灵魂”，涵盖了建筑、音乐、绘画、文学、数学、物理学、政治、经济、伦理、宗教、神学等文化的各个侧面。它的核心含义是指一种指向无限空间，具有无限潜力的动态的精神状态（见斯氏书，卷1，183～217页），史华慈在《严复》中首次正式提出此词。他认为严复的深刻之处就在于通过对西方政治的洞察抓住西方力量的最终根源在于西方文明的本质。史华慈借用斯宾格勒用语把这种本质称之为“浮士德精神”（但他申明这并不意味着他同意斯氏以此词包罗万象并认为它起源于德国原始森林之中的说法）。另外，“浮士德精神”在斯宾格勒那里本是着重指一种深沉的内向意义（同上书，183页），进而表现为文化的各个侧面，而且，在他的那里浪漫主义运动也是浮士德精神的重要表现之一。史华慈也曾指出“浪漫主义和现代化共享某种浮士德式的力求控制主宰的努力，但在浪漫主义那里，如其说主宰物质的社会技术的机制，不如说是主宰感情的世界”（《其他》，53页）。但是，史氏所言的浮士德精神则主要是指一种外向的以物质的与社会的工程取向为代表的“浮士德/普罗米修斯的精神”。普罗

米修斯，由于雪莱的名作《解放了的普罗米修斯》（*Prommetheus Unbound*），成了人从神的奴役下解放出来，掌握自己命运，开闭地上千禧年时代的象征。史华慈说："西方文化之浮士德的性质已导致普罗米修斯式的对外在自然的征服和人类社会中社会、政治力量的巨大的增长"（《寻求富强》，239 页）。

[68] Benjamin I. Schwartz，*In Search of Wealth and Power-Yen Fu and the West*，pp. 238-240，President and Fellows of Harvard College，1983.

[69] 早在 1978 年史华慈就指出卢梭思潮在当时美国"新左派"（New Left）的激进主义中延续下来。他们和卢梭一样不仅认为工程取向未能解决我们的所有问题，而且使道德生活更加败坏。这些人寄希望于政治革命，坚信唯有通过政治革命的救赎，才能协调发展科技和建立道德群体之间的关系。史华慈敏锐地指出：其中有一些人甚至深信只有通过恐怖才能刺激革命，让革命去催生一种桀骜不驯的社会。尽管他们自认为自己的最终目的是为建立充满人间真情的无为的社会清除"路障"，但是他们对生活意义的真正的感受很可能是来自一种强悍的自义感和一种从事共同冒险事业和分享共同风险的心态。而这种"革命伦理"本身已变成了某些恐怖分子集团中正在发挥作用的道德原则（见《其他》，224 页）。

史氏这段分析可能给我们寻索"9·11 事件"之根源时，提供一条埋藏得更深的线索，它是三百年来未能解决的"卢梭式问题意识"的恶性发展。

[70] Benjamin I. Schwartz，*China and Other Matters*，p. 83，Cambridge，Mass.：Harvard University Press，1996.

[71] Ibid，p. 95.

[72] 坚持人间价值具有超越源头是史氏人文精神的重要特点。在《千文》中他曾把那种视自然世界为充满价值与意义之世界的看法直接称之为"人文主义的自然世界观"。不过，史华慈并不认为寻求价值之源的努力只能向外、向上，从而只能落实在西方的上帝上，而不能向内寻求。例如，他指出孔子固然曾仰望一个外在于他

的天帮助、支持自己，但孔子同时提出“仁”，显示他向往一种“向内收摄的超越”，即向人的内心去寻找价值的超越源头（见上引 *Transcendence in Ancient China*，p. 63）。不过，无论向内或向外，人间价值与意义的终极源头必须来自某种超越的实体或境界。史华慈似乎认为这一点是一切宗教最根本的特质，舍此则无宗教可言。从正面说，他曾指出“使神秘主义在某种意义上成为一种宗教看法的是它深信（或在‘神知’意义上知道）真实——这个不可言状的真实——乃是人类一切意义的泉源”（《古代》，193 页）。从反面说，他曾指出“对客观世界采取化约主义的看法，再加上把一切宗教现象彻底主体化，（从而断绝了价值的终极源头）就给我们提供了对‘非宗教’的最明确的定义”（《其他》，86 页）。史华慈非常注意鉴别化约主义，因为他认为化约主义是斩断价值之超越源头的祸根。他认为“像爱因斯坦一类人物，尽管把其他一切全部都主体化了，但是仍然把世界的数学结构视为客观的，并充满某种迹近宗教的意义”，这类人也许不应该归入化约主义者之列。但是，对更多人说来，宇宙并不具有任何他们所珍视的价值与品质，只不过运行起来酷似数学一般美妙而已。这些人则仍然应归于化约主义者。因此，承认或不承认外在的或内在的超越具有价值意味，从而成为人间世价值的源头，似乎是史华慈式的人文主义和“世俗人文主义”的根本区别（同上书，85 页）。史氏在他的著作中几乎没有像保罗·蒂利希那样将“终极开怀”作为宗教的标志，而特别强调以人间价值的终极源头来自超越明示为宗教的标志，这点也许可以说明他的关切更多的是集中在人与某种超越实体的关系，而不是超越实体的本身，这一点也许可以从侧面反映他的人文主义立场。余英时曾指出“（西方）十八世纪思想家开始把自然法和上帝分开，转而从人具有理性这一事实上重建自然法的基础。但是西方近代文化在人间世寻找价值源头的努力仍然遇到不易克服的困难。社会契约所说所假定的‘自然状态’是一种乌托邦，不足以成为道德的真源……功利主义的快乐说过分注重效用与后果，又有陷入价值无源论的危险。在重要开头西方人往往仍不免要乞灵于上帝的观念”（余英时：《中国思想传统的现代诠释》，13 页，1987)。史华慈的“超越”当然不限于上帝，它仍然是基于轴心文明的多元超越观。他的视野比一般西方人要广阔得多，例如，他认为中国传统思想中虽有强烈的内在超越倾向，但可以说并没有出现过化约主义（见《其他》，85～97页)。史华慈曾讨论了孔子，墨子，老子，荀子五行之说，董仲舒的天人感应，王充，张载与王夫之，戴震的“气”的概念，朱子、王阳明、陆象山的思想，认为尽管中国有一股强烈的“非天意”的宇宙观，甚至可以说有某种“唯物主义”的思潮，外加一股强大的主体主义传统，但是，几乎没有一个重要的思想家抹杀宇宙中千差万别的现象，将它们全部化约成牛顿式的物质，并把一切意义与价值从宇宙中排除干净。“万物静观皆自得，四时佳兴与人同”。对传统的中国人来说，宇宙绝不是一堆死物、一架大钟表，而是充满生机与意义的过程或秩序。只有这种宇宙才能构成人间世价值的源头。中国的主体主义者（如王阳明）尽管突出心性的作用，却从不意味着有任何人类中心主义的倾向。对他而言，“宇宙的内容无比丰富，它是一切价值之源，而人总是与这一切无比丰富的内容无法分隔地连接在一起”(《其他》，96 页)。至于史华慈为何坚持必须有超越的源头，他似无正面解释。但他可能会认为超越的源头最少可以给人的内在的道德倾向提供一个超越的支点，可以协调天人（人和自然的）关系，减少人的盲目的傲慢与怠惰，给人提供了较大的自省空间。因此，他反对形形色色的以人类为中心的宗教。他批评卢梭不仅是“作为宗教的民族主义的真正鼻祖”，而且是“一切近代的社会性宗教（societal religion）之父”。他指出“社会性宗教”其实是“把人的宗教感情从一个具有意义的宇宙引开，把它引向某种人类的集体”(《其他》，217～218 页)。他还对汉那·阿伦特的“政治的宗教”提出长篇的严厉的批判（见上引史华慈批判阿伦特长文)。

［73］Benjamin I. Schwartz，*China and Other Matters*，p. 85，Cambridge，Mass. ：Harvard University Press，1996.

［74］Ibid，p. 95.

[75] 引自史华慈著 *On Arenas of Social Choice* 一文。此文的英文底稿由史氏面交给我，共 20 页，引文见第 7 页。蒙朱政惠告知此文后载于 *Philosophy of Choice*，由 P. Ploxzajisk 主编，1990 年出版。谨此致谢。

[76] Benjamin I. Schwartz，*China and Other Matters*，p. 209，Cambridge，Mass.：Harvard University Press，1996.

[77] 按我个人理解，史华慈心目中的人的自主性包括智性的独立思考（这里的“独立”不仅指“独立”于外在压力或他人的思考，而且指一种“独立”于思索者自身“成见”与利益的反思能力）和独立做出裁决并据以行动的能力这两方面。前者涉及智力(intellect)（或理性），后者涉及意志（will)。史华慈指出关于“意志”与“理性”何者应居优先地位，在西方一直争论不休（见《古代》，95 页）。但是，他本人似乎更倾向孔子和苏格拉底的看法，即认为运用思维的最重要的目的在于取得关于“至善”（苏格拉底）或“仁”（孔子）这类最终往往不可名状或无法界定之事物的“真知”。不同的是苏格拉底被认为有一套取得真理的辨认的，可按逻辑推演的所谓真理的“接生法”，而孔子则更多就弟子的具体经验加以指点。史华慈显然绝不否定所谓“超脱利益的”，纯出于好奇心的对真理之智性追求的价值。但是他似乎并不像国内有些学人那样热心推崇这种追求，并认为缺乏这种追求是中国传统文化的一大缺陷。史华慈指出，其实对千差万别的世界抱有好奇心是人类共有的特点，中国在这方面并不弱于其他文化。诚然，这种“超脱利益的”追求在希腊人那里可能特别强烈。但是强烈到何种程度，仍然是一个有争论的问题。例如，对苏格拉底以前的某些希腊哲学家或亚里士多德的某些思想而言，可能是如此。但是，对苏格拉底和柏拉图则很难说是如此（见《古代》，98～99 页）。而且，即使就所谓“超脱利益的态度（disinterestedness)”而言，“如果说这种态度是可能的，它本身也是以一种道德的态度为基础的”（《古代》，7 页）。本文无法深究史氏的个人宗教信仰与其学术立场的关系。因为个人信仰涉及极为困难的内心世界。不过，我推测史华慈也许会欣赏巴

斯噶这句话："再多的独断论也无法否定掉我们根本无能证明任何事物，再多的怀疑也无法否定掉我们具有真理的观念。"（*The Encyclopedia of Religion*，ed，M. Eliades，Vol. Ⅱ，pp. 202-203.）其中的后半句肯定了理性和人的自主性：前半句则指出了当它们面对着人所面临的一系列奥秘时的限制与无能。史华慈似乎像他所心仪的犹太教中古哲学家麦蒙耐德斯那样把智力（intellect）视为人的本质之一（在麦氏看来这是因为智力是神赐予世人的神自身的属性之一）（See *Encyclopedia Judaica*，vol. Ⅱ，p. 772，1972），因此，在此意义上可以说人的尊严就在于他拥有理性。理性虽然无法对许多宇宙人生之谜给出圆满答复，但它绝不是信仰的百依百顺的婢女。它既是信仰的挑战者又是信仰的支柱，甚至于还可以把人引向信仰。因此，史华慈虽然认为许多人生宇宙的奥秘无法取得确解，但他并不是一位激进的怀疑论者，他深信对这种奥秘的探索有助于改进人的处境。柯文和梅谷曾称史华慈的运思方式中有一种"健康的怀疑论"（见二人著"Memorial to Benjamin I. Schwartz," *China Quarterly*，p. 299，Dec. 1999）。我认为这是因为和他的不断质询与怀疑同时并存的是他对宇宙和人的信念。他堪称一位既坚定又清醒的理性主义者。

［78］See Benjamin I. Schwartz，*China and Other Matters*，p. 209，Cambridge，Mass.：Harvard University Press，1996.

［79］史华慈认为人不只是一种高级动物，因为他（她）蕴涵着任何动物都没有的一种吊诡。因此，人的幸福也不可能等同于满足生理的或物质的欲求所带来的不带难质的快感。这是人无可逃脱的命运。他说："大部分储存在人类经验中的信息不是建立在对人类成就所作的'物质主义的'说明之上，而是建立在远为复杂的对人类命运的'人文主义的'说明之上，在这种人类命运中追求幸福与此种追求所包含的吊诡（悖论）两者是分不开的。"（见中译《千文》）这是人性的"全部带有悲剧性的复杂性"所注定的。其次，他似乎认为人的幸福固然和物质享受有关，但是归根结底往往取决于人与人之间面对面的人际情感状况。人可以在日常生活中通过增

进自己和周围同胞的感情纽带而感到幸福，也往往因为处理不好这种感情关系而深感痛苦。史华慈常提到马丁·布伯的“我—你”(I-you)这种人与人的亲密的心灵沟通，并认为布伯这种人际概念和《圣经》对生命概念的理解是相通的（See *The Religion of Politics*, p. 159）。更奇怪的是人往往在欢愉中同时会由于感到命运多舛或万事转眼成空而使欢愉蒙上阴影。（以上可参看《千文》）史华慈认为巴斯噶正确地指出了伏尔泰所忽略的一个重要事实，即“人就在享受快乐的过程中可能是很悲惨的”（史氏学士论文，12 页）。因此，追求“百优解”带来的“物质主义的”单纯的、无反思的满足终将是缘木求鱼。史华慈说：“一旦他把事情想透了，他就会发现从改善与妻子的关系上可以比从‘百优解’所带来的暂时性苏解中得到更多的欢愉，尽管如此做可能让他饱受压力乃至极度痛苦。”（见中译《千文》）上述思想也许可以说明史氏幸福观的某些特点。

［80］史华慈曾指出到了 19 世纪末与 20 世纪上半叶，又出现了史华慈称之为“列宁主义的症候群”现象，开始转而强调人的主观能动性。例如，列宁和卢卡奇都认为单凭社会力量自身无法在无产阶级中自发产生阶级意识，必须有一批先进分子向无产阶级灌输这种意识。不过，历史长河的大方向仍是注定不可更改，只需要有“伟大的舵手”指引航道，绕过其中的浅滩暗礁而已。在这种症候群的影响下，“社会工程师”的概念再度兴起，在集权国家实行了全面的“社会工程设计”，在西方民主国家则将社会区隔为若干领域，分别由不同的“社会工程师”或某行业的专家们负责设计。在这种社会决定论的指引下，政治上的民主也往往被解释为各种利益集团之间无人格的势力的平衡。人的政治参与受到很大限制。史华慈指出，如果说在经济领域，人们只能在最大利润和最小成本之间选择，在政治领域将选择交付各种利益集团的势力去平衡，在社会领域则听由社会工程师们去选择，门外汉不得干扰，在个人领域又有各心理与社会心理技术可以代劳，那么号称开辟了人类可以掌握自己命运的近代事业似乎没有给人们留下多少可以真正掌握自己命运的自主性空间了。

［81］*On Arenas of Social Choices*，p. 18.

［82］See Benjamin I. Schwartz，*China and Other Matters*，p. 57，Cambridge，Mass. ：Harvard University Press，1996.

［83］Ibid，p. 51.

［84］转引自苏国勋：《马克斯·韦伯与资本主义精神》，载《文化：中国与世界》，1987（1）。

［85］参见史华慈：《全球意识形态和比较文化研究》，载《二十一世纪》（香港），1999（2）。

［86］Ibid，pp. 4-5.

［87］See Benjamin I. Schwartz，*China and Other Matters*，p. 135，137，Cambridge，Mass. ：Harvard University Press，1996.

［88］Ibid，p. 12，15.

［89］史华慈对上述诸子的质疑，见《古代》，159～161、213、235～237、314～315页。

［90］史华慈曾说，他"深信对他人的信念系统进行韦伯式理解（the Weberian Verstehen）的可能性"（《古代》，7页）。韦伯式理解的一个重要预设是，人类尽管受到不同的文化、语言与历史的限制，仍然拥有某些共同的关切和经验。这个预设使研究者有可能以某种程度的精确性在自己的想像中再生研究对象的内心世界。因此，韦伯式的理解又称"移情理解"（empathetic understanding）。韦伯自己也用过此词（See *Methodology of the Social Sciences*，tran. and ed. E. A. Shil and H. A. Finch，p. 74，1949）。史氏也说"我们可以希望通过移情的想像去理解和我们很不一样的人"（《其他》，110页）。但是，韦伯认为移情理解必须建立在严格的"经验性分析"上面。用史氏的语言，即必须采用上文所介绍的"三角互动"和尽可能沉浸在研究对象中的方法。因此，移情理解是一种"设身处地"的理解，并不意味着价值认可。史华慈对孔孟"敬天崇德"有移情的理解，但他对"天"与德的内涵乃至"敬"与"崇"的感受与理解都未必尽同，也未必全部赞同。本文采用"回响"一词指的是在主调上引起某些共鸣。我想在此指出一点，即认

为人类有共同的关切和经验这个预设是史氏史学思想和人文精神的核心思想之一，本文无暇详论。（有兴趣者可以参看《其他》，14、16～27、32～33、44、78～79、110～113、152～153 页；*The Mozartian Historian*，112 页；《古代》，13 页。）为了维护这个预设，史华慈曾分别对文化相对论（见《其他》，105、140～141 页），语文决定论（见《古代》，11～13 页）和绝对历史主义（See *The Mozartian Historian*，pp. 103-107）进行了分析批评。

［91］Benjamin I. Schwartz，*China and Other Matters*，pp. 212-213，Cambridge，Mass.：Harvard University Press，1996.

［92］Benjamin I. Schwartz，*The World of Thought in Ancient China*，p. 260，Cambridge：Harvard University Press，1985.

［93］宋殛虽非纯粹墨者，但在行为与思想上最接近墨子（见张岱年：《中国哲学史大纲》，274 页，1982）。

［94］参见《孟子》，6B：4。

［95］Benjamin I. Schwartz，*The World of Thought in Ancient China*，p. 269，Cambridge：Harvard University Press，1985.

［96］史华慈当然不是禁欲主义者。他曾指出犹太传统不仅不鄙视谋求生存，而且视之为"圣化"之事，犹太传统还高度赞扬"好的名声"并赞成《圣经》中神要人"择选生命"的意旨（见《申命记》，19、30 页；*The Religion of Politics*，pp. 159-60）。他还指出轴心时代的多数传统都认为"在当时限度内的世俗欲求是好的"（《古代》，83 页）。他曾告诫，在美国的许多犹太人把这种犹太传统重新诠释，以适应一心追求物质享乐的所谓"郊区价值观"，"给首先强调物质好处及取得这些好处的手段涂上一层薄薄的上帝的祝福"（同上书，160 页）。总之，史华慈所反对的是把全部或过多的心思精力放在物质的追求上。

［97］《孟子》，6B：4。

［98］《孟子》，6B：4。

［99］Benjamin I. Schwartz，*The World of Thought in Ancient China*，p. 447，Cambridge：Harvard University Press，1985.

［100］ See Benjamin I. Schwartz, *China and Other Matters*, p. 135, Cambridge, Mass.: Harvard University Press, 1996.

［101］史华慈把义利之辨作为“孟子道德哲学的核心”是因为在史华慈看来，义利之辨势必触及道德行为是否有内在动力这个道德哲学的核心问题。墨子尽管提倡兼爱，但是“兼相爱”只是手段，其最终目的是“交相利”，则道德行为的最终动力依然是外在于人，不是内在于人的。所以墨子认为必须使人了解“兼爱的功利上的必要性”（《古代》，78～81、262页）。于是追问道德之动源何在——也就是人性善恶的问题，势必浮现出来。孟子的四端说和他的整个“哲学人类学”以及他的“尽心、知性、知天”的理路都是为了说明道德行为之动源的内在性及其本体论的超越依据（《古代》，262～278、288～289页）。而史氏也是从他自己的人性论及本体论，及至他的宗教观念出发来考察道德主义的动机论。人一方面是由“地上的泥土制作的”，他是极为有限、卑微的；但另一方面，“上帝从他的鼻孔吹进了一股气息”，使人具有某种超越卑微有限的处境并做出辉煌的道德业绩的内在动力。在史华慈看来人性中的这两方面的内在张力只能靠内省自诘不断缓解，没有任何一劳永逸的良方。这种比较复杂的动机论可以在《古代》有关管仲的讨论中得到印证。在《古代》中史华慈曾就此问题讨论不下五六次。他指出在对管仲的评价中似乎透露了“一种以纯正动机与意向为基础的个人道德的概念和一个雄才大略但个人德行很差的政治家所达成的良好的社会政治‘效果’之间存在的深刻的张力”（《古代《，110页）。孟子由于时代不同，对管仲采取了比孔子更为严厉的批评态度，他似乎认为管仲这种“没有仁的动机而连成的仁的效果很可能只是昙花一现，非常皮毛的成果”（同上书，262页）。从整体上看，史华慈似乎倾向于孔子的比较复杂灵活（“权”）的看法，他指出君子在天下无道的社会里几乎“无法避免对复杂流变的事件做出复杂的道德判断”（同上书，110、386页）。［关于此问题可参看李明辉：《存心伦理学、责任伦理学和儒学》，载《台湾社会科学学刊》，1996（21），241页；《存心的伦理学、形式伦理学与自律伦理学》，

载《国立政治大学哲学学报》，1995（5），15～16 页。]

［102］Benjamin I. Schwartz，*China and Other Matters*，pp. 122-123，Cambridge，Mass.：Harvard University Press，1996.

［103］参见《论语》，17：19。

［104］Benjamin I. Schwartz，*The world of Thought in Ancient China*，p. 125，Cambridge：Harvard University Press，1985.

［105］Ibid.

［106］Benjamin I. Schwartz，*The world of Thought in Ancient China*，p. 123，Cambridge：Harvard University Press，1985.

［107］Benjamin I. Schwartz，*Transcendence in Ancient China*，p. 63，Daedalus，Spring 1975.

［108］Benjamin I. Schwartz，*The World of Thought in Ancient China*，p. 81，Cambridge：Harvard University Press，1985.

［109］Ibid，p. 126.

［110］Ibid，p. 127.

［111］Benjamin I. Schwartz，*The World of Thought in Ancient China*，p. 120，Cambridge：Harvard University Press，1985.

［112］Ibid，pp. 118-119.

［113］See Benjamin I. Schwartz，*China and Other Matters*，p. 87，Cambridge，Mass.：Harvard University Press，1996.

［114］See Gordon D. Kauffman，*In Face of Mystery*，pp. 60-70，1993.

［115］参见史华慈：《全球意识形态和比较文化研究》，载《二十一世纪》（香港），1999（2）。

［116］孔斐力：《史华慈的历史贡献》，载《世界汉学》，2003（2），89 页。

［117］See Benjamin I. Schwartz，*The World of Thought in Ancient China*，pp. 85-92，Cambridge：Harvard University Press，1985.

［118］Ibid，p. 88.

［119］《论语》，14：3；4：15。

［120］ See Benjamin I. Schwartz，*The World of Thought in Ancient China*，pp. 81，89-91，Cambridge：Harvard University Press，1985.

［121］ Ibid，p. 202.

［122］ Ibid，pp. 159-160.

［123］ Benjamin I. Schwartz，*China and Other Matters*，p. 153，Cambridge，Mass.：Harvard University Press，1996.

［124］ Ibid，p. 88.

［125］ Ibid，p. 127.

［126］ Ibid，pp. 149-153.

英文第三版序

本书的写作已经过去8年多了，在这段时间里，中国共产党已经建立了稳固的政权，世界范围内对中国共产主义所有各个方面产生了极大的兴趣，对于这一运动的历史和源起又有了更多的研究，并且又有许多新的史料被披露出来。中国共产党自己也对自身历史的正统说法进行了新的详细阐述，这些阐述与先前的说法在一些显要方面有所不同，并且披露了新的证据资料。

鉴于这些进展，有理由对这本书中的一些解释作一重新考察。尽管，一定有许多问题有待于进一步探讨，在这个简短的前言中我将只涉及一些看似基本的问题。

正如在序言中指出的，写作这本书我主要关注的，首先是中国共产主义运动内部政治关系的历史以及整个运动与克里姆林宫关系的历史；其次是与马克思列宁主义思想在中国的发展密切相关的问题——思想与实际之间演进关系的问题。在这个关注的背后是一个更大的问题——思想在共产主义历史中如果有什么不同的话，起了什么作用？关于后一个问题，我并不只关注中国的事件本身，我还对将马克思列宁主义学说说成一种为它选中的初学者不仅提供理解过去的钥匙，而且提供解决处于急流险滩中的当前社会、政治事件绝对可靠技巧的占统治地位的科学——那些大量断言感兴趣。理想的共产党领导人的自我形象（至少直至最近）是那种对周围环境了如指掌的人。他是所有仰视他的人的精神主宰。在任何特定时刻他都能对当前形势做出绝对正确的社会—历史分析，而他的策略决定完全建立在这些分析基础上。将马列主义学说经常称为“方法”而不是“教条”与这种自我形象无干。本书的目的之一就是考察在中国共产主义运动过程中出现的这些大量的断言。

如果将我们的注意力转向第一个关注——关注运动内部的政治史——现在大量证据清楚地表明，在本书中的叙述“朱毛的领导在中国共产主义运动中的完全胜利，可以说是在1932—1933年期间中央委员会将其总部由上海移至瑞金时就已经实现了”是需要修正的。现在清楚了，毛泽东直到1935年的遵义会议才获得了在中国共产主义运动中的完全优势地位。也清楚了，中央委员会的一些成员，如博古（而不是王明）1933年之后在苏区设法控制了重要权力，在1933—1935年期间毛泽东的权力可能曾经一度衰落。1933—1935年期间复杂的派系斗争依然是清晰可辨的。对于为什么“二十八个布尔什维克”* 集团的成员能够在苏区保持了权势地位，我们可以想出许多原因：他们仍然享有他们的党内职位的崇高威信以及可能得到莫斯科和克里姆林宫派驻中国的代表如神秘的李德将军的充分支持，他们可能还能够与苏区以及红军中并不完全服从毛泽东优势地位的高级将领有十分有效的联系。

* 疑为“二十八个半布尔什维克”。——译注

尽管必须进行这个史实上的更正，我仍然坚持认为对其中的基本要素的分析在本质上是正确的。对我来说，似乎新证据的确在某种程度上进一步支持了这些分析。中央委员会集团与毛泽东领导之间存在深刻的矛盾这个见解，现在从许多原始材料中得到进一步证实。中央委员会集团失败的原因是它在苏区没有坚实的权力基础这个猜想并没有动摇。对我来说，“权力重心转移到毛泽东和朱德手中是中国共产主义运动中环境与权力关系的结果，不是莫斯科任何决定的结果”这个观点，似乎得到了开始利用的新证据的支持而不是削弱。最后，中国共产主义者自己现在坚持认为在中央委员会集团与毛泽东领导之间思想上的基本问题之一（在涉及思想的范围内）是红军用于保护农村根据地还是作为工具用来重新获得运动的城市根据地的问题。

关于思想发展问题，我并不打算修改本书中的任何基本主张。自从这本书出版以来，许多人坚持认为列宁本人为共产党与它所设想的阶级基础——产业工人阶级完全分离的可能性打开了大门。然而，虽然列宁打开了大门，但是恰恰是毛泽东迫于中国的状况，实践了它。

本杰明·I·史华慈

1958年5月10日

导 言

本书旨在从中国共产主义运动的相关的学说框架及其内部的政治关系方面，考察它在一个特定时期内的历史。由此，从促进运动发展的“客观的”社会和政治环境方面或者从运动对群众的影响方面研究，不是该书的主旨。本书也不对可能有利于运动发展的那些中国传统文化因素作任何详细的论述。无须赘述，这些方面都不能彼此孤立地研究。当然，不了解中国的客观环境或它的文化遗产，就不可能理解在中国形成的马克思列宁主义信条与现实之间的矛盾冲突，或中国共产党内各派之间以及中国共产党与莫斯科之间的政治关系。虽然是这样想，然而我们仍然感到应当将我们的注意力集中在一个至今被特别忽略的领域。

我们意识到有一些人，他们可能倾向于怀疑这样一个考察的价值。对于那些谈论社会学的、经济学的、地缘政治学的、历史哲学的假想的奥林匹亚顶峰的人来说，在中国发生的一切似乎都不可避免地源于“客观形势”。对这样的人来说，共产主义运动领导人思想的先见似乎是过于空谈事实的表面，而他们之间政治关系的细节似乎是不值得研究的过于小的话题。

当然，否认客观环境先验的重要性是绝对愚蠢的行为，所有的政治活动一定是与实践客观形势所赋予的任务有关的。然而，我的确坚决反对那种主张“形势”自动引起结果的万物有灵论。无论任务完成与否，其中的方法和取决于任何其他因素一样，也取决于最终承担完成任务责任的那些人的思想、意图和抱负。中国的共产主义者以他们特有的各种预设，已实现了应付这些艰难险阻的责任，我以为，在决定未来客观情况方面，这是一个至关重要的因素。

此外，我们并不打算孤立地考虑学说，而是把它看作是由活生生的人形成并改变的，是在具体情况下起作用的，是受各种动机驱动的学说。在中国出现的情况当然不是共产党领导者现成学说和意图的简单结果，它更有可能是这些学说和意图与这些领导者所处形势之间矛盾冲突的结果。但是，忽略了领导人的学说又是忽略了这一矛盾冲突中一个决定性的因素。

自相矛盾的是，那些对意识形态问题极端鄙视，除了“客观”因素之外拒绝考虑任何因素的人，经常付出的代价之一就是对意识形态的主张特别天真。正是因为他们拒绝考虑学说问题，他们经常倾向于接受完全是空洞的形式语言的意识形态主张的表面。只有通过研究学说与行为之间的矛盾冲突，才能够学会区分已经死的教条与依然活的信仰。

然而，需要进一步反对的是，在关注少数领导者的思想和意图的过程中，我们忽略了这些事实：我们在中国所目睹的一场广泛的群众运动，是一次群众自发起来的运动，而领导者仅仅是这些民众要求和愿望的代言人。现在，虽然我们确信中国共产主义运动是在人民运动的高潮逐渐拥有了权力，但是这并不意味着共产党的领导权本身是人民意志的象征性体现，或者它的所有的活动都是人民愿望的表现。有充分的理由认为，特别是在共产主义信条里，基本的历史性决策将由政治领袖而不是由群起的民众做出。

我认为，在考虑如中国这样的国家里在思想上和政治上分明的小的群体与民众之间的关系问题上，应该避免两种过于简单化的观点。一方面，一种倾向认为，由于这些群体已经学会了用外国的思维方式思考问题，因此他们完全与民众脱离，而且与民众没有任何关系。对于那些持有这种观点的人来说，必须指出，即使这些人向国外寻求解决方法，他们并不能完全脱离他们所生长的环境以及他们所身处的形势。

另一方面，还有一种倾向认为，亚洲西化的知识分子政治家的声音完全是被明确表达的群众的声音。这个观点忽视了，这些知识分子的思想在多大程度上既受到他们信奉的外国哲学的影响又受到他们自身抱负的影响。因此，我们认为，从总体上看，这些群体与民众的关系不是单一的而是相互矛盾的，他们在通常情况下与民众相关联，然而，在很大程度上，他们与民众又是疏离的。

至于民众物质和经济需要之外的愿望，除了我们进入中国农村与它的居民生活在一起之外，如何能知道呢？当然，或许在渴望摆脱当时的悲惨境况之外，民众对于他们希望过上的那种生活是完全困惑的。无论事实如何，我们理应以一种谦逊的客观的态度探讨这个问题。如果就“群众的愿望”这个说法而言，我们完全意指民众的政治领袖知道什么是民众最需要的，政治领袖将使他们自己的愿望成为民众的愿望，那么，我们就这样说说吧，但是不要满足于感情上的言语。我们知道民众希望摆脱他们当时的悲惨境况。然而，不了解情况，我们无权说中国的民众希望在中国再造一种底特律或马格尼托哥尔斯克（magnitogorsk）的模式。但是，我们却能够很好地研究他们的领袖的抱负和愿望。

因此，我认为，在中国我们目睹的不仅是一次民众自发的奋起，而且是一个充满活力的新的统治集团逐渐掌握权力。它们是两个既相关但又独立的事实。

对有些人来说，这个研究似乎过多地涉及马克思列宁主义派生形式的细枝末节。首先，应该注意到，这种理论的具体的细枝末节，构成了中国共产党领导人生活的环境、呼吸的空气。如果我们没有对它形成一些认识，我们就会完全不了解中国共产党领导人的精神世界。

然而，更重要的是，只有抓住了学说的细节，我们才能尝试判断哪些学说内容仍然是行动的推动力量，哪些学说内容已经成为掩饰学说危机的过时的赘词。

大体上，我们的观点是，尽管传统的马克思主义表面上是“成功的”，它在东进的过程中——进入它最初假设所没有预料的环境——仍然经历了一个缓慢但持续的瓦解过程。这个过程伴随列宁本人已经走出了一段距离，并且如果他活的时间更长，这个过程可能走的距离更远。在最初的学说中，有机联系的不可分离的内容伴随着列宁已经被分离并且被彼此孤立。当然，这个过程伴随着斯大林走得更远，并且这个研究的目的之一就是表明这个过程如何由中国共产党的经历再推进了一步。

诚然，这个过程的每一步都受到强大的“正统意志”（与有关集团的权力利益密切相关）的约束和抵消。无论何时环境最终导致了一个先前学说没有预料的行动方针，就会尽一切努力证明这种行动实际上是预先设想的，然后新的合理解释就会构想出来，以使新的经验与精心构筑的一贯正确和始终高明的外表相一致。另一方面，只要政治行动看来与正统信条相一致，这些信条就被认为是神圣的，不容置疑的。

这个研究的结论是，毛泽东的政治战略不是在莫斯科预先计划好的，甚至在这个战略最初明确时莫斯科仍然认为是与神圣不可侵犯的正统信条相违背的，只是形势的压力才最终导致莫斯科对这个新经验给予了合理解释的外表。

如果这个结论是可靠的，那么它对克里姆林宫与中国共产党的关系这个极其复杂的问题有何影响呢？如果毛泽东主义战略不是在莫斯科预先计划的，如果毛泽东的领导不是直接由莫斯科选择的，那么，在考虑这个问题时就要考虑一些历史因素的作用。然而，必须强调莫斯科与中国共产党的关系与取决于过去继承下来的因素一样，相当有可能取决于当时和后来的一系列因素。

另一方面，这个结论的确更直接地对使马克思列宁主义成为一种预先计划他们宏伟的全球战略，并且不给出人预料的偶然事件留有余地的不可思议的科学的大量断言产生了影响。正统的斯大林主义历史学正在极力将中国共产党的成功描述成是斯大林的自我预知和巧妙计划的结果。奇怪的是，这个虚构信念已经被许多认为自己是克里姆林宫最仇恨的敌人的人所接受，甚至强调。然而，我们坚信，中国共产党的失败与成功一样，常常是未曾预先计划的。

低估苏维埃领导者的精明或他们对于自身目的的执著追求都是绝对愚蠢的行为。另一方面，承认他们的自我形象是依据绝对正确的历史科学进行活动的超人的“社会工程师”同样是危险的。我们不能低估这个形象对于不顾一切地寻找救命稻草的大多数近代人的吸引力。我们必须记住，这个形象对于那些反对克里姆林宫的人来说是没有影响的，并且不相信它能够在一个仍然充满不可预知的偶然事件的世界里派上用场。

第一章

马克思—列宁主义在中国的兴起

鉴于1919年之后马克思—列宁主义在中国的迅速传播，人们惊奇地发现，在俄国革命前的几年里马克思主义本身在中国很少引起关注。之所以惊奇是因为一小部分西方化的中国知识分子在当时受到了各种来自西方学说的影响，并且这些在西方似乎是不同时期的理论，在中国呈现为同一时代理论的各种变异形态。

《新青年》在1915年之后成为中国先进知识分子的绝对喉舌，如果我们仔细阅读其中的评论，我们会发现对亚当·斯密、尼采、米勒、托尔斯泰、赫胥黎、达尔文、斯宾塞、罗素、孟德斯鸠、克鲁泡特金以及许多代表人物的讨论。* 然而，我们找不到对马克思的讨论。这个忽略不能解释为纯粹的无知**，也不能解释为害怕任何的"激进主义"。因为在总体上摆脱中国传统和过去的过程中，这部分知识分子就倾向于接受西方所给予的最"时兴"的和最极端的解决问题方式。

对于这个忽略的解释，我认为，由于中国的知识分子专心于自身的处境——中国的处境——前列宁主义形式的马克思主义对他们来说是最不相关的。[1] 因为在列宁主义的主张出现之前，由于歪曲的解释和明显的忽略，所有人似乎都清楚马克思预期资本主义的灭

* 布伦斯基、塞缪尔·斯麦尔这些名字几乎像那些伟大人物的名字一样经常出现。把许多西方思想家介绍给中国知识分子的日本人，在开始时，对于翻译著作的选择是完全不加区别的。

** 陈独秀的文章《法兰西人与近世文明》（《新青年》，1915年，第一卷，第四期，第2页。）已经提到卡尔·马克思。他的名字出现在下面一段："十九世纪之初，此主义复盛兴于法兰西。圣西门（Saint-Simon）及傅里耶（Fonrier），其最著称者也。彼等所主张者，以国家或社会，为财产所有主——其后数十年，德意志之拉萨尔（Lassalle）及马克思（Karl Marx）；承法人之师说，发挥而广大之——财产所有制虽不克因之遽废，然各国之执政及富豪，恍然于贫富之度过差，绝非社会之福；于是谋资本劳力之调和，保护工人，限制兼并"。换句话说，马克思和其他社会主义者的贡献在于他们帮助工业领导者具有了更社会化的意识。

亡是在它最发达的时期*，“在它们所能容纳的全部生产力发挥出来以前，是绝不会灭亡的”[2]部门。因此，欧洲的马克思主义运动始终将其注意力放在工业化的西方。在马克思有关世界“落后地区”
8 的分散的论述中没有提及这些地区在即将发生的资本主义向社会主义的转变中起主要作用。在原始积累时期这些地区是商业资本残酷剥削的场所；在工业资本主义时期我们猜想，资本主义不久将把这些地区纳入“文明”的轨道，并且以其自身形象重新塑造它们。**

然而，这个重要剧情是在资本主义的发源地而不是在落后地区上演的。总之，这就是前列宁主义的马克思主义运动的观点。列宁在试图使马克思主义适应俄国现实过程中采取的创新和变通，在当时并不广为人知。在当时没有提及组织完善的由职业革命者领导的人数少的无产阶级能够在“落后地区”掀起世界革命，没有提及“落后国家”在世界革命中的战略作用或托洛茨基设想的“用社会主义的方法完成前社会主义的任务”的可能性。简言之，前列宁主义的马克思主义没有与中国知识分子自身处境直接相关的启示。

追溯马克思列宁主义在中国的兴起，我想不出比密切注意中国共产党建立前的那几年里李大钊与陈独秀的思想历程更好的方法了。他们不仅是中国共产党真正的建立者，马克思列宁主义在中国的发起人，而且也是完全西化的知识分子中仅有的几个无可争议的领袖之一。他们与北京大学的学生——五四运动中的学生——之间的关系很难按西方的学生与教授的关系去理解，它实质上更接近于中国传统的圣人—弟子关系。因此，毫不夸张地说，他们对于当时局势的反应，在某种程度上代表了全部先进知识分子的感受。

《新青年》评论的创办者陈独秀[3]在1919年之前致力于一种建立在“民主与科学”两大基石之上的相当和谐的哲学。从否定方面讲，这个哲学完全摒弃所有形式的中国传统文化——佛教的、道教的和儒教的。佛教和道教以其彻底反世俗的倾向使中国几个世纪失去活力，儒教则将个人窒息在家庭和社会责任的网络关系中。[4]最终结果是，面对西方的挑战，中国处于被动、停滞和无力的境地。

* 即使在马克思主义运动中处于完全“左倾”立场的普列汉诺夫在他的《马克思主义的基本问题》（1928年，纽约，106页）一书中也指出：“在目前历史呈现为全部极为重要的革命性变革正在最发达的国家酝酿，并且我们认为这个变革将通过暴力实现……这就是正在西方而不是俄国进行的历史运动。”

** 马克思分散地提及这个问题，其中有下面一段关于加利福尼亚黄金的发现所产生的影响，它是在《新莱茵报·政治经济评论》上的一篇文章中，“加利福尼亚黄金源源不断地流过美国和亚洲的太平洋海岸，将那里未开化的民族卷入世界贸易体系，纳入到文明世界中来”。

应对这个挑战的方法只能从西方本身去寻找。如何解释西方突然迸发的活力，它的精神和物质动力是什么？西方有而东方没有的究竟是什么？按陈独秀的看法，答案非常清楚——民主与科学。值得注意的是，作为一个中国传统的叛逆者，作为一个执著的"现代主义者"，陈独秀并不倾向于从18世纪前的任何事物中探索西方的奥秘。在这点上他准确地反映了全部先进知识分子的心态。

那么陈独秀的民主的观念是什么呢？它本质上是曼彻斯特自由主义的概念。由于除去了传统加于个人的桎梏，给予了个人追求进步的利己主义的自由，并且以法律保障这个自由，民主解放了个人的活力。[5]陈独秀充分意识到现代西方的许多成就存在于富有成效的经济活动领域，并且他相信除去了儒教的桎梏，解放了个人的活力，就能够在中国产生相似的结果。这里需要注意的是，他所信奉的那种个人主义不是浪漫主义者无政府主义的个人主义，而是受经济驱动的曼彻斯特自由主义的个人主义。从某种意义上说，它是一种受社会驱动的个人主义，因为按照陈独秀的看法，个人的解放将使中国社会得到新生。人们不能不相信个人必须维护社会秩序才能够证明自身合理性的古老的儒家情感依然无声无息地潜藏在这一切的背后。

陈独秀关于科学的作用的观念使人们首先想到了俄国无政府主义者的这一观念。像俄国无政府主义者一样，陈独秀视科学为武器，为瓦解传统社会的腐蚀剂。当然，他意识到了科学在征服自然中的动力作用，但是他特别感觉到科学是反"迷信"的武器。与无政府主义者一样，陈独秀的解释导致了他将科学等同于某种形式极其原始的自然主义。[6]通过用科学的权威高声宣布物质的原子是唯一终极的实在，陈独秀很快破除了"礼仪信仰"的全部基础以及佛教和道教的神秘主义。 10

简言之，这就是陈独秀希望用来改变中国社会的哲学方案。它建立在同时代西方一种极乐观的观点之上，并且乐观地相信启迪的全过程以及民主政治形式的移植将在中国创造出相似的奇迹。

李大钊*是性情根本不同的人。当陈独秀偏重于关心具体的社会和文化问题时，李大钊就以偏重思辨哲学而著名。在他任北京大

*李大钊，1888年生于河北省，在北洋大学法律管理学院学习政治经济学。后来在日本的早稻田大学专攻政治经济学。在刚回国时他担任了北京大学图书馆馆员（1918年毛泽东成为该图书馆的一名工作人员），1920年他成为北京大学历史系教授。在这一时期，他帮助陈独秀和胡适编辑《新青年》，还帮助学生社团编辑《新潮》评论。1920年年底他与陈独秀共同建立了中国共产党，并且后来被视为中国共产党北方局的实际领导人。1927年4月在苏联大使馆被张作霖的部队逮捕，并被立即处决。他曾经作为一名中国共产主义运动的杰出先驱者受到崇敬。

学历史系教授时期，他就形成了一个似乎是中西因素奇特组合产物的含糊但意义重大的“体系”，人们可以发现这里李大钊重复了释迦牟尼和屈原*以及爱默生和黑格尔的思想。这个体系的要点体现在两篇文章《青春》[7]和《今》[8]中，它们写于不同时期，但说明的基本上是同一个主题。

* 屈原，楚怀王（前332—前295年）时的大臣，他是非常典型的忠臣。然而由于宫廷内的阴谋诡计，他受到怀疑并遭到流放。在长篇抒情诗《离骚》中，他倾吐了对天命和宇宙的不满。

李大钊说，“实在”是无始无终无穷无尽的连续变化。从绝对方面讲，这个实在的运动过程是一个绝对的过程。然而，从相对一面讲，实在表现为无数分立的现象（中国传统哲学中的“万物”）。单个的人自然是相对的现象世界的一部分，因此像所有其他现象一样是短暂的。然而他的“自我”是绝对实在的一部分，因此“自我”是永恒的，“自我”是宇宙，宇宙即“自我”。[9]虽然任何地方都没有明确地说明，但是这里暗示了这个绝对实在是绝对精神。贯穿实在的运动过程的是一个由此每个现象都走向它的反面的二重性原则。“于是有生即有死，有盛即有衰，有阴即有阳，有吉即有凶，有青春即有白首，有健壮即有颓老。”[10]

至此，李大钊的哲学完全在极其古老的中国思维方式范围之
11 内。这里人们可以发现，尽管经常使用西方哲学术语，李大钊仍然是重复屈原、佛教、道教的思想。然而，正是在这一点上李大钊与过去彻底决裂，爱默生鲜明的乐观主义及西方“先进的进化论”理论开始显露出其权威性。虽然上述实在的观点总是带有悲观意味，总是导致人的有限生命是毫无意义的信念，但是在李大钊看来，实在的观点开始与积极的乐观主义相结合。

虽然现象世界似乎是一种毫无意义的连续变化，虽然青年与老年，生与死似乎是彼此相继毫无意义的重复，但是它的中心，宇宙是永远年轻的。“宇宙无尽，即青春无尽，即自我无尽。”[11]这个永恒的青春超然于现象世界的所有变化。“盖天之行也以其动。”[12]

李大钊哲学另一个新奇的特点是他的时间概念。谈论“无穷变化”、“不停变动”的哲学通常否认现在时刻的存在。但是李大钊却说“有的哲学家说，时间有‘过去’与‘未来’，并无‘现在’。有的又说，‘过去’、‘未来’皆是‘现在’。我以为‘过去未来皆是现

在’的话倒是有些道理”[13]。“因为‘现在’就是所有‘过去’流入的世界，换句话说，所有‘过去’都埋没于‘现在’的里边。”[14]正是在现在，宇宙的青春的精神不断实现自我更新。作为世界精神一部分的人类精神也在现在具有了自我再生和摆脱过去已死的梦魇的力量。这个哲学的乐观主义色彩，由于李大钊接受了先进的进化论的主张而进一步增强。宇宙不仅具有自我更新的力量，而且具有在一个更高层次上——在永远绚丽的“现在”自我更新的力量。

尽管这个思想大部分是受爱默生思想的启发[15]，仍然极为重要的是李大钊并没有抬高个人。对爱默生来说，世界精神的实现在于个人的活动，对于李大钊来说，个人的意义只存在于世界精神中。关于这一点重要的是，要注意李大钊是一名历史学教授，他略懂德国哲学史，他由此形成了与历史发展动力的个人作用观点相对的历 12
史发展动力并非人的作用的观点。中国传统的思想与黑格尔的思想都为他从容地接受马克思主义思想的这个方面作了准备。

尽管李大钊的思想具有思辨的特质，我们依然很快发现，像陈独秀一样，当务之急——中国的困境对于他的触动比起寻找哲学真理对他的触动更直接。李大钊的全部哲学基本上是他对于指责中国是一个没有更大发展前途的僵死文明的言论的反驳。中华民族与所有民族一样，能够摆脱过去的梦魇，体验现在的新的青春。“吾之国族，已阅长久之历史，而此长久之历史，积尘重压，以桎梏其生命而臻于衰蔽者……然而吾族青年所当信誓旦旦，以昭示于世者，不在白首中国之苟延残喘，而在青春中国之投胎复活。”[16]

如何产生这种再生呢？在这个问题上李大钊是含糊的，他没有像陈独秀那样致力于一个完整的社会改革方案，他没有依靠个人或明确的社会经济方案产生再生，而是依靠历史过程本身。按照他的观点，中国当时是世界历史进程的一部分，作为现代世界特征的所有巨变和战争，必定是一场中国必然参与其中的巨大的全球再生来临前的剧痛。由此，李大钊以一种热切期望的态度期待未来，代替了致力于寻找明确的解决方法。

在这里通过对陈独秀和李大钊的比较，我们发现，他们在毫不妥协地反对中国传统文化上是一致的，他们都期待西方理论上的指导，并且都不加批判地接受这个指导。然而，当陈独秀在民主和科学中找到中国问题——社会的、政治的和文化的——明确的解决方法时，李大钊的思想依然停留在宇宙视角上，盼望某种宇宙解放的行动。我们毫不惊奇，李大钊是第一个接受十月革命的“救世主”启示的人。

扼要地，这就是 1919 年前陈独秀和李大钊思想的主要特点。然而，如果我们想要了解在 1918—1920 年期间他们思想的急剧变
13 化，我们必须将注意力转向他们生活的压抑的社会环境，以及外部局势的影响。因为必须强调，李大钊和陈独秀都不是悠闲的思想家，都没有时间也没有愿望深入思考终极问题。更确切地说，他们是抛弃了中国传统的解决方法而正渴望向西方寻求新的解决方法的、对自己国家的处境有着深刻责任感的人。因此，理解他们思想的发展（即使在哲学范围内）不能离开当时直接的政治环境。

至 1919 年，辛亥革命的失败已经变得日益明显，孙逸仙领导的国民党已经四分五裂，“一盘散沙”。共和国的思想、立宪的思想并没有使孙逸仙的后继者重整旗鼓，同时，也没有尝试在群众中宣传这些思想。袁世凯之死留下了权力真空，权力被转移到各军阀手中，具有讽刺意义的是，这些军阀操纵了全部立宪机构。正如陈独秀在 1919 年悲哀地写道：“中华民国的假招牌虽然挂了八年，却仍然卖的是中华帝国的药，中华官国的药，并且是中华匪国的药。”[17]世界列强仍然继续侵蚀中国的政治经济生活，而日本的“二十一条”充分说明了国民政府的软弱无能。同时，贪婪的军阀、地主、高利贷者的横征暴敛以及家庭手工业的衰落，造成农民阶级逐渐陷入贫困的深渊。

陈独秀曾经希望，中国参加第一次世界大战就会摆脱沿袭已久的惰怠，开始民主与科学之路。[18]这个希望不久也破灭了。

正是在这个最令人沮丧的气氛中，列宁在俄国夺取了政权并宣布了他的救世主的启示。虽然在遥远的彼得格勒发生的事件在中国知识界立刻引起了震动这种说法是极其不准确的（特别是自从列宁最后胜利占领白宫之后就一直受到怀疑），但是有一个人，即李大

钊立即响应了列宁的启示。

在李大钊 1918 年 10 月写的《布尔什维主义的胜利》一文中[19]，我们已经发现，他抓住俄国十月革命作为他正在等待的真正 14
宇宙解放的行动。他解释说："原来这次战局终结的真因……对于德国军国主义的胜利，不是联合国的胜利……是 Bolshevism 的胜利……因此所有国家的界限，所有阶级的差别，所有自由的阻碍都将被打破。"[20]宇宙的永恒的青春精神通过这一行动摆脱了过去的陈迹。用他最喜爱的春、秋作隐喻，李大钊大声疾呼："俄国的革命，不过是使天下惊秋的一片桐叶罢了。Bolshevism 这个字，虽为俄人所创造，但是他的精神，可是二十世纪世界人类人人心中共同觉悟的新精神的胜利。"[21]

然而，有意思的是，虽然李大钊接受了俄国革命的救世主的主张，但他还不是一个任何严格意义上的马克思主义者。同一篇文章《布尔什维主义的胜利》指出了"人类的历史，是共同心理表现的纪录。一个人心的变动，是全世界人心变动的征兆"[22]。换句话说，他依然认为历史过程是世界精神的运动，他依然没有将"黑格尔颠倒的世界颠倒过来"。用马克思的话说，他依然是一个"唯心主义者"。在这点上他似乎没有认识到，接受布尔什维克的启示包含着接受它的学说基础。

陈独秀对俄国革命的反应相对较慢，他太坚信他的民主与科学的方案，以至于被发生在彼得格勒的事情弄得不知所措。由此，在刊登李大钊欢庆布尔什维主义胜利文章的同一期《新青年》上也刊登了陈独秀的一篇文章《克林德碑》[23]。似乎是在热切等待 1918 年巴黎和会休战协定期间，北京民众借此机会拆毁了为在义和团运动中被杀的德国公使克林德而建的纪念碑。这座纪念碑的存在长期以来被爱国的中国人视为一种耻辱。陈独秀利用这个机会提出了他对此次事件及义和团运动本身的意义的看法，他说克林德碑的确是中国的一个耻辱，但是是中国人自己招致的耻辱。义和团运动背后的力量是道教的迷信观念，佛教超自然的幻想以及儒教权力主义者的 15
奴性。不幸的是，这些力量仍然主宰着中国人的生活，并且仍然是进步的障碍。他总结说："现在世上有两条路：一条是向共和的科学的无神的光明道路；一条是向专制的迷信的神权的黑暗道路。我国民若是希望义和拳不再发生，希望像克林德碑这样可耻的纪念物不再竖立，到底是向哪条道路而行才好呢?"[24]当然，他在这里表达的观点与其说接近马克思，不如说更接近于伏尔泰，因为没有提及外来帝国主义无论如何是难辞其咎的——即没有试图进行"阶级分析"。像伏尔泰一样，陈独秀在他的国家传统文化明显缺陷中发现了他的敌人，并且像伏尔泰一样，他大声疾呼"我感到羞愧"。

虽然如此，对于俄国革命的兴趣在全部中国知识分子中逐渐深化。如果在立即接受俄国革命启示方面，李大钊是独自一个人，那么在对俄国革命兴趣方面，他不再是独自一个人。在一个长期以来对中国知识分子具有特殊吸引力的大国，由一小群人完成的历史巨变的壮观场面*——西方自己进攻自己的壮观场面——不会不唤起最广大范围内人们的最广泛兴趣。由莫斯科发起的对西方资本主义文明的进攻，不一定以它们影响西方保守者的同样方式影响传统思想的中国人。相反，有证据表明，它在许多人中引起了某些补偿的热情。** 赞同西化的知识分子（除了一些如陈独秀那样更极端的代表之外），对西方既是所有启迪的源泉也是中国衰落的根源这样的事实感到极大的困窘。然而，现在有可能从一个西方的角度评价和批判资本主义的西方。结果是，当孙逸仙卷入获取政治权力的实际斗争时，他不能不对列宁的成功特别感兴趣。有一些证据表明，在中国共产党真正建立之前，孙逸仙就领会了列宁的政治哲学。***

*中国人很早时候就表现出对俄国的兴趣。19世纪著名翻译家林纾将托尔斯泰的著作译成文言文，伟大的改良者康有为被彼得大帝的个性所吸引。特里悌亚可夫（Tretiakov）在他的《谈实话，一部中国的圣经》一书中生动地描述了俄国文学对20世纪初中国年轻人的吸引力。《新青年》上也有大量屠格涅夫、托尔斯泰及其他人的译著。这种特殊的吸引力无疑源于中国与俄国形势的某些相似性。中国的知识分子像俄国的知识分子一样，脱离农民群众及他们传统的生活方式，以至于俄国文学中所描写的俄国知识分子的内心矛盾完全直接地说到了他们心里。此外，两国都遭受了一大堆相似的政治弊病。因此，在俄国进行的任何重大的政治变革，无论它的性质如何，都不可避免地被思想上政治上鲜明的中国知识分子以极大的兴趣予以研究。

** 陈独秀在他的《五四运动的评价》一文中，提到在俄国革命之后，最大的保守党进步党开始用社会主义的字眼攻击军阀。

*** 在俄国革命之前，孙逸仙就形成了他的政治教导理论中政府的杰出人物统治论观点，他主张"中国人几个世纪处在专制的统治之下，长期的精神奴役的痛苦不会立刻治愈。政治教导阶段在他们的头脑中去除这种落后的陈腐观念"。在这个教导时期，相当于列宁的"职业革命者"的是那些起到启蒙和创造作用的孙逸仙称为"先知者"的人。孙逸仙所说的"先知者"是像传说中疏通九河的大禹和修建长城的秦始皇那样的人。鉴于这些观点，毫不怀疑，即使在1923年会见俄国代表之前，孙逸仙就聚精会神地关注列宁的政治方法。列宁建立在群众支持基础上的党的纪律的概念以及精英分子革命的说法似乎正是孙逸仙概念中所缺少的。因此断言，早在陈独秀或李大钊之前，孙逸仙就把列宁主义当作一种政治组织方法来理解并不为过。据汪精卫说，在十月革命后，孙逸仙立即给列宁发去贺电。参见 Yasushi Okubo, *Thirty Years of Chinese Communism*（Tokyo，1949），p. 31。

对俄国十月革命的这种广泛兴趣最早的具体表现之一，就是 16
1918年春天在北京大学成立的马克思主义研究会。[25]李大钊很快认识到，人们完全忽略俄国革命救世主的启示可能依据的学说假说，就不可能接受俄国革命的救世主的启示。研究会就是在他的请求下建立的；同时，尽管陈独秀似乎并不积极参与研究会的活动，他仍然以北京大学文学系主任的身份对研究会给予了默默支持。研究会的成员主要是学生，其中许多人如张国焘和当时还是北大图书馆工作人员的毛泽东，后来都在中国共产主义运动中起了重要作用。

然而，在开始时，研究会似乎只是它的名字所揭示的，是研究由于俄国十月革命而变得如此重要的那个学说的研究会。刊登在1919年5月出版的《新青年》马克思主义专号上的研究成果充分说明了这一点。我们惊奇地发现，这个专题讨论中不是充满了激烈的派别之争，而是充满了审慎和冷静的学术争论。李大钊在其中发表了《我的马克思主义观》，较之《布尔什维主义的胜利》，写作态度更冷静。他在文章开头坦率地表露了他研究马克思主义的动机，其文如下："我平素对于马氏的学说没有什么研究，今天硬想谈'马克思主义'已经是僭越得很。但自俄国革命以来，'马克思主义'几有风靡世界的架子，德奥匈诸国的社会革命相继而起，也都是奉'马克思主义'为正宗。'马克思主义'既然随着这世界的大变动，惹动了世人的注意，自然也招了很多的误解。"[26]仔细阅读这篇文章会惊奇地发现，它基本是反马克思主义的。李大钊不愿放弃他的人类精神是人类历史中具有创造性的主导力量的观点。他没有把俄国革命本身当作人类精神的创造性潜能的明证来欢迎吗？他愿意承认经济因素在人类发展中起了重要作用，但是除非经济结构的变化同
时伴随人类精神的转变，否则经济结构的变化将是毫无结果的。 17
（他与马克思主义的经济结构的变化本身将产生人类精神的转变的观点不同。）此外，在文章最后的分析中，李大钊指出，马克思主义本身是时代的产物。在19世纪前，宗教和政治是欧洲社会的主导力量。然而，随着工业社会制度的兴起，经济因素开始起主要作用，而宗教和政治被抛到背后，正是在这个社会环境中，马克思的

历史唯物主义观点产生了，因而它们必然被认为是时代的产物，当历史进入新的时期，这些观点自然会被取代。简言之，这些就是直至 1919 年 5 月李大钊关于马克思主义的观点。

在《新青年》马克思主义专号一期上刊载的其他文章，大多数是在客观地介绍马克思主义学说，其中许多在语气上是高度审慎的。人们从这些文章中很难得出马克思主义研究会的确是中国共产党的前身这样的印象。

简言之，我们发现，在五四运动爆发之际，李大钊毫无保留地接受了俄国革命“救世主”的启示，但是尽管他感到有责任研究这个启示的学说基础，他仍然没有接受它。而陈独秀虽然以极大的兴趣注视俄国革命的局势，他仍然固执地坚持他的民主与科学的信仰。然而，1920 年底，陈独秀、李大钊都坚定地站到了马克思列宁主义阵营，并且还有一群当时追求每一种令人信服的学说细节的学生弟子追随他们。

由此看起来，1919 年至 1920 年的五四运动时期是他们思想发展最重要的时期。当然我们知道，这个时期在中国学生分子中积聚的民族主义火焰终于燃烧起来。北京政府对日本压力的妥协态度以及在凡尔赛威尔逊体系的暴露是最终引发一场抗议示威形式的激烈
18 反抗运动的导火索。尽管我们说李大钊、陈独秀是学生一代的精神领袖，尽管他们经常被说成是五四运动的领袖，仍然极为明显的是，他们在引起 1919 年学生一代爱国主义的反抗精神方面所起的作用很小。正如我们看到的，虽然他们都为自己国家的问题全力以赴，但是他们都没有期待一个民族主义的解决办法。他们在某种程度上都是以天下为己任的传统的继承者， 是对纯粹民族主义并不敏感的思想传统的继承者。外来帝国主义始终是他们生存环境的一个抹不掉的特征，但是，他们都并不倾向于从帝国主义那里寻找中国困境的主要原因。陈独秀在他所有的著述中都暗示了如果西方能够剥削中国，那么中国自己要负责，西方的活力本身是值得模仿的良好品质。另一方面，李大钊总是从宇宙角度思考问题，寻找普遍的解决办法。他一直认为中国的再生一定是世界再生的一部分。的

确，在欢迎布尔什维克革命中，他明确表达了消除国家界限，建立联合的全人类的信念。

因此，我们所应看作的1919年学生一代爱国主义的启示源泉，不是李大钊和陈独秀以及他们同时代的人。* 这一代总体上是与李大钊、陈独秀一代完全不同性情的。从总体上看，学生一代所受的中国古典文化教育很少，并且表面上学生一代更熟悉西方思想体系。他们不用继续与在陈独秀、李大钊著作中经常感受到的古典教育的情感纠葛作斗争。因此，他们更易于受到在欧洲特别是日本兴起的狂热的爱国主义热情的感染。

事实上，作为北京大学文学系主任的陈独秀越来越深地卷入了他的学生们的民族主义行动中，以一种他一生中特有的道德勇气，在学生们与北京政府的冲突中坚定而忠实地支持学生们，甚至为他们被捕入狱。正是由于这件事以及他在新文化运动中的领导作用，他后来以五四运动领袖而闻名。然而，事实上，就五四运动的民族主义和政治方面讲陈独秀称不上是领袖。或许说正是他的学生们的行动最终迫使他开始直面帝国主义的全部表象，并最终导致他拿起了列宁的武器。

然而，虽然迫使陈独秀倾向列宁的影响力在1919年已经出现了，但是这些影响力的作用被一股强大的反影响力——杜威的社会哲学延缓了。

罗素和杜威分别于1919年和1920年在北京大学的演讲，在那个时代的思想启迪方面绝非不重要的事件，这两个人在五四运动的思想启迪中的亲自出现，所产生的影响很难用“访问教授”的词语表达。虽然罗素的影响被证明是有限的和短暂的**，但是杜威教授*** 则如果不是在中国社会哲学领域，那么就是在中国科学哲学领域的思想史上留下了持久的影响。然而，确切地讲，正是这个社会

*《学生界应该排斥的日货》(《新青年》，第七卷，第二期）文章中，陈独秀特别指责民族主义情绪的学生过分的沙文主义，“中国古代的学者和现代心地忠厚坦白的老百姓，都只有‘世界’或‘天下’的观念，不懂得国家不国家。如今只有一班半通不通自命为新学家的人，开口一个国家，闭口一个爱国；这种浅薄的自私的国家主义爱国主义，乃是一班日本留学生贩来的劣货（这班留学生别的学问丝毫没有学得，只学得卖国和爱国两种主义）。现在学界排斥日货的声浪颇高，我们要晓得这宗精神上的输入的日货为害更大，岂不是学生界应该排斥的吗?”

** 伯兰特·罗素关于中国印象的描述见他的《中国问题》(Problem of China)。中国许多前卫的知识分子被他们所认为的卢梭在中国传统文化中寻找有用东西的荒谬倾向所激怒。

*** 约翰·杜威在北京停留期间的形象记述见他的 *Letters from China and Japan* (New York，1921)。他在北京期间作了如下演讲：(1) 社会哲学与政治哲学；(2) 教育哲学；(3) 思维方法；(4) 我们时代的三位哲学家（伯克森、卢梭、詹姆斯）；(5) 关于伦理学。

哲学被陈独秀用来支持他的被大大动摇的民主信仰。在“社会哲学与政治哲学”的演讲中，杜威教授概括了民主的概念，它在深度和广度上都超过了陈独秀对这个词的任何理解。他立即意识到民主没有在中国扎根的原因可能是中国对整个概念的误解——误解也包括他本人。不久，在《实现民主的基础》（1919 年 11 月）一文中他虔诚地接受了杜威教授更为宽泛的民主概念。

陈独秀大声疾呼：“我相信政治的民治主义和社会经济的民治主义，将来都可以在中国大大的发展，所以我不灰心气短，所以我不抱悲观。”[27]如果民主失败了，那是因为中国人只从上层统治阶级强加的政治制度方面考虑民主。杜威充分说明了“法律产生事实的力量小，事实产生法律的力量大”[28]。民主必须具有草根一样的社会基础，它必须是人们生活的一部分，必须从每个村庄、每个城市街区开始。只要人民还没有完全具备民主态度，没有参与到民主生
20 活中来，有关内阁制、议会制甚至集权制度与联邦制度的讨论都是不现实的。对于那些连起码的人民主权的概念都没有的政党，以及在共和招牌后继续搞专制主义老一套的军阀是不能寄予任何希望的。

过去，中国政府由专制官僚统治，除了税收和司法职能外与人民很少有直接关系，这种薄弱控制的一个积极影响是，它使得各种地方互助会和乡村互济会得以产生。虽然这些组织远比不上人民主权的现代目标，但它们的确为中国的草根民主提供了历史根据。

这里我们注意到，在中国传统的公共机构中发现积极要素的倾向是陈独秀思想中一个相当新奇的特征，而这种倾向本身可以追溯到杜威教授更为公正地评价了传统的作用的影响，这个特征随着陈独秀转向马列主义而完全彻底地消失了。

杜威教授使陈独秀的注意力转向了经济民主问题，由此陈独秀特别提议建立以每个村庄为单位的遍及全国的工业组织。在这些组织中，人民将最终享有自己的发言权，民主将从这些组织扩大到政府的最高层。我们有些惊奇地发现，直到 1919 年 12 月陈独秀仍然没有认识到设立生产者和管理者分离独立的组织才是合理的。“一般商界的店东店员，工界的老板伙计，地位都相差不远。”[29]在

1920 年年底才看出只有工人阶级和资产阶级的陈独秀，在 1919 年 12 月还认为资本主义工业在中国社会是一支微不足道的力量。

由此很明显，工人阶级的兴起并不是使陈独秀走向共产主义运动的原因，然而，即使当陈独秀试图将杜威的公式用于中国的现实的时候，列宁主义世界观的反向力量已经开始产生影响。

与西方社会民主主义的领袖不同，列宁很早就开始致力于“落 21
后地区”的问题。作为一个从政治行动方面考虑问题的人，他意识到世界“落后地区”初期的民族主义可以作为实现世界革命的力量。由此，他在 1916 年 2 月的“社会民主”一文中写道：“我们不仅要坚决实行我们全部的最低纲领，而且要立即逐步开始鼓动目前尚处在沙俄压迫下的人民以及所有亚洲的殖民地和独立国家（印度、中国、波斯等等）起来反抗。”[30]当然，这一政策在列宁主义著名的帝国主义理论中可以找到理论框架。列宁主义的帝国主义理论为中国知识分子展现了一幅充满纷争的世界图景，在这一理论中，“落后地区”所遭受不幸的全部责任几乎都被归于国际金融资本。[31] 1919 年这幅图景的大致轮廓似乎足够简单了，一方是帝国主义列强集团，另一方是代表了劳苦大众以及所有受压迫民族和殖民地利益的工农苏维埃国家。1919 年的世界图景似乎最准确地反映了当时所发生的事件，难道同盟国在凡尔赛会议上没有联合支持日本帝国主义吗？难道苏联在加拉罕问题上没有完全站在中国一方吗？*

* 不能低估加拉罕协定在中国产生的影响。1920 年 5 月的一期《新青年》刊登了协定的翻译件以及来自全国各组织团体的赞同意见。见《对于俄罗斯工农政府通告的舆论》。这些组织有：全国报界联合会，全国学生联合会，全国各界联合会，中华实业协会。在通告中加拉罕说：“我们不要仅仅援助工人，而且还要援助中国人民……每个民族无论大小都应该完全自治。我们宣布所有在革命前沙俄与中国和日本或同盟国签订的秘密条约从今以后全部废除。”然后，他特别指出废除所有给中国主权造成危害的不平等条约。“我们从今以后放弃所有前沙皇俄国政府通过侵略方式获得的中国满洲以及其他地方的领土。……总之，从今以后我们放弃前俄国在中国获得的所有最惠国待遇……如果作为我们的通告的结果，中国人民希望成为自由的民族，摆脱巴黎和会上所安排的使中国成为第二个印度和朝鲜的厄运，那么我们热切地希望中国人民与苏联的农民、工人以及红军进行共同的事业，为自由而奋斗！”来自各组织的声明都充满了最热烈的感激，并且所有这些组织不顾各自的不同政见都一致公认，苏联的这一举动是一个新时代的开始。

李大钊甚至在五四运动之前就已经信服了这个纷争的景象，把它想象为过去已死的幽灵与人类的自我新生之间的斗争。在五四运动之后，陈独秀也开始感到这个景象的强大吸引力。

杜威教授在北京大学的演讲中已经清楚地表示他反对人类政治、经济难题的包罗万象的解决办法，他将人类经历看作是单个问题的海洋，明确指出对于人类问题唯一科学的方法是“依据时间、
22 地点的要求寻找解决问题的具体方法”。

然而，确切地说，陈独秀向西方寻找的正是这种包罗万象的解决方法。尽管他在《实现民主的基础》一文中所概括的民主方案的实现需要长期的平淡而单调的工作，他还是希望“民主与科学”具有西方技术的效用。它需要知识分子“到群众中去”，对群众进行政治教育，帮助他们按民主的路线组织起来。它还需要知识分子完全的自我奉献精神，在没有希望立刻得到引人注目的结果的情况下甘愿尽到一种适当的职责。它是一种陈独秀及其学生都没有准备承担的职责，也是一种中国传统文化中没多少先例的职责。事实上，列宁主义也要求到群众中去，并且在随后的几年里指引许多青年学生投身事业献出生命。然而，它给予俄国知识分子的是在充满即将如愿以偿的希望氛围中承担引人注目的领导者的职责，它要求知识分子去鼓动、组织群众，然后领导由此形成的组织。后来孙逸仙发现，“深入到群众中去”的模式与他的精英主义主张不谋而合。1920 年 12 月陈独秀的一段陈述大意是说“政治革命是要出于有知识有职业的市民，社会革命是要出于有组织的生产劳动者”[32]。表明在这一点上他清楚地理解了列宁主义的含义。不必赘述，陈独秀意识到社会革命必须以政治革命为先导。

刊载了陈独秀《实现民主的基础》的同一期《新青年》，也记载了他思想转变的第一个迹象。在对时局的评论中他大声疾呼：“都是说 Bolshevik 扰乱世界和平，天天在那里侵略弱小国家的土地利益的各强国是不是扰乱世界和平？反对 Bolshevik 的渥木斯克政府，居然无理拿大炮来打我们的军舰，又拿中俄条约来抗议蒙古取消自治，恐怕正是反对 Bolshevik 的先生们出来扰乱世界和平。”[33] 对列宁主义

的世界图景的深切感受不久抹去了杜威影响的所有痕迹。

1920 年 9 月陈独秀已经完全接受了马克思列宁主义，标志李大 23
钊接近马克思主义学说的那些哲学困惑也不再是他实现最后跨越的障碍。“民主与科学”失败了，杜威教授的方案需要数年自我奉献的单调工作才能实现，即使那样也没有任何全部如愿以偿的希望。最后，这里是一幅激烈的纷争的对抗与完全如愿以偿的希望交织在一起的生活图景。更重要的是，它所面对的戏剧情景是一幕全球的戏剧情景，最终将中国带入世界历史的舞台。

促使陈独秀走向马克思列宁主义阵营的局势和环境同样也帮助了李大钊在有关马克思主义问题上战胜了最后的犹豫。然而，在 1919 年 12 月发表在《新潮》评论上的一篇题为《物质变动与道德变动》的文章[34]中，我们仍然看到李大钊的思想矛盾的迹象。在文章中李大钊试图将他的人类良知力量的狂热信仰与马克思主义学说调和一致。他重申他的信仰“道德心的存在却是极明了的事实，不能不承认的”，以及“我们心中自然而然发出一种有权威的声音”[35]。然而，道德情感的来源不必追溯到任何超自然的本源，而是存在于人类在生存斗争中发展起来的社会本能之中。由此他以他的特有的社会达尔文主义观点（这是一个与赫胥黎的观点以及其他欧洲社会达尔文主义的观点激烈对抗的观点）解释了道德情感的起源。

然而，虽然道德情感本身可以用“达尔文主义”来解释，但是各种各样的伦理系统的明确内容只有用生产方式的变化才能解释。人的确可以做事没有责任感，但是他对于他的责任的概念是由他生活的经济制度决定了的。

正是在这个观点上，李大钊最终与马克思达成一致。当然严格地说，马克思主义并不否认道德情感的存在，与宗教和艺术一样，道德也属于意识形态这一上层建筑。但是强调在一定社会中传播的道德观念实际上是那个社会行动的依据，则是忽略了马克思主义的一个基本概念，即在前社会主义社会中人自身异化的概念。在前社
会主义社会，人的全部意识形态活动的作用就是使人看不到自身的 24
真实存在。因此，儒家道德并不是中国封建社会中行动的有效依

据，而是社会意识形态的表现，用来掩盖行动的本质。

李大钊由于在生物学而非社会学领域寻找他的道德情感的基础，从而进一步背离了马克思主义。尽管马克思喜欢在他的概念与达尔文的概念之间寻求比较，但他并不接受达尔文主义者用生物学术语解释社会现象的倾向。意大利马克思主义理论家拉布里奥拉明确攻击社会达尔文主义为社会现象的解释派（出自《历史的唯物主义观念》一文）。社会事件的解释必须在社会环境中寻找。

接受了布尔什维克革命的救世主的启示而自愿与马克思主义达成一致之后，李大钊可以毫无顾忌地宣称自己是马克思列宁主义者了。在他的《唯物史观在现代历史学上的价值》[36]一文中，他宣布自己的彻底转变。尽管有学术性标题，这篇文章背后仍充满了一种愤怒和反抗的思想。虽然《布尔什维主义的胜利》是他对新生力量的热情欢迎，但这篇文章代表了他对所有恶势力的彻底否定。和陈独秀一样，1919 年和 1920 年的局势（国内的和国外的）使他内心极度痛苦，以至抛弃了所有的保守思想。

当时李大钊坦白地说，所有前马克思主义的历史理论都是统治阶级用来迷惑人民的工具，只有历史唯物主义为我们提供了未来新生活的可能性。他并不试图将这个新的思想观念作为一种欺骗手段与新近宣称的人类良知自由的信仰相调和。他并不试图回答他在 1918 年表述的有关马克思主义的疑问。由于他已经将自己与新生力量联系在一起，他不由自主地接受了有关这些新生力量的学说。

25 在讨论李大钊、陈独秀转向马克思列宁主义的发展过程中，我至此还没有讨论中国劳工运动对他们思想的影响，对一些人来说，这似乎是一个明显的遗漏。当然我们知道第一次世界大战为中国工业提供了一个发展的契机，并且随之而来的是工人阶级的异军突起。我也知道五四运动伴随的是中国工人阶级自觉性的成长，工人阶级产生之时正值世界上“工会主义”运动高度发展，正值赞扬工人阶级的社会主义和无政府主义哲学在全世界盛行，因此，从产生之日起它就受到这些影响。我们还知道在中国共产主义运动早期，中国劳工就是它的庞大的跟随者，然而，仔细阅读李大钊、陈独秀的著作，看不出中国工人阶级兴起本身是他们思想转变的一个重要因素。更准确地说，是列宁主义将他们的注意力引向了中国工人阶级而不是中国工人阶级将他们的注意力引向了列宁主义。在《布尔什维主义的胜利》一文发表之前李大钊从未提到这个问题，而正如我们所看到的，陈独秀直到 1919 年 12 月还认为产业工人阶级是中国社会一个微不足道的因素。这并不是暗示陈独秀、李大钊在 1920 年之后对中国产业工人悲惨生活状况的关注是不真实的；然而，它确实表明中国工人阶级运动从一开始就存在外来思想的根基。*

在转向马克思主义阵营过程中，李大钊和陈独秀都带动了他们所有的学生，毫无疑问这些学生都是受到他们绝对知识权威力量的影响的，在他们直接影响下的人中有张国焘、瞿秋白、李汉俊、毛泽东和周佛海，这些人都在后来发挥了重要作用。当我们试图追寻其中一些人在五四运动酝酿时期的思想发展时，我们发现，他们轻信有说服力的每种学说。我发现，当时俄国文学专业的学生瞿秋白翻译了托尔斯泰的著作[37]，周佛海的确自认为是一个社会主义者，而实际是英国式的工会社会主义者，他说国家社会主义只不过是用新的官僚政治蒙骗长期饱受官僚主义之苦的中国民众，至于马克思主义，他认为它是单方面的唯物主义，并且赞成伯恩斯坦对马克思主义学说的修正。[38]据毛泽东自己讲，像一些在法国的中国知识分子一样，他曾经一度受无政府主义的影响。** 李大钊喜欢的学生之一张国焘，是李大钊在中国马克思主义研究会早期的合作者，并跟随他的老师转向共产主义运动。作为北大图书馆馆长李大钊的馆员，处于学术活动边缘的毛泽东深受这位导师的巨大影响，李大钊无疑是他接触共产主义运动的第一推动力。***

被李大钊和陈独秀的权威带入共产主义运动中的一些人不久就与运动发生了矛盾。另一些人如毛泽东不久证明他们自己比李大钊

*1920 年 5 月的一期《新青年》几乎完全是劳工问题的专题，其中刊登了李大钊的《五一运动史》一文以及陈独秀的《劳动者的觉悟》的讲话。陈独秀在讲话中要求劳动者认识到自己在社会中的重要性，并且准备管理社会。列宁主义的影响由此看来十分明显。

** 参见埃德加·斯诺：《红星照耀中国》，151 页。也好像是毛泽东当时受到了波及很广的联省自治运动的很大影响。在组织和领导方面都活跃的湖南“新民学会”的纲领中一个目标就是湖南“独立”。李昂在《红色舞台》一书中指出，甚至到 1921 年毛泽东仍然是一个狂热的湖南爱国者，他喜欢将湖南在中国的作用与普鲁士在德国的作用相比较。

*** 毛泽东承认李大钊和陈独秀对他的决定性影响，他说：“在李大钊手下任北京大学图书馆馆员的时候，我很快对马克思主义产生了兴趣，在这方面的许多兴趣也得益于陈独秀……陈独秀坚定的信仰在或许是我一生中的重要时期留下了深刻的印象。” See Edgar Snow, *Red Star Over China*, p. 157, New York, 1938.

或陈独秀能更好地理解作为严格行动纲领的列宁主义的含义（也可以这样说孙逸仙）。然而，毫无疑问李大钊和陈独秀确是中国的马克思主义—列宁主义之父，是中国共产党的创始人。

那么，回顾陈独秀、李大钊的思想发展我们看到他们从自觉的反传统倾向出发，都向西方寻找真理。尽管他们的思想倾向不同，他们都倾向于那种提供包罗万象的万能的解决方法的世界观。李大钊含糊但乐观的思辨哲学的观点为他接受布尔什维克革命的救世主的启示作了准备，而随后局势使他的信仰达到如此坚定的程度，以至于他不久实现了与所有哲学保守思想的决裂。陈独秀将他全部希望寄托在自由的民主与唯物的科学的结合上。然而，他的热情，急躁的天性，不久就因“无神的共和主义”的无法实现而受挫。他的挫折曾经一度归结为约翰·杜威的民主概念的宽泛定义。然而杜威的单调的渐近的方案，不能以其单纯的二元论和对革命知识分子引
27 人注目职责的许诺长时间地抗拒列宁主义世界图景中令人眼花缭乱的纷争。[*]

由此，正确的说法是马克思主义是在救世主的启示以及列宁的具体政治纲领之后进入中国的。

*毛泽东在他的官方传记中提到他曾经对埃德加·斯诺说：“从这时起（1920 年）我越来越相信，只有在群众行动中产生的群众的政治力量才能实现革命性变革。”毛泽东在这里没有提到列宁主义政治行动准则的唯一一个重要因素，即群众的行动必须由一个高度训练有素的党的精英分子领导。

第二章

中国共产党的建立

当陈独秀已经完全献身马克思—列宁主义的时候，他似乎并没有意识到，在这个献身中所涉及的令人困惑的问题。曾经令整个一代俄国马克思主义者困惑的“资本主义阶段的不可避免性”的全部问题，曾经长期困扰列宁的如何对待民族因素的问题，对陈独秀来说似乎是并不存在的。毕竟，确切地说是逃避了曾经如此强烈地吸引他的作为所有恶的根源的资本主义与作为所有善的前兆的社会主义之间明确的对立所导致的复杂性。 28

由此，在1920年6月，我们发现陈独秀直言不讳地说：“我以为世界上只有两个国家：一是资本家的国家，一是劳动者的国家，但是现在除俄罗斯以外，劳动者的国家都还压在资本家的国家底下。”[1]这段陈述表明，陈独秀并不知道列宁正在竭尽全力将“落后”地区的民族主义热情投入到世界革命中去。

陈独秀有关资本主义阶段及资产阶级作用的观点同样是简单的。

在1920年后半年，罗素和一名中国年轻的记者张东荪，在上海年轻的社会主义者中掀起了一场激烈的争论。他们主张中国所有灾难的根源在于贫穷和生产力低下，这只有通过工业化而不是通过“空谈主义”[2]才能够缓解，然而，许多人可能站在伦理立场上反对资本主义。看起来好像是只有资本主义才可以实现这样的工业化。

这些争论激怒了陈独秀和他的年轻弟子。他激烈地反驳道：

29 “发展教育及工业是顶重要的事，这是不待讨论的。但是有一件要讨论的事，就是还仍旧用资本主义发达教育及工业，或是用社会主义？我个人的意见，以为资本主义虽然在欧洲、美洲、日本也能够发达教育及工业，同时却把欧美、日本之社会弄成贪鄙、欺诈、刻薄、没有良心了；而过去的大战争及将来的经济的大革命都是资本主义之市场，这是人人都知道的。幸而我们中国此时才创建教育、工业。在资本主义制度还未发达的时候，正好用社会主义来发展教育及工业，免得走欧美、日本的错路。”[3]他拒绝对剥削的外国资本主义与进步的民族资本主义加以区别，他说：“资本主义果然是好的，无论中外都应该欢迎；若是坏的，无论中外都应该反对……只有劳动团体能够达到中国独立之目的。所谓中国资本家都直接或间接是外国资本家的买办，只能够帮着外国资本家来掠夺中国人。”[4]

虽然如此，陈独秀的对手迫使他面对马克思主义中的“资本主义阶段”问题。他的回答非常简单：“俄罗斯共和推倒了封建半年便被社会主义代替了，封建和社会主义之间不必经过长久的岁月，这是一个很明显的例子。”[5]他的对手还迫使他不情愿地承认：“吾党遇着资本阶级内民主派和君主派战争的时候，应该帮助前者攻击后者；后者胜利时，马上就是我们的敌人……吾党决不屑学德国的社会民主党，利用资本阶级的政治机关和权力作政治活动。”[6]

由此我们发现，在服从第三国际教导之前的这个短暂时期里，陈独秀的观点最好被说成是“原始托洛茨基主义者的”。在托洛茨基主义作为一个值得注意的理论出现之前，陈独秀应原本是一个本能的托洛茨基主义者，只是缺少托洛茨基天才的理论推理。只是想到资本主义的暗无天日，他才献身了社会主义，只是对被迫区别外
30 国资产阶级和民族资产阶级感到恼火，他才献身了普适的、救世主的信条。

在情感上说，陈独秀的基本观点与列宁的基本观点很接近，或许并不为过，列宁的一生都在与对他自身马克思主义正统信仰的诘难作斗争。然而，没有证据表明，列宁赞成陈独秀对中国和俄国做简单比较的尝试。尽管高度赞扬了落后地区活跃的潜在力量，列宁

仍然倾向于在总体上把沙皇俄国——一个资本主义已有所发展，人数少但充满活力的无产阶级已经出现的世界帝国——与帝国主义的受害者、现代产业工人阶级如果不是根本也是几乎不存在的“殖民地”“半殖民地”地区，严格区分开。在1912年，列宁还在嘲笑对中国跨越资本主义的可能性看法同样感兴趣的孙逸仙的“小资产阶级社会主义”[7]。然而在十月革命之后，当列宁焦急地搜寻地球上世界革命迹象的时候，他的看法开始变化了。十月革命对亚洲年轻的知识分子的深远影响，以及在印度和中国工业化社会制度的最初迹象，正在唤起其他可能性的希望。由此，虽然在1920年6月《论殖民地与民族问题》文章中还承认“各国共产党必须帮助这些国家的资产阶级民主解放运动”[8]，但是过了一个月，在听取了印度年轻的共产主义者罗易乐观的报告后，列宁表达了这样的希望：“如果革命胜利了的无产阶级对它们进行系统的宣传，各国苏维埃政府尽自己的能力给它们帮助，那么，说落后民族无法避免资本主义发展阶段就不对了。”[9]然而，将要注意的是，这种可能性是基于假定“苏维埃政府”已经存在的基础上的，或换句话说，是基于假定世界革命已经在拥有大城市的几个国家取得成功的基础上的。阐述了这种可能性之后，列宁又回到了他的论题，在半殖民地地区，“共产国际应当同殖民地和落后国家的资产阶级民主派结成临时同盟，但不要同他们融合，甚至当无产阶级运动还处在萌芽状态时，也绝对要保持这一运动的独立性”[10]。这个看似清楚的论述在随后的几年中围绕“暂时的”、“独立的”这些词的含义出现了多种解 31
释。然而，无论这个论述多么意义含糊，它都很难证明陈独秀对于中国完全自由地选择走资本主义或是走社会主义道路的信念是正确的。

如果陈独秀似乎还没有意识到仍然阻碍通向社会主义道路的巨大困难，那么他同样没有意识到党在列宁主义体系中的作用。在陈独秀1920年的著作中，我们发现他与无政府主义者和自由主义者的激烈辩论，却很少讨论共产党的组织原则。毕竟，陈独秀和他的弟子们都不是过着俄国式的职业革命者的生活，让他们意识到他们应该起到的作用还需要一些时间。正是在第三国际的代表魏金斯基、优林和马林的帮助下，陈独秀和他的弟子们才开始对列宁主义党的组织的概念有所了解。

当陈独秀于 1919 年离开北京的逆境前往上海更自由的环境时，他还没有达到这样的认识。在上海也和在北京一样，五四运动在知识分子中激起了狂热的行动，来自西方的每一种令人信服的“先进的”学说在上海知识分子中间都会找到一派支持者。陈独秀由于在北京五四运动中的英勇表现而极大地提高了的威望，不久就使他成为上海这座城市里知识分子生活的中心。若干无政府主义者、孙逸仙的追随者知识分子戴季陶，以及各种各样的“社会主义者”不久都聚集到他周围。[11]陈独秀与他们进行口头上的辩论，但似乎很愿意在实际中与他们共事。他的观点很明确，“有良心的学者”所面临的任务是组织和教育工人阶级。[12]他似乎愿意与所有那些赞同这个观点的人共事。由此，我们发现，陈独秀最终于 1920 年 8 月组织的“社会主义青年团”是一个由无政府主义者、马克思主义者甚至“反儒家学者”组成的松散集合。[13]在北京对党组织的含义比陈独秀可能知之更少的李大钊也组织了一个由 6 名无政府主义者和 2 名共产主义者组成的劳动小组。*

*《中国共产党简明史》，出自《苏联阴谋文件汇编》第二卷，4 页。这些是 1927 年张作霖在搜查苏联使馆时没收的文件。虽然经常指责所有这些文件都是伪造的，但是对其中一些文件仔细调查并没有证实这个说法。凡是能够用其他记述核实“简明史”的记述的地方，每一处都证明了它的正确性。

32 然而，1920 年 6 月一个新的因素出现了，即共产国际代表魏金斯基的出现。魏金斯基被共产国际远东局派到中国，他在北京会见了李大钊，并且被李大钊介绍给了在上海的陈独秀。魏金斯基在上海建立了他的总部，并且立即开始了建党的任务。完全可以设想，与陈独秀的多次会面魏金斯基都是为了向他解释共产党不是致力于组织劳工的一般性任务的“有良心学者”[14]的某种松散集团。虽然如此，最终在魏金斯基的财政支援下于 8 月成立的社会主义青年团，如我们已经指出的那样，是一个十分模糊不清的集团。这种对最反列宁主义的非正统的宽容可能反映了魏金斯基可以将这些盲目的、年轻的激进分子中许多人转变成共产主义者的想法，不然它可能只反映了外国人没有能力辨别一群中国年轻的激进分子观点上的细微差别。

例如，我们发现这些年轻人之一——孙逸仙的亲密合作者戴季陶——甚至在1919年陈独秀转变之前就接受了马克思主义。他与另一名孙逸仙的亲密合作者胡汉民都在1919年年底开始在国民党的机关报《晨社》上发表有关马克思列宁主义的文章。* 然而，他们是通过完全不同的途径接受马克思主义的。正是列宁主义的帝国主义理论中民族主义的含义，由于它适合中国，才将他们吸引过来。正是列宁主义关于一个掌握权力的、训练有素的精英群体的主张，使孙逸仙的杰出人物统治论理论明确化，才吸引了他们。1920年2月戴季陶指出“至于说到‘革命事业’非是要革命者的团体成为有力的团体不可。……这就是二十世纪‘科学的组织之革命军’”[15]。对戴季陶、胡汉民来说，最重要的问题是获得一个独立而强大的国家。由于冲淡了阶级斗争因素的重要性，他们真正感到马列主义可 33
以作为他们民族主义方案的思想基础。[16]

从这个基础出发，戴季陶有可能参加社会主义青年团的活动，甚至与陈独秀合作在青年团中成立一个“马克思主义研究小组”。然而，正是在此时共产国际开始宣布其领导地位，陈独秀与戴季陶之间出现了分裂。坚定的民族主义者戴季陶片刻也不能容忍外来力量对中国共产党内部事务的干涉。鉴于这个观点，戴季陶由“共产主义者”到极端的“反共产主义者”的转变似乎并不像表面上所表现的那样彻底。重要的是，戴季陶后来与共产主义者的一些辩论仍然使用了马克思列宁主义的内容。

无论如何，在魏金斯基的指导下，陈独秀的知识进展很快。1920年9月召开了一次会议，讨论在明确的共产主义思想基础上成立真正的共产党。[17] 清除不同意见者的工作开始了。由于在不同意见者中最不服从的是无政府主义者，因此我们发现在1920年年底和1921年年初，陈独秀的著述多数是针对这些否认“强权拿他来救护弱者与正义，排除强者与无道，就不见得可恶了”[18]的年轻人的。至1921年5月，陈独秀对这些年轻人令人恼火的反对意见越来越不耐烦，以至于他大声疾呼：“近来青年中颇流行的无政府主义，并不完全是西洋的安那其，我始终认定是固有的老庄主义的复

* 1919—1920年期间出版的一期《改造》刊载了戴季陶和胡汉民大量关于马克思主义的文章。这里我们找到了中国和日本现代思想独特特点之一的保守主义马克思这种特殊现象的起源。虽然1919年10月的文章《用马克思主义的观点研究中国历史》是在中国传统思想中发现马克思列宁主义先兆的开拓性尝试，但是1919年11月胡汉民的《历史唯物观批判之批判》一文比我们能够在李大钊或陈独秀的著作中所能发现的任何论述都更彻底地讨论了这个问题。

活，是中国式的无政府主义。”[19]由于对陈独秀来说，没有什么比中国人生活中道家的清静无为的传统更令人讨厌的了，因此这个指责足以反映出他的憎恶。然而，他没有意识到他轻易相信善心的精英分子本身可能反映了他如此坚决否认的儒家传统的影响。或许害怕国家权力的无政府主义，本质上将在中国保持一种孤立的发展，而相信掌握在“适当人手里”的国家权力能够将人们带入一个美好的社会的马克思列宁主义，将赢得广泛和持久的认可的事实本身就反映了中国人生活中儒家思想传统的恒久影响。

34 在与罗素的追随者、无政府主义者、“社会民主党人”、民族主义者及其他一些人激烈的争论中，最终涌现了未来中国共产党的坚强核心。在1921年初，陈独秀接到广东军阀陈炯明的邀请，为他所占据的广东省改组教育制度。陈独秀抓住这个机会，开始在广州进行建党的组织活动，并且很快就组成了一个以陈公博和谭平山为中心的党小组。在北京，李大钊也组成了一个类似的小组，其中包括张国焘、何孟雄、罗章龙和邓中夏这些后来的著名人物。在湖南省，由于大量的组织活动而颇有些声誉的毛泽东，据他自己讲，早在1920年冬季就在马克思主义理论和俄国革命影响下开始致力于组织劳工的活动。[20]

至1921年7月，北京、上海、广东、湖南在明面上有了共产党，为党的第一次代表大会召开创造了条件。由少数人参加的这次“代表大会”在上海法租界的一所女子学校秘密召开。然而，会议的讨论被租界巡警发觉而中断，会议代表转移到南湖船上结束了剩下的任务。这次代表大会没有保存下来任何记录。[21]

当我们查看与会者的名单时[22]，我们有些震惊地发现，即使这个人们坚信不疑的共产党员的核心中仍然包括陈公博和周佛海的名字，后来证实他们接受马克思列宁主义的动机与其说接近陈独秀那些人，不如说更接近戴季陶那些人。

此外，我们有一份中共第一次代表大会讨论的报告，如果它是可靠的，它将表明这个共产主义的坚强核心在当时仍然是十分表面的。这个报告指出“代表大会上并没有取得一致意见。陈独秀提出的必须是中国共产党领导下的人民政府的提议被认为有些过于激进……李汉俊的建议与众不同，主张派代表去德国和俄国考察德国和俄国革命相关的优点。他得到了陈公博等一些人的支持”[23]。此次大会上加入共产国际的问题甚至没有提出。

由此看来，这些年轻人中许多人信奉共产主义仍然是非常暂时 *35*
的和表面的事情。他们仍然是五四时期的年轻人，试验各种学说但没有笃信一个。他们以先前接受基尔特社会主义，托洛茨基主义或博爱理论的同样的态度接受共产主义。列宁主义的帝国主义理论，加拉罕提议以及由十月革命而在世界范围内激起的救世主的希望，只是营造了一种有利于接受共产主义学说的情感氛围。只有通过艰苦实践，他们才会明白在思想和行动上全部信奉的含义以及铁的纪律的含义。

颇为重要的是，从后来事件来看，毛泽东可能是这些早期党员中少数几个凭借经验意识到列宁主义是一种组织方法，而不单纯是另一种学说的人中的一个。虽然他与李大钊和陈独秀的接触使他了解了马克思主义学说，但是他在湖南组织活动的经验使他认识到“只有在群众行动中产生的群众的政治力量才能实现革命性变革”。

然而，尽管党的建立者们的思想各式各样，党的第一次代表大会仍然标志着他们在知识上迈出了重要一步。在俄国顾问帮助下，在陈独秀的领导下（他没有出席代表大会），中国共产党当时开始明确为一个政治实体。据波多野说，第一次代表大会上讨论了党的组织问题，成立了党的机构以及由陈独秀任书记的中央委员会。[24]然而，党自己制定的主要任务是组织劳工同盟。虽然我们发现在有关建立由中国共产党领导的“人民政府”的必要性上有些含糊，但不容置疑的是，陈独秀把组织劳工看作党的最重要的任务。因为共产党是工人阶级政党，因为工人阶级是实现社会主义的工具，所以其他所有的都是次要的。

邓中夏在《中国工人运动简史》一书中指出，在代表大会之后 *36*

不久，党成立了一个“中国劳动组合书记部”，目的是组合自第一次世界大战结束以来出现的所有分散的、松散的劳动团体。[25]

1922年的事件表明，在建立了行动纲领和“到群众中去”的路线之后，陈独秀这位昔日的大学教授和他的学生追随者们，以巨大的热情投入到党的这个任务中。中国共产党的影响在铁路工人工会中的迅速扩大，由年轻的天才组织者李立三在汉冶萍铸造厂组织的共产党员领导的工会，以及“劳动组合书记部”在5月于广州召开的第一次全国劳动大会上赢得的领导地位，一定完全出乎意料地保持了陈独秀的希望。

当然，事实是中国共产党的成功在很大程度上是由于组织中国产业工人的时机已经成熟。事实也确实如此，正如后来事件所证明的，“劳动组合书记部”以及稍后建立的全国总工会都没有他们壮大的外表所显示的那样紧紧抓住中国工人。邓中夏抱怨，党对工人的直接影响甚微，由于工人还没有准备好加入共产党，党在吸收工人党员上努力甚小。由此看来，“书记部”是附加在工人身上的一个工具——一个只要它能为工人赢得好处，就会受到欢迎的工具，
36 只是一个与工人没有多少密切联系的工具。[26]

然而，在1922年，所有的迹象都显示出在共产党领导下的一场巨大的工人运动高潮。陈独秀可以自由地沉浸在他的社会主义提前实现的美丽梦想中，如果任他自行其是，那么陈独秀将继续尽他作为一名党员的全部力量去完成这个唯一的使命，是完全可能的。

第三章

国共合作的序幕

在克里姆林宫，对于重大政策的考虑完全是另一种倾向。正如我们所看到的，除了可能发生的世界革命之外，列宁本人对落后地区共产党即刻革命成功并不乐观。此外，从共产国际第四次代表大会上拉狄克尖刻的话语判断，中国共产党在莫斯科并不享有很高的声誉。在 1922 年 11 月召开的陈独秀亲自出席的这次共产国际代表大会上[1]，中国年轻的代表刘仁静争辩说，香港罢工已经表明“共产党在群众中的宣传工作是能够获得很大成就的。由此可见，共产党和前几年它还只是一个派别和一个教育组织时的情况相比，今后将会取得很大的发展”[2]。

在苛刻的反驳中，拉狄克叫喊着说：“同志们，不要把事情看得太美好，不要过高估计你们的力量。中国同志在这里站出来发言说：我们已在整个中国牢固地扎下了根。我却不得不说：尊敬的同志！在工作开始时感到自己有足够的力量来进行这一工作，这是好的。但是毕竟应当看到实际的情况。……在广州和上海工作的同志很不懂得同工人群众相结合。……那里有许多我们的同志把自己关在书斋里，研究马克思和列宁，就像他们从前研究孔子一样。……同志们，你们必须懂得，无论是实现社会主义的问题，还是建立苏维埃共和国的问题，在中国都没有提上日程。……但是我们的任务仍旧在于……组织年轻的工人阶级；二，使它对资产阶级分子的客观革命力量采取明智的态度，以便组织反对欧洲和亚洲帝国主义的斗争。”[3]

拉狄克关于共产党员没有发动群众的指责显然是不公平的，因
38 为正是在 1922 年期间中国共产党在这个方面取得了重大进展。然而，拉狄克社会主义和苏维埃共和国都还没有提到议事日程的讲话，可能正是针对 1920—1922 年期间陈独秀所持的这种观点。克里姆林宫在当时没有意向把它在中国的所有希望都寄托在年轻的不成熟的中国共产党身上。苏联需要亚洲的同盟者——有力的同盟者——不仅仅是中国共产党的学生和教授。它在寻找同盟者过程中也不过于需要技巧。早在 1920 年，苏联政府曾把希望寄托在吴佩孚身上，借助克里姆林宫划定阶级的特权，吴佩孚从一个封建军阀转变成了一个资产阶级民族主义者。[4]后来，当马林会晤了孙逸仙后开始对国民党的潜力有所印象时，克里姆林宫的兴趣就转向了国民党那里。[5]

在理论范围内，在亚洲寻找同盟者的这个迫切需要不可避免地导致了重新强调“资产阶级的民族主义”，强调与“资产阶级”联合的必要，以及在殖民地和半殖民地地区资本主义发展阶段的必然性。事实上，在俄国，列宁早在 1905 年就认为绕过资产阶级与农民阶级联合完成资产阶级革命是可能的。然而，在一个由帝国主义控制的国家里，必须联合尽可能众多的阶级反对共同的敌人。

这个战略和理论表述自然使党内的那些人——包括坚信“社会主义已经提到议事日程”的陈独秀在内感到震惊。拉狄克讲话中特别气愤的语气使我们发现的一份原始材料中的记述显得可信，这段记述声称，1922 年中共党内极力抵制这个表述。[6]这份原始材料指出，北京共产主义小组在这个问题上分裂为两派，苏联大使积极支持由邓中夏和李大钊领导的较“温和派”，“温和派”自然是接受“资产阶级民族革命”观点的一派。反对派由陈独秀支持，包括张
39 国焘、罗章龙和何孟雄。据同一段记述称，只是由于共产国际施加了强大的压力，陈独秀才最终被说服接受了这个说法。毕竟，他是在一种启示希望的情绪中投入共产主义运动的。世界革命和社会主

义在中国的实现似乎都是即刻。然而，此时他被告知社会主义不会即将来临，他将不得不再次与民族主义的势力妥协。这是一个需要某些调整的重新定向。

正如他先前被迫放弃“科学与民主”将拯救中国的简单希望一样，他当时被迫放弃1920年的启示——即社会主义在迫不得已与这些邪恶妥协之前将清除所有邪恶势力的希望。他只能这样想，失去了即刻成功的希望，换来了学说上的一致。此后，他的学说著述正好适应了前列宁主义的马克思主义体系。

无论如何，清楚地知道陈独秀如此不愿接受的是什么是至关重要的。在1922年6月“中国共产党对时局的第一次宣言”和“中国共产党第二次全国大会宣言”（1922年7月召开）中一系列概括的主张体现了新方向，大意是说中国仍然在帝国主义统治下，而且“帝国主义的列强既然在中国政治经济上具有支配的实力，因此中国还是处于军阀官僚的封建制度把持之下”[7]。封建制度的存在阻碍了中国资本主义制度的兴起，而且在“无产阶级未能获得政权之前，依中国政治经济的现状，依历史进化的过程，无产阶级在目前最切要的工作，还应该联络民主派共同对封建式的军阀革命”[8]。“第一次宣言”还建议，召开一次会议以形成一个所有民主团体的联合战线。

所有这些意味着中国共产党已经认可了最终出现的国共联盟形式吗？所有这些声明与陈独秀许多年后的争辩，即他曾经激烈反对马林于1922年8月提出的国共联盟形式相矛盾吗？这里许多东西要根据“联合阵线”一词的含义确定。毫无理由认为“联合阵线”对陈独秀来说不是意味着追求某种共同目标的独立政党的合作。事 40
实上，“第一次宣言”列举了一连串中国共产党有可能与国民党合作的共同目标。

同一个“第一次宣言”依然充分清楚地阐明“中国共产党是无产阶级的先锋军，为无产阶级奋斗和为无产阶级的革命党”[9]。“第二次全国大会宣言”补充说：“无产阶级去帮助民主主义革命，不是无产阶级降服资产阶级的意义……中国共产党是无产阶级政党。

他的目的是要组织无产阶级，用阶级斗争的手段建立劳农专政的政治，铲除私有财产制度，渐次达到一个共产主义的社会——工人们要在这个民主主义联合战线里，不至为小资产阶级的附属物，同时又能为自己阶级的利益奋斗。”[10]

由此，党在表面上接受了马克思列宁主义特定政党代表特定经济地位的阶级，以及阶级不会彼此融合的概念。陈独秀怎么会预料到马林的意见竟是“国民党不是一个资产阶级的党，而是各阶级联合的党”[11]呢？没有理由认为，在第二次代表大会上使用的“联合阵线”一词不是应该意味着在某种总的民主框架内与国民党有限的合作。

然而，那时共产国际代表达林正与孙逸仙讨论寻求国共联合。似乎是尽管孙逸仙对苏联怀有刚刚建立起来的热情，事实证明他仍是一个完全不妥协者。据陈独秀说：“他只许中共及青年团分子加入国民党，服从国民党，而不承认党外联合。”[12]然而，来自莫斯科的国共在一定基础上合作的压力似乎并没有减弱。

正是在这个背景下，马林突然决定于 1922 年 8 月在杭州召开
41 一次中国共产党中央委员会特别全体会议。所有记述都称，这次会议非常出人意料。据陈独秀的记述说，马林提出了一个动议，由于“国民党不是一个资产阶级的党，而是各个阶级联合的党”，因此共产党员应该加入国民党，因此工人阶级应该进入国民党并将它转变成一股革命的动力。陈独秀指出他和李大钊、蔡和森、高军宗都激烈反对马林的建议，理由是“党内联合乃混合了阶级组织和牵制了我们的独立政策”[13]。马林于是利用共产国际的权威，中国共产党领导人被迫服从了党的纪律。一份日文的记述补充说，陈独秀甚至给列宁发了一份电报，抱怨说：“国民党内存在很大的思想混乱，其原则极其模糊，共产党员加入国民党将是非常令人苦恼的。”[14]

这里必须注意到，陈独秀对这次会议的记述是在许多年后他最焦虑地捍卫自己的名声反对李立三领导权时写的。由此，或许有理由怀疑陈独秀的记述可能是有目的的。此外，很难找到外部证据证实或否定陈独秀的记述。[15]可以利用的有限的文献，大多出自正统

的斯大林主义者之手，其时陈独秀是国共合作的首要合作者已经成为正统历史的一个定论。虽然如此，正统历史学家华岗的记述指出："当时党虽尊重国际的提议，而大多数同志只赞成民主革命的联合战线，对于加入国民党的组织十分怀疑。"[16]陈独秀的名字没有出现在这个记述中，但是在这里陈述的问题与陈独秀记述中所提到的问题是完全一样的。

这正是问题关键所在，虽然我们有理由相信陈独秀甚至完全不情愿地服从了这个可能性，但是主张与"资产阶级"联合，甚至与国民党组成联合战线是一回事，而主张共产党员真正加入国民党是 42
另一回事。毕竟，"资产阶级"是一个有些模糊和抽象的实体，而国民党是一个与陈独秀及其支持者有着长期交往的十分具体的政治家团体。北京的知识分子与孙逸仙之间的关系从来没有中断过。唯有陈独秀的态度总是冷淡和冷漠的。我们知道，即使他青年时在日本期间，他就与他视为狭隘反满的同盟会[17]纲领格格不入。在他后来的著述中，他总体上倾向于鄙视中国的各政党。在 1918 年他写道"当抛弃以一党势力统一国家的思想"[18]。在 1919 年 12 月他写道"拥护共和的进步、国民两党人，都不懂得民治主义的真相"[19]。在那个时期，当陈独秀轻视民族主义时，孙逸仙却强调民族主义高于一切；当陈独秀致力于根除中国传统的任务时，孙逸仙却试图在中国传统中为他的纲领找到依据；当陈独秀视所有军阀为中国三大痛苦根源之一时，孙逸仙却与军阀妥协。

在国共联合的表述之后写的一篇文章中，陈独秀直言不讳地指出："我始终承认中国国民党在辛亥革命是失败了；至少除剪了一些辫子和挂上一块民国空招牌外，别无所谓成功。"[20]然后，他接着列举国民党过去的缺点：（1）推翻清政府的狭隘口号；（2）单纯依靠武力；（3）妥协倾向，他说"即使孙逸仙都过于倾向妥协"。他在文章结尾表达了对于国民党将在今后克服这些过去错误的希望。

即使当时就要求建立联合阵线，6 月 10 日的"第一次宣言"还是强烈地批评了国民党，它不满地指出："中国现存的各政党，只有国民党比较是革命的民主派，比较是真的民主派……但是他们的

党内往往有不一致的行动及对外有亲近一派帝国主义的倾向，对内两次与北洋军阀携手。”它还指出：“国民党为保存他在民主革命上
43 的地位计，这种动摇不定的政策，实有改变的必要。”[21]

鉴于这种态度，陈独秀及许多中央委员会其他成员完全惊愕地看待马林的提议似乎不是完全不可信的。此外，除了他们对待国民党和孙逸仙态度的问题之外，马林的提议似乎完全使这些刚刚开始吸收马克思列宁主义哲学主要信条的人们感到困惑。[22]在马克思列宁主义相关理论框架中，政党只是集中体现了特定经济地位阶级政治权利的政治上层建筑。列宁主义的“党”的概念，由于强调共产党与工人阶级的组织关系，如果有什么不同的话，则是深化了马克思主义的这个方面。事实上，在 1920 年列宁敦促英国共产党进入英国工党。然而，他特别否认这样会引起阶级混乱，理由是英国工党是一个真正无产阶级政党，它只是缺少无产阶级的正确领导。[23]然而，在俄国，理所当然地认为军校学生（cadets）代表资产阶级，后来，当布尔什维克宣布代表工人阶级时，孟什维克被认为代表小资产阶级。无论如何，在中国，随着“四个阶级的联合政党”概念的出现，党和阶级的组织关系的全部概念就受到了挑战。当时它表现为，国民党被认为是一个处于其他三个阶级之上或之外地位的自治的政治组织，正如托洛茨基在 1921 年 5 月讽刺的话所说：“阶级来来往往，但是国民党永远继续。”[24]

后来在就这同一个问题与斯大林的争论中，托洛茨基不断地攻击斯大林的“官僚机构一样的态度”[25]，攻击他看中国民党是一支独立于它所依存的阶级之外的力量的倾向。像在别处一样，这里托洛茨基是更正统的马克思列宁主义者，但是坦白地说，斯大林的政治直觉更准确。在通过控制一个有效的政治核心组织逐渐掌握苏联
44 政权的过程中，斯大林可能已经潜意识地认识到，原来政治权不仅仅是经济权力的附属物，一个组织完善的政治核心组织本身就是用来斗争的社会力量。克里姆林宫看中了国民党是现成的植根在中国并移植生长的政治组织。在遥远的莫斯科看来，国民党在中国的影响原本可能确实会比它实际的影响更显著。无论如何，在 1922 年，

与国民党这个政治力量联合的可能性一定是最有吸引力的，因为它有望为苏联的影响在中国传播提供坚实基础。后来鲍罗廷对孙逸仙的影响以及中国共产党在国民党中赢得的战略地位，一定进一步增强了直接控制国民党的希望。

我认为，正是这种战略考虑促使克里姆林宫为建立一个联合阵线与孙逸仙的苛刻条件妥协，并且构想了令人疑惑的“四个阶级的集合”[26]理论。我认为，我们将会发现，斯大林的错误与其说在于他直觉地认为国民党是一个自治的政治核心组织这个事实*，不如说是在于认为他能够控制一个按列宁主义路线组织起来的由他人领导而按他自己意志决策的核心组织这个简单的设想。

虽然这些可能就是马林提议背后的战略考虑，但是这些战略考虑所体现出来的理论框架对于刚刚放下马列主义教科书的中国共产党党员来说一定是十分迷惑的，确切地说，陈独秀所反对的正是这个难题。肩负各自历史使命的两个经济地位的阶级，如何融合在同一个政党内？

从这些因素来看，我认为，我们可以得出陈独秀后来的记述具有真实成分的结论。

然而，无论陈独秀的记述反对的是什么，中央委员会都被迫接受马林的提议。在全体会议之后不久，李大钊受到国民党忠实成员

* 对于一个并不接受马克思—列宁主义前提的人来说，似乎一定怀疑国民党是否仅仅是具有一定经济地位阶级的上层建筑或具有一定经济地位阶级的集团。在它的历史进程中，共产主义者不失时机地认为国民党等同于（1）资产阶级、小资产阶级、农民阶级和工人的联合；（2）小资产阶级、农民阶级和工人的联合；（3）资产阶级政党（托洛茨基、陈独秀）；（4）小资产阶级和封建阶级的联合；（5）还是资产阶级、农民阶级、小资产阶级和工人的联合（新民主主义时期）；（6）官僚资本家和封建分子的联合。在所有这些“阶级分析”的变换过程中，国民党的领导成员依然格外的稳定。当然，国民党的官员与各种经济地位阶级之间的关系是复杂的和多样的。由此，毫不怀疑，蒋介石在1927年政变时，与上海的银行家和企业家建立了密切关系。然而，这并不比他先前为了利用民众运动实现他的野心而试图证明他代表农民和工人更足以证明他是“资产阶级的代表”。从中国历史——一部政治权力本身构成经济权力和社会地位的真实来源的历史来看，认为派别众多的国民党本身是一个社会—政治因素或许更贴切。我认为，必须将中国的官僚和军阀视为一个主要的而不是次要的社会群类。

张持的邀请加入国民党。李大钊回复说，在允许他保留共产党员身份的条件下，他才会加入国民党。由于在广州失去权力而态度更加
45 容忍的孙逸仙同意了这个条件。[27]尽管两党之间的联合直到1923年《孙文越飞联合宣言》发表之后才正式形成，但是联合的方式已经确立了。共产党员以个人身份加入国民党，但是共产党继续保持其独立性。

第四章

国共合作

国共合作时期（1923—1927）无疑是中国现代历史上最混乱和最复杂的时期之一。几乎所有的原始资料都有待于严肃地质疑。此外，在混乱和错综复杂的时局中，是否任何一个重要参与者都执行了一个明确的一贯的政策，还存在一些怀疑的余地。虽然如此，我认为弄清中国共产主义运动中一些主要趋向的概况是可能的。当然，不用说这是一个莫斯科在影响中国共产党的命运中起了最直接和最细微作用的阶段。在这个时期里，中国在许多共产国际代表的包围中，莫斯科的领导人和反对派都凝神注视着中国的局势。然而我们的工作是将注意力集中在中国共产主义运动本身的趋向上，同时清楚地牢记这些趋向大多不能与莫斯科方面的进展割裂开来考虑。 46

所谓的“右翼”

在 1927 年后斯大林主义学派的共产党文献中，习惯上将这个时期的陈独秀以及党内的那些他的最亲近者称为“右倾机会主义者”。据称，他是一个对国民党消极的投降者，在克里姆林宫已经转向更大胆和激进的立场很久以后，他还摇摆不定地固守对“资产阶级”的让步政策。依据这种观点，在整个国共合作时期，陈独秀故意地以一种保守的观念错误地解释克里姆林宫的大胆指令。

这个在1920—1922年期间疾呼即刻实现社会主义的人，这个对与国民党融合的政策感到厌恶的人，真的突然变成可耻的投降者了吗？

47 回答这个问题我们面临一个特殊的难题，陈独秀毕竟是这个时期中国共产党的书记和共产国际政策的执行者。那么我们如何使他自身的观点与他作为党的领导人被迫表达的观点区分开？为了解决这个问题，当然，我们有“给我们同志们的信”中陈独秀自己的表白。我们有了陈独秀及其亲密盟友彭述之当时的一些著述。最后，我们有中俄批评家的反对意见的表白——这些表白常常揭露比证实更多。通过对比和细查这些原始材料，我们至少能够尝试重建这个动乱时期陈独秀自身看法的全貌。

毫无疑问，在1922年8月杭州特别会议与1923年6月党的第三次代表大会期间的一些因素促使陈独秀和他的同事们对共产国际有关中国革命的资产阶级民主性质的理论，甚至对克里姆林宫的国共联合方式采取了赞成的观点。

首先，我们知道陈独秀出席了在莫斯科召开的共产国际第四次代表大会（1922年11月），会上拉狄克对中国共产党关于在中国实现社会主义[1]的幻想给予了尖刻的指责。我们不能不认为许多压力暗中作用使陈独秀接受克里姆林宫的观点。

然而，更重要的是“二七”惨案。1923年2月7日，声势浩大的北京—汉口铁路工人联合罢工被吴佩孚血腥镇压。这次事件的结果如此削弱了革命士气，以至于整个中国工人运动高潮就此结束了，并导致了工会组织者的大规模被捕。用邓中夏的话说：“两年来共产党所惨淡经营的工会组织，除广州湖南尚能保存外，其他各地皆完全倒台。中国职工运动从此便进入于消沉期了。”[2]据蔡和森的反对意见的记述：“假若在一九一九——一九二二年陈独秀看中
48 过中国工人阶级的力量，那么，到一九二三年京汉路罢工失败后，他就跑到孟什维克的根本立场——不相信工人阶级的势力。”[3]《简史》补充说：“平汉铁路工人罢工失败促使了国共合作运动。”[4]

尽管蔡和森的叙述中有出于反对立场的夸张成分，事实依然

是，如果在“二七”罢工前陈独秀坚持革命的“资产阶级前景”有些敷衍，那么在“二七”罢工后就很少这样了。由工人运动高潮所激起的过度希望已经消散，陈独秀当时得以洞察在中国年轻的工人阶级身上所有被先前的救世主的幻想或多或少遮蔽的那些点，他当时写道：“工人阶级不但在数量上是很幼稚，而且在质量上也很幼稚。大多数还沉睡在宗法社会里，家族亲属地方观念还非常之重。有许多目前虽是近代产业工人，而他过去未来的生活，并未能与独立生产者的环境绝缘，不感政治的需要，并不脱离神权帝王之迷信。”[5]他当时准备面对实现社会主义之前的一个长期的资本主义阶段的可能性，甚至进而以可以称为前列宁主义马克思主义的观点（虽然是一个与新的共产国际路线完全一致的观点）指出：“工人阶级的阶级觉悟是随着产业发达阶级分化而产生而强烈起来的，不是人力的提倡可以发生的，也不是人力的否认可以紊乱可以消灭的。”[6]

蔡和森指责在 6 月的第三次代表大会上，陈独秀对无产阶级的“家长式的宗族观念”长篇大论，而对资产阶级作用有些评价过高。陈独秀宣称：“殖民地半殖民地的社会阶级固然一起幼稚，然而资产阶级的力量究竟比农民集中，比工人雄厚，因此，国民运动若轻视了资产阶级，是一个很大的错误观念——半殖民地的中国社会状况既然需要一个资产阶级的民主革命，在这革命运动中——若失了资产阶级的援助，在革命事业中便没有阶级的意义和社会基础。”[7]

陈独秀不仅重新评价了“资产阶级”的作用，而且他被说成在第三次代表大会上以毫无保留的赞同的口吻谈论国共联合。由于他 49
恰恰是刚刚在莫斯科领教了拉狄克说教式的训斥归来，所以他的这些言论似乎并没有什么值得大惊小怪的。虽然如此，陈独秀后来的诋毁者蔡和森、李立三都特别依靠陈独秀在第三次代表大会上的言论为证据，证明陈独秀曾经是一个国民党的首要合作者。他被说成在第三次代表大会上发表了中国共产党诞生过早，所有活动应该在国民党框架内进行的言论。[8]

现在我们从陈独秀本人那里获知，这个时期原本标志他接受共产国际政策的一个高峰。然而，他补充说这里由于当时“中共未受国民党政策的牵制，并且还严厉的批评国民党的妥协政策”[9]。

为了证实陈独秀的说法，必须了解，这是一个国民党改组为一个列宁主义类型的组织严密的政党之前的时期，由此是共产党开始服从改组了的国民党的“民主集中制”之前的时期，是蒋介石崛起之前的时期。在这个时期，希望中国共产党在制定自身政策上能依然保持很大程度独立性是很有可能的。

此外，尽管陈独秀被说成是“投降主义”，经过陈独秀同意起草的中国共产党第三次代表大会宣言仍尖锐地批评国民党以往的缺点，要求工人阶级“与世界无产阶级的战线相联合”。宣言补充说：“自中国国民革命进而至世界社会主义革命之争斗，必须是有觉悟的、统一的，并且了解其必然的目标；而此种觉悟力统一力及指示此种必然的目标，就是中国共产党及共产国际之任务”[10]。由此充分清楚地表明，无论中国共产党与国民党关系如何，中国共产党依然拥有自身必须始终坚持的独立目标。

我认为，确切地说，这里正是我们所要寻找的在整个1923—
50 1927年期间陈独秀及所谓的“右翼”真实态度的答案所在。这里也是我们所要寻找的在这个时期“右翼”与克里姆林宫领导权之间任何紧张关系的真实根源所在。陈独秀已经真诚地接受了革命是一场资产阶级民主革命以及“资产阶级”注定要在不久的将来起到重大的——甚至是主导的作用的理论。然而作为一名共产主义者，他认为自己不是“资产阶级”，而是工人阶级。工人阶级的确是年轻的、不成熟的，没有政治意识。使工人阶级及其所代表的民众肩负他们的历史责任还需要一段时间的准备，但是，确切地说这是共产党的最高任务。由于共产国际指示中国共产党必须在国共联盟的框架内进行活动，所以只要这个联盟不妨碍中国共产党追求陈独秀所认为的党的基本任务，他是愿意那样做的。另一方面，对于原本关心的是全球政治的克里姆林宫领导集团来说，通过在国民党内实现“无产阶级领导权”（共产党领导）而无论最初直接地还是后来间接地把国民党当作一个有效的政治核心组织来控制，是其所有政策的至高至上的目标。

这个论题的根据是什么?

我们已经注意到，中国共产党第三次全国代表大会是在国民党改组之前召开的。我们知道陈独秀、李大钊还有其他人是按列宁主义路线改组国民党的“改组”委员会成员。虽然如此，所有原始材料都一致认为，在商议改组问题中主要起作用的是鲍罗廷和孙逸仙。改组这个想法本身似乎都是由鲍罗廷发起的。孙逸仙后来气愤地否认国民党右翼所指责的“国民党的政治纲领完全是由陈独秀的共产党制定的”，他指出，“草案是由我和汪精卫起草的，我怀疑是否陈独秀听说过它”[11]。而汪精卫明确指出，“本党的改组于 1924 年 1 月在鲍罗廷建议下进行”[12]。黄埔军校的组建也完全越过中国 51
共产党由蒋介石、伽林和鲍罗廷等人完成。

许多共产党员的确在 1924 年 1 月国民党第一次全国代表大会执行委员会中赢得职位，并且在孙逸仙和汪精卫的领导下，中国共产党在国民党框架内仍然能够相对自由地进行自己的活动。虽然如此，通过加强过去相对松散的组织和集中领导权，国民党的改组为即将出现的所有不幸埋下了祸根。

无论如何，中国共产党是如托洛茨基和陈独秀的政敌分别在与国民党决裂之前和之后所指责的那样完全丧失了它的组织独立性吗? 恰恰相反，有证据表明，在陈独秀的领导下中国共产党尽其所能保持自身独立性，虽然在国民党旗帜下也组织了群众并在国民党框架内保持对这些群众的领导。

正是在中国共产党独立性问题上一些国民党的右翼领导人在 1924 年开始攻击两党联盟，以前并不反对与共产党联合的右翼领导人[13]张继、谢持、邓泽如于 1924 年 7 月发表《弹劾共产党案》，公开指责共产党员在国民党内不是以“个人”进行活动，而是听从共产党中央委员会的命令。他们非常容易地证实了自己的观点。他们所做的就是制造了一份题为《社会主义青年团的决议》(1923 年 8 月) 的共产党文件，其中写道:“当我们的成员加入国民党时，他们必须遵守青年团执行委员会的规定……我们必须以中国共产党党员的所有要求要求自己，与中国共产党党员在言行上一致。”[14]《弹劾共产党案》还指责李大钊没有遵守共产党员以个人身份加入国民党的许诺，共产党反而是以党中之党在活动。

在这些文件空白处所加的附注中，孙逸仙试图以“经验丰富的
52 苏联领导人感兴趣的是与我们的政党合作，而不是与没有经验的以学生为主的共产党合作”这样的评论来安慰右翼领导人。然而，他并没有否认文件中根本性的指责。

实际上，共产党员以个人身份进行政治活动的概念是一个自相矛盾的陈述。党员的共同行动是列宁主义共产党及其原则概念的最精华部分，中国共产党的领导用了足够的时间领会它。尽管在其内部可能存在分歧，但是没有证据表明在整个国共合作期间中国共产党不是表现为国民党内部一个统一的有纪律的集体。的确难以找到中国共产党上层人物是以“个人”身份而不是以党员身份活动的例子。

更重要的是，中国共产党不仅成功地赢得了群众运动中的主导地位，而且尽一切努力保持了在国民党框架内对运动的独立控制。

事实上，1925 年“五卅”惨案所激起的群众力量的极大高涨，某种程度上是自发的爆发。由青岛和上海日本纱厂工人罢工唤起的对日本帝国主义的仇恨，在沿海大城市，不久又在乡村掀起了一股群众的民族情绪，令人惊奇的是，甚至唤起了中部和南方地区处于麻木中的贫苦农民阶级。[15]然而，中国共产党迅速利用了这个民众力量的高涨，中国共产党的年轻的狂热分子不久在组织群众方面抢在了国民党新三民主义之前。因为尽管孙逸仙的演说有所涉及，国民党的新三民主义纲领即使在这一国共合作早期，仍没有对群众力量的潜能给予适当的评价。

然而，更重要的是，在群众活动方面赢得最初优势之后，陈独秀的领导就尽一切力量保持对群众运动的控制。尽管是在国民党的旗帜下进行的，陈独秀的领导仍然尽一切力量保持对“中华全国总
53 工会”和新成立的“农民协会”的共产党的完全领导。[16]在 1926 年 7 月执行委员会扩大会议上《农民问题决议》的报告清楚地说明了

在这个时期党的领导人的态度。它指出："农民协会对国民党关系，在组织上是独立的，不可成为党的附属品。"它还补充说："我们的党，在一切农民运动中，应努力取得指导的地位，应在每个最低级的农会内，均有党支部的组织，为这个农会行动指导的核心。"[17]

当时的叛党分子施存统在 1928 年的一本回顾性小册子《中国革命的问题》中指责说在中国共产党与国民党的关系上存在一个根本性的矛盾。虽然中国共产党大声宣布其国民党应该拥有群众基础的主张，但是它并不愿将对群众的领导权让与国民党。当时官方的党的路线的代表，而非陈独秀的朋友的恽代英在他的答复中并没有否认施的主张，而是仅仅指出，"党拒绝鼓励工人和农民加入国民党的原因是害怕他们可能受到资产阶级影响"。1927 年共产国际代表曼达连（Madalian）在他的小册子《为什么共产党失败了》中引述陈独秀的话，意思是说陈独秀不想让工人加入国民党是因为他们可能受到右翼影响。[18]

即使托洛茨基和艾萨克斯在他们所有对斯大林路线的攻击中，都心照不宣地认为中国共产党取得了对群众运动的有效领导。的确，如果托洛茨基不认为中国共产党具有对群众的充分领导以至于可以在政策上做出根本转变，那么他就不可能在 1927 年 4 月之后[19]提出建立工农苏维埃的主张。

由此清楚地看到，中国共产党并没有放弃它的组织上的独立性，并没有放弃在群众中的组织工作，相反，在国民党的"新三民主义"纲领在组织群众方面显示出任何效果之前，中国共产党设法 54
在这些活动中赢得了主导地位。然而，在政策领域，中国共产党被其与国民党的这种特殊联盟捆住手脚。如果有任何"机会主义"存在的话，那么这就是它的根源。因此，在评判陈独秀的"机会主义"问题时，他对于国共联盟的态度，必然成为我们的主要标准。

据陈独秀自己的记述，他对于国共联盟相对友好的态度又一次开始变化是在 1925 年戴季陶的反共产主义小册子出现之后。[20]他声称，在 1925 年 10 月于北京召开的中央委员会扩大会议上，他指出了"戴季陶的小册子不是他个人的偶然事件，乃是资产阶级希图巩固自己阶级的势力，以控制无产阶级而走向反动的表现。我们应该及时准备退出国民党而独立，始能保持自己的政治面目，领导群众而不为国民党政策所牵制”[21]。这里我们再次在曼达连小册子中找到了陈独秀。曼达连说：“从共产党加入国民党的时刻起，右翼就时刻想着退出国民党。他们的理由是他们不想与资产阶级联合，因为这种联合是工人阶级的耻辱。”[22]在这本小册子的其他地方曼达连都十分清楚地表明他认为陈独秀是右翼的开路先锋。

陈独秀进一步指出，在蒋介石于1926年3月20日发动政变掌握了实权，解散了香港罢工委员会，将许多共产党员从国民党内重要位置上驱逐出去之后，陈独秀派他的年轻的代理人彭述之到广州，敦促至少部分从苏联运来的武器要发给农民阶级而不要给蒋介石的武装。他声称，鲍罗廷的答复是“武装农民不能去打陈炯明和北伐，而且要惹起国民党的疑忌及农民反抗国民党”。陈独秀还补
55 充说，在“三二〇”事变之后，他在给共产国际的报告中表达了个人观点，与其继续与国民党合作，不如“由党内合作改为党外联盟，否则其势必不能执行自己的独立政策，获得群众的信任……国际见了我的报告，一面在真理报上发表布哈林的论文，严厉的批评中共有退出国民党的意见”[23]。

这个记述与后来蔡和森所指责的陈独秀在“三二〇”事变中是一个“没有原则的投降者”[24]形成鲜明对比。在李立三的著述中，我们发现关于这个指责一个有意思的变化。似乎在3月20日，党内已经形成了上海的共产党中央委员会与广州的国民党广东省委员会之间的矛盾。实质上，这个矛盾很可能是关于个人的，不是关于观点的。毫无疑问，它反映了陈独秀与鲍罗廷之间长期的紧张关系，因为广州的国民党委员会以与著名的共产国际代表之间的密切关系过于得意。据李立三说，国民党广东省委员会的观点是“退出国民党就是放弃广大的劳动群众，就等于将国民党革命的旗帜让与了资产阶级，这将是无法弥补的损失。因此，我们必须在一定时期内采取修好政策，同时积极准备为争取领导权的新的斗争”。李立三补充说：“另一方面，上海的一些同志认为，三二〇事件是工人

阶级的耻辱，希望撤出国民党，而陈独秀及中央委员会的意见是党应该投降。”[25]我们的确有刊登在 1926 年 6 月 9 日党的机关报《向导》上陈独秀给蒋介石的一封信，从而证实了这个记述，信中陈独秀愤怒地否认了蒋介石对共产党员阴谋反对国民党的指控，并且谦恭地表示：“介石先生！如果中国共产党是这样一个反革命的党，你就应该起来打倒它，为世界革命去掉一个反革命的团体。”[26]

从这个混杂着相互矛盾的证据中可以得出什么结论，是否可以得出任何结论？虽然这里没有十分肯定的根据，但是我们必须记住 56
一些明显的事实。首要的事实是，虽然鲍罗廷最初被蒋介石的政变极大地困扰，但是他后来却与蒋介石达成一致甚至同意蒋介石尽快开始北伐的要求；其次，克里姆林宫的领导拒绝任何条件下改变国共联盟政策，事实上，它对广州事件的第一反应就是否认所发生的事实，把它当作帝国主义者谣言不予理睬。[27]斯大林和鲍罗廷都没有放弃仍然可以控制国民党这个组织的希望。在这个希望中，他们因蒋介石的完全愿意使用世界革命的语言，因他对国民党右翼的攻击，而更加放松警惕。

由此，明显的是，作为共产国际政策的执行者，陈独秀没有选择，只有讨好国民党的实际领导者，因为蒋介石被不止鲍罗廷一个人视为国民党的实际领导者。更重要的是，李立三被迫承认，“广东派”也是反对脱离国民党的。然而，虽然称广东派的态度是“一种修好政策”，但是李立三使用了“投降”一词，以说明它与陈独秀使用的是同一个政策。有理由认为，陈独秀“给蒋介石的信”是陈独秀以共产党书记身份的一种表示，而不是个人的观点。鉴于他在 1925 年 10 月扩大会议上的言论，他的个人观点最接近李立三记述中提到的那些“上海同志们”，似乎完全可能。[28]

陈独秀在北伐问题上的态度充分证实了他事实上并不认为蒋介石是“国民革命的柱石”。这里我们还是根据当时的可靠证据，毕竟，陈独秀成长的环境中军阀割据势力一次又一次破坏了所有建立平民制度的尝试。他的民主主义的所有著述都充满了对军队的仇恨，他认为军队是中国灾难的根源之一。在国共合作前共产党宣言

57 中对国民党的批评，经常指责孙逸仙依靠不可靠的军阀的支持。它是一种可能远比他对马列主义体系的忠诚更深刻的根深蒂固的厌恶。蒋介石是一个军阀的事实比他被认为是一个“国民革命阶级”的领袖的事实，或者他非常愿意使用革命用语的事实，更逼压在陈独秀的心头。陈独秀在 1926 年 6 月的一期《向导》上不满地指出：“北伐的意义，是南方的革命势力向北发展，讨伐北洋军阀的一种军事行动，而不能代表中国民族革命之全部意义……中国民族革命之全部意义，是各阶级革命的民众起来推翻帝国主义与军阀以求解放：全民族经济解放，尤其是解除一般工农平民迫切的困苦。……若其中夹杂有投机的军人政客个人权位欲的活动，即有相当的成功，也只是军事投机之胜利，而不是革命的胜利……在国民政府内部的政治状况上，在整个的国民政府之实力上，在国民政府所属军队之战斗力及革命的意识上，都可以看出革命的北伐时期尚未成熟。……全国民众的口号，也已经不是响应北伐，而是‘拥护革命根据地广东’。”[29]同年 8 月，他就这个问题继续说：“现在的国民政府不过是军事领袖的一个特别机关。”[30]陈独秀的害怕是非常明显的。国民党已经被他恰当地或不恰当地视为是“新军阀”的人所掌握，无论他们是马克思主义所说的哪个阶级。在中国共产党通过影响国民党的左翼重新得到权力之前，任何由这些军阀进行的北伐都将只是导致另一个军阀统治的结果。

北伐依然在得到鲍罗廷和共产国际最终同意的情况下开始了。然而，它的结果完全出乎陈独秀或克里姆林宫的预料。它不是一次普通的军事冒险，因为它为共产党的激进的组织者开辟了一个广阔的活动空间。另一方面，它极大地增强了蒋介石的力量和威望，使他更加独立于鲍罗廷和克里姆林宫的控制。正如蒋介石渴望接受苏
58 联的物质援助一样，此后他更渴望摆脱克里姆林宫的控制。

由此，中国的新形势使莫斯科的领导面临新的压力，可感觉到的共产党在群众中影响的扩大，蒋介石叛党的态势的日益增长以及托洛茨基对国民党联盟的攻击，这些因素使得需要对政策进行新的说明。这个新说明最终在 1926 年 12 月召开的共产国际执行委员会

第七次全体会议的《论中国形势》中表述出来。

在讨论这个说明及其对中国共产党的影响之前，我们必须再次指出在中国实行的共产党路线有其独特性。本书使用的“党的路线”一词是指用来概括特定时期内特定战略方法的理论体系。不用说，这个理论体系是马克思列宁主义信仰中最重要的内容，因为，人们认为党的领导者的政治行动来源于他们对历史进程的理论认识。

大体上，当我们考察一条特定的党的路线时，我们发现它由一些不变的基本原理构成。首先，是有关历史性质或一个特定历史阶段“内容”的理论，是资产阶级民主阶段还是社会主义阶段，或者两者之间的过渡阶段？其次，是有关特定阶段“阶级构成”的理论。哪些阶级是历史地注定完成特定阶段任务的阶级（列宁主义一个有意思的特点就是不再像前列宁主义的马克思主义一样由生产方式判断“阶级构成”）。再次，我们以“上升”、“下降”或“高潮”、“低潮”这样的词语表达对任何特定阶段历史进程方向的估计。总之，政党关系问题可以被认为反映了阶级构成的关系。

然而，作为一个处于组成它的各阶级之上及之外的政治组织，国民党的概念在通常的党的路线概念中引入一个新的变化，不再可能从对国民党的态度得出“阶级构成”的分析或从阶级构成的分析得出对国民党态度。“阶级来来往往，而国民党永存。” 59

由此，作为第七次全体会议论题的核心，事实是决定继续与国民党联合。莫斯科有些意识到蒋介石是一个可疑的同盟者，但是这个疑虑完全被成功地推进民族主义力量所带来的巨大外交好处所抵消，被“国民政府用非常有效的方法联系农民阶级”的信念所抵消。[31]与此同时，认识到此后将不可能直接控制蒋介石，共产国际当时要求中国共产党在国民党内直接争取“无产阶级领导权”——由共产党控制国民党。

然而，这个事实实际上被一个更“革命的”阶级构成关系的理论掩盖了。论题宣布中国革命依然是反对外国帝国主义和“封建残余”的资产阶级民主革命，然而，在国民党内部阶级构成已经发生变化："在这一阶段，新的运动的推动力将是由依然非常革命的工人阶级、农民阶级与可能在一定时期内继续跟着革命的部分大资产阶级组成的联合。"[32]后半截的话显然是要使继续对已被划为"大资产阶级"代表的蒋介石的支持合法化，最后，论题宣称，"在这一阶段，运动的领导权越来越转到工人阶级手中"[33]。

由此，论题完成了重新肯定国民党联盟，通过提出一个更"革命"的阶级形势分析反击托洛茨基的挑战，以及使中国共产党担负起夺取国民党的任务的使命。实际结果是使陈独秀的领导比以前更脆弱，如果它继续反对与国民党的联合，它可能被谴责为放弃农民阶级和小资产阶级，如果它没有实现夺取国民党领导权，它可能被
60 谴责为破坏了真正革命的共产国际纲领。我们将看到这两个指责是同时出现的。

实际上，有证据表明，"右翼"领导人暗地里比以前更不愿意继续与国民党的联盟。由此曼达连指责说，在 1927 年 1 月陈独秀拒绝让工人加入国民党，理由是"他们将受到右翼的影响"，还说"只是由于第三国际的压力，中国共产党才勉强认可它的活动要在国民党内进行"[34]。陈独秀声称，虽然他和彭述之、罗亦农对共产国际 1927 年 3 月命令上海工人藏起武器以避免与蒋介石的部队发生冲突感到震惊，但是他再次服从了共产国际的纪律。他进一步声称，1927 年 4 月，他与汪精卫共同起草的"可耻的"联合声明本身是共产国际压力的结果，与他的意愿相反。[35]

蒋介石在上海的四月政变之后，陈独秀声称他像以前反对与蒋介石联合一样，反对与"左派国民党"联合。对他来说武汉政府的政客和军阀似乎一点也不比那些右翼国民党更值得信任。他声称在党的第五次代表大会之前于汉口召开的一次政治局会议上，他主张"我们和国民党的合作日益入于危险，他们和我们所争的，表面上好像是这样或那样的各个小问题，实际上他们所要的是整个的领导权；现在只有两条路摆在我们面前：放弃领导权或是和他们决裂"[36]。他进一步声称，在军阀许克强 5 月 21 日在长沙发动反共的军事政变之后，他第二次建议共产党撤出国民党。[37]

这个记述在最终与国民党正式决裂之前曼达连写的小册子中得到充分证实。曼达连指出："直到现在，陈独秀这个中国共产党内最明显和最明确的机会主义领导人仍然叫喊退出国民党。"[38]他进一步指责说："右翼反对共产党领导人进入国民政府机构的政策，因 61
为它希望保持自身的'独立性'和'原则的纯洁性'。"

进一步证实这一时期"右翼"态度的是彭述之的理论著述。像他的竞争对手瞿秋白一样，彭述之在革命爆发后不久就到俄国学习，他与瞿秋白都被视为党内有前途的年轻人。据李昂说，他们之间激烈的竞争开始可能是针对个人的，但不久就具有了严肃的意识形态的意味。所有的原始材料都倾向于将彭述之的名字与陈独秀联系在一起。虽然蔡和森[39]、米夫和曼达连的著述都将陈独秀、彭述之看作同类的机会主义者，但是陈独秀本人说彭述之是一名忠实的副手。一本日文的瞿秋白传记明确指出："陈独秀接受了机会主义者彭述之的观点，对瞿秋白的理论连看也不看。"[40]后来彭述之的名字仍然与陈独秀的名字联系在一起，并且一起遭到贬抑。那么有充分理由相信，彭述之的理论著述反映了陈独秀本人的观点。由于彭述之不是共产国际政策的直接执行者，因此，的确有理由相信，他的著述可能比同一时期陈独秀自己的著述更直率地反映了陈独秀内心深处的顾虑。

在一篇写于 1924 年年底题为"谁是中国国民革命的领导者"的文章中，彭述之说，几乎所有的中国资产阶级都变成反革命的了。银行资产阶级与军阀、帝国主义相勾结，商业资产阶级成了只关心与帝国主义交易往来的"买办阶级"；民族工业资产阶级客观上应该是革命的，但是由于它的软弱性以及由于帝国主义控制了大部分中国工业，民族资产阶级主观上是胆怯的，并且倾向于只从自身的自私打算考虑。由此，它不可能起到自身的独立的政治作用。至于农民阶级，它能够参加国民革命，但是，正如马克思时常解释的那样，由于它的落后性，它不可能领导革命。完全与地主阶级联系在一起的资产阶级不可能领导农民阶级。因此，农民阶级只能由 62
工人阶级领导。再有，工人阶级比工业资产阶级更强大，因为在民族企业和外国企业中都有无产阶级。因此，革命的“天然领导者”不是资产阶级，而是应该将自己置于群众最前面的工人阶级。然而，如果工人阶级是革命的天然领导者，那么为什么它不将革命转变成社会主义革命？首先，因为工人阶级仍然要与帝国主义和军阀割据势力作斗争，它仍然要完成“资产阶级民主”任务。其次，只要革命还没有转变为社会主义革命，就还存在着许多无产阶级能够领导的大量的小资产阶级和农民阶级因素。[41]

这个理论的重大意义在于它的政治意义。依据彭述之的观点，唯一真正具有革命的政治能动性的阶级是无产阶级。由是，为什么无产阶级与它视为完全反动的或没有潜力的阶级联合在一个政治组织中呢？按照彭述之的看法，国民党甚至并不代表民族资产阶级。虽然国民党的军队来自于最底层无产阶级群体，但是更确切地说，国民党是一个“官僚买办”分子以及“新军阀”的联合。至于民族资产阶级，“数量太小，在经济上还不能成为一个独立的阶级”[42]，没有任何政治作用。

由此，我们毫不惊奇，像陈独秀一样，彭述之也反对北伐，理由是“国民党的军事活动不是武装的群众的活动，而是武装的土匪和军阀的活动”[43]。后来当北伐已经席卷北方时，他又说：“如果革命军队成功了，买办阶级就会在民族资产阶级的伪装下混入政府。如果它失败了，买办阶级就会脱掉伪装。”据瞿秋白说，当蒋介石的部队逼近上海时，彭述之开始强烈要求与上海的商人联合，理由是虽然上海的商人（民族资产阶级）是软弱的，并且要依赖工人阶级，但是蒋介石的军队代表的是难以对付的买办和“新军阀”势力。他为共产党提出的方案是脱离国民党的军事行动，致力于教育
63 和组织群众的“科学的社会主义的”方案，迎接准备无产阶级革命的起义时刻的到来——所有这些都是在国民党框架之外进行。[44]

我们不能肯定彭述之的理论分析在所有细节上都得到陈独秀的认可。根据北平—汉口罢工之后陈独秀的反应，很可能陈独秀一点儿也不像他的这个年轻的同事一样对近期无产阶级革命的前景持乐观态度。虽然如此，我们有一篇他在1926年6月写的文章，其中

有一段与彭述之的著述惊人地相似。他写道："中国目前还是资产阶级革命时期，因为经过一次辛亥革命后，中国资产阶级革命尚未成功。但同时：第一，因为世界已到了无产阶级革命时期；第二，因为中国无产阶级已表现有独立的政治势力且为中国目前革命运动之指导者，所以中国的资产阶级革命和法兰西大革命是两样的。目前中国革命的目的是要求民族独立，推翻封建社会，同时顺应世界潮流，与世界革命势力联合，铲除一切封建社会资本主义社会遗留，以建立无产阶级的共产主义社会。"[45]

我认为，基于所有这些，我们至少可以尝试重建陈独秀及所谓的"右翼"与其迫于共产国际压力实行的政策截然不同的真实意向的全貌。首先，"右翼"似乎接受了"半殖民地的中国必须经历一个资产阶级革命的阶段"的观点，然而，它并不愿接受中国共产党必须将它的命运与以四个阶级联合政党的独特形式存在的国民党的命运联系在一起这层含义。相反，它对国民党极其不信任，并且倾向于将它视为一个"新军阀"和"新官僚"的集合。这些"新军阀"和"新官僚"可能仅仅代表陈独秀提到的资产阶级，或可能是彭述之断言的"买办资产阶级和封建分子"的联合，但是他们不代表"四个革命阶级"。在这样的情况下，共产党的任务是保持自身 64
独立性，教育无产阶级和群众。[46]换句话说，在资产阶级革命的阶段，共产党应该充当一个"参与的党"，支持那些看上去有益的革命政府的措施，但是，不能停止为准备未来的革命而建立群众基础的工作。

这并不意味着"右翼"赞同大胆的托洛茨基主义式样类型的方案或意味它赞同托洛茨基建立独立的苏维埃政权的号召。没有证据表明它与托洛茨基工农苏维埃夺取权力的时机已经到来的主张是一致的。相反，"右翼"被掌握在"新军阀"手中的军事力量吓得心神不宁，并且更多的是倾向于从维持已经取得的成果方面，从"保护工人阶级"方面考虑问题，而不是从夺取权力方面考虑问题。1927 年 3 月，瞿秋白指责说："实际上在这一时期，我们的政策处处只有本能的自我保护。"[47]这种"保护"的一个表现是陈独秀决定使城市工人阶级完全处在共产党的控制下。因此，在 4 月 17 日党的第五次代表大会上，米夫指责说，陈独秀“丝毫没有提出工人控制国民党内阶级联盟的问题”[48]，曼达连指责说，“中国共产党的所有活动都被视为使工人阶级及其政党脱离了劳动群众”。这里唯一需要注意的是，曼达连的共产党密切群众的方式是党的活动融入国民党内。由此看来，“右翼”的基本态度从根本上讲是保守的，在面对被认为是难以对付的敌人力量时，它希望为将来保存实力。

无论陈独秀以及“右翼”各自意向是什么，在执行政策中，他们依然服从了克里姆林宫卓越的智慧。那么，后来正统的斯大林主义者在共产国际执行委员会第七次全体会议之后对于陈独秀的作用的观点，即认为他是一个故意破坏共产国际真正革命政策的对国民党的首要让步者的理由是什么呢?

首先，有意思的是我注意到写在共产国际与国民党最后决裂之
65 前以及当时正统的观点明确提出之前的对“右翼”的两个攻击——曼达连的小册子和瞿秋白的著述（见下一部分）——对“右翼”的两个攻击并没有谴责陈独秀对国民党的让步，相反，它们谴责陈独秀企图撤出国民党。最后，布哈林本人在 1927 年 7 月 14 日指出，陈独秀式的机会主义的党的领导主张撤出国民党。[49]

然而，除了这个可靠事实之外，中国共产党的领导真的破坏共产国际的革命的指示了吗? 让我们举一个例子考察一下，正统的说法称，当共产国际要求“深化土地革命”[50]时，中国共产党的领导正在土地问题上执行一个妥协政策。

对于蔡和森和其他持反对意见的作者来说，在陈独秀的著作中找到对农民阶级充满责难的字句是十分容易的。然而，这些责难也贯穿在所有马克思列宁主义的文献中。陈独秀写道：“农民居处散漫势力不易集中，文化低生活欲望简单易于趋向保守——由于是独立的生产者，他们不容易社会化。”[51]即使陈独秀早期在这个问题上的态度可能支持了所有这些叙述，但是它们实际上都是马克思列宁主义的老生常谈。然而，与此同时，陈独秀从列宁那里知道了农民阶级可以充当革命的支持力量，他指出：“农民占中国全国人口之

大多数，自然是国民革命之伟大的势力，中国之国民革命若不得农民之加入，终不能成功一个大的民众革命。”[52]中国共产党非但不“将农民运动让给资产阶级”，反而在这一时期尽最大努力获得对农民运动的领导。彭湃[53]和毛泽东的组织活动毕竟是在陈独秀的领导之下进行的。陈独秀可能对“五卅”运动时期农民阶级表现出来的活力感到震惊，但是，同样感到震惊的还有包括毛泽东[54]在内的其他人。

事实是，共产党的土地大纲与在国民党联盟框架内可能形成的 66
土地大纲一样革命，因为左派和右派的国民党领导人都对特别是在共产党领导下的革命的土地大纲的增补不特别感兴趣。[55]实际上，在共产国际执行委员会第七次全体会议上起草的共产国际的土地纲领，并不是正好因为这个原因而更革命。由此，如果比较由中国共产党执委会在 1926 年 7 月扩大会议上起草的具体的土地大纲和共产国际执行委员会第七次全体会议论题中的土地决议，我们就会发现，一旦共产国际的声明去掉有关土地改革迫切性的革命语句，并没有增加太多的新内容。七月会议要求“用全体农民联合的口号，团结佃农自耕农与中小地主，使不积极作恶的大地主中立，只攻击反动的大地主”[56]。第七次全体会议的“论题”在表达了一些有关彻底土地改革的迫切性的总的意见之后，建议“没收寺庙的土地以及属于反革命的军阀、买办和统治阶级的土地”[57]。后来的决议的确使用了“没收”，而不是“攻击”一词，但是明显地补充了土地运动必须“与国民党奔向同一个目标”。

七月会议要求武装农民阶级以自卫，第七次全体会议也要求在国民党领导下武装“贫农和中农”，但是这些武装须用于自卫。[58]

陈独秀后来因为发表指责无地农民阶级（在武汉政府时期）“过分行为”的声明而受到责备。据陈独秀说，所有这样的声明都授意于莫斯科。特别重要的是，发布有关“阻止过分行为”命令的武汉政府农业部长，共产党员谭平山，参加了共产国际执委会第七次全体会议，并且很可能是带了克里姆林宫意见的第一手消息，刚刚从莫斯科回国。[59]

67 最后，斯大林著名的1927年6月1日来信经常被引用[60]，作为斯大林在与国民党决裂之前要求中国采取大胆行动的证据。据称，他的命令遭到中国共产党领导人的抵制。这封信的确要求“自下而上没收土地”，组织一支两万人的共产党的军队，“消灭不可靠的军阀”，并且用进步分子替换政府中的反动分子。与此同时，它还要求通过农民协会而不是通过国民党部队“阻止过分行为”。它还规定军队中军官的土地不予没收。它提议反动军阀交由国民党民事机构审判。然而，它没有向中国领导人说明，使用什么方法控制国民党军阀的部队，如何阻止农民阶级夺取军队中军官的土地，从哪里获得用于武装共产党的武器，如何驱逐武汉政府“反动”的领导人或如何说服他们审判反动军阀。

简言之，陈独秀在一份声明中扼要地表述了两难处境的关键所在，“国际一面要我们执行自己的政策，一面又不许我们退出国民党，实在没有出路”[61]。为了实现革命的土地大纲，中国共产党要么不得不独立地行动；要么获得对国民党的控制，如何获得这种控制？国民党或许不仅仅是托洛茨基所说的资产阶级政党，但也不是独立于那些控制它的人之外的一个抽象的政党。在武汉政府时期，它被仍然决定保持自身权力的、充分意识到共产国际建立“无产阶级领导权”计划并完全决定阻止这个计划的政客和军阀的不稳定联盟所控制。共产党获得对一个组织松散的对所发生的事全然不知的民主化组织的控制是一回事，获得对一个按照列宁主义路线组织起来，对所发生的事非常机警并决心予以阻止的集权化核心组织的控制则是另一回事。[62]

68 总之，这一个时期共产国际明确的指令与中国共产党领导人的官方政策之间没有多少不同，哪里存在这种不同，共产国际就会在哪里建议一个比中国领导人正在执行的更“革命”的路线。对中国共产党这个领导来说完成这样的建议是不可能的，因为附加条件经常是利用中国共产党并不控制的一个政治组织去实现这些建议。

瞿秋白派

国共合作时期的原始材料表明，瞿秋白是 1927 年初共产党内的反对派的中心。当然，重新构建 1923—1927 年期间中国共产主义运动中存在的所有复杂的派别斗争以及个人之间的对立是不可能的。大多数后来的原始材料仅仅间接提及了这些斗争，没有提供有关它们的任何确切的情况。我们已经注意到，李立三把“正确地”解释了共产国际意向的广东派归为上海派及中央委员会派的反对派。

然而，我们的确有关于共产国际执委会第七次全体会议之后出现一个“反对派”的更确切的消息。米夫在对 1927 年 4 月党的第五次代表大会的记述中指出，陈独秀、彭述之的领导密谋推迟召开那次代表大会，“他们感到各地方组织之反对情绪的增长，和一部分重要的中央委员会领导之反对情绪的增长（这些委员是团结到瞿秋白和张国焘之下）”[63]。曼达连经常引述他赞同的瞿秋白攻击陈独秀的话。最后，我们有重要的事实，标志陈独秀被革除领导职务的 1927 年 8 月 7 日紧急会议，也标志了瞿秋白地位的上升。两派之间的斗争开始集中在我们已经提到的彭述之与瞿秋白之间的个人斗争上。[64]

由此认为瞿秋白 1927 年 3 月回复彭述之的《中国革命的基本问题》[65]而写的小册子《中国革命的有争议的问题》[66]，就根本的“意识形态”而言，准确地反映了“反对派”的看法是合理的。 69

基本上，瞿秋白的全部态度反映的是布哈林在共产国际执委会第七次全体会议上表达的观点。在“五卅”运动之后中国农民阶级的明显强大，非常奇怪地成为了斯大林和布哈林用来攻击托洛茨基要求共产党独立行动的武器。他们断言，农民阶级的推动力证明中国的革命更接近于列宁所说的“工农民主专政”形式的革命。然而，中国革命与 1905 年俄国革命的唯一不同的因素是中国革命仍然是反对帝国主义的半殖民地革命。在这样的一个革命中，“民族资产阶级和小资产阶级”暂时地仍然具有积极作用。因为，根据斯大林的定义，国民党是一个农民阶级、小资产阶级和民族资产阶级的联合政党，共产党任何放弃国民党的行为都将等同于在国民党内将日益壮大的农民阶级丢弃给资产阶级。由此，工人阶级应该努力争取“无产阶级领导权”即共产党员控制国民党而不是放弃群众。一旦实现了这样的领导权，革命可以经历“非资本主义的发展”[67]就不是不可能的了。

这个说法给斯大林主义者的领导带来了两个好处。它使斯大林主义者的领导在面对托洛茨基主义反对派时坚持了国共联合。同时，它使斯大林主义者的领导在将托洛茨基划为“右倾主义者立场”的同时，自己以“左倾主义者”形象出现。似乎是当斯大林希望获得无产阶级对群众的领导权时——一切都在国民党框架内进行，托洛茨基希望将群众丢弃给资产阶级。

实际上，正是这个说法被瞿秋白用来反对彭述之。正如我们所看到的，彭述之认为“民族资产阶级”是无足轻重的阶级，把国民党看作是一个“官僚买办和封建军阀”的联合。这是瞿秋白极力否认的。他主张民族资产阶级仍然是一股强大的势力，仍然“能够参加国民革命”[68]。虽然随着时间的推移，它可能背叛革命，但是代
70 表它的国民党“新右翼”（蒋介石）的政治力量仍然非常强大。由于低估了民族资产阶级的力量，由于提出工人阶级是“国民革命的领导者”，彭述之实际上使民族资产阶级夺取革命领导权成为可能。[69]

更重要的是，瞿秋白接下来指责彭述之没有意识到资产阶级民主革命中农民阶级的革命作用。彭述之和陈独秀都忽视了农民阶级越来越革命的事实，忽视了中国的资产阶级革命越来越具有农民革命的特点的事实。由此，彭述之将农民阶级的领导权丢弃给资产阶级。[70]彭述之没有意识到民族资产阶级和农民阶级重要的政治作用的结果是他错误地分析了国民党的阶级构成。一个马克思主义者如何能将“军阀”看作一个独立的社会群类？瞿秋白问：“军阀是代表什么阶级的呢?”“如果是不能解释明白这一点，而看着军阀纯粹

是一种独立的武装势力，那么，策略上可以发生许多错误。”[71]由于将北方军阀和北伐军队的领导人置于同一类“军阀”名下，彭述之忽视了代表封建阶级的军阀与代表民族革命势力的军阀之间巨大的差别。瞿秋白嚷道：“这是纯粹的托洛茨基主义。”[72]最后，由于将中国革命划分为完全截然不同的两个阶段——工人阶级不能起到任何实际作用的资产阶级民主阶段和无产阶级革命阶段，彭述之暴露了他的托洛茨基主义的倾向。依据瞿秋白的观点，这是托洛茨基令人憎恶的“不间断革命”[73]理论的反映。相反，共产国际指出，只要工人阶级夺取了革命的联合阵线的“领导权”，资产阶级民主革命和社会主义革命可以同时进行。[74]

在这一分析的激进的用词背后隐藏了什么具体的政治含义？简单地说，它意味着充当共产国际忠实传声器的瞿秋白坚决反对任何脱离国民党的倾向。因为国民党是农民阶级、小资产阶级、无产阶 71
级和民族资产阶级的党，因为这些阶级都依然在革命中发挥作用，所以共产党放弃国民党将被视为是一种反动行动。总之，人们不禁怀疑，有关国民党“阶级构成”的理论是从与国民党合作的战略好处演绎出来的，而不是反之亦然。

当然，与共产国际一样，瞿秋白要求党的领导夺取国民党的领导权，然而，他没有在任何地方明确提出党的领导如何着手获得对蒋介石的领导权。（瞿秋白的小册子写于四月政变之前。）他的不断告诫，即共产党在国民党框架内获得对群众的领导，忽视了前文已经指出的事实，即共产党已经在这一方面很有建树了，也忽视了这样的事实，即仅仅通过影响群众是不会夺取一个“按民主集中制”原则组织起来的依靠武力维持的组织的。

正是这个明显的疏忽使得李昂指责瞿秋白的著述在很大程度上是出于个人野心[75]，出于对彭述之所受到宠信的嫉妒，显得可信。有可能，在遥远的莫斯科，布哈林甚至斯大林真的相信共产党能够获得国民党内的“领导权”——他们严重地低估了国民党领导者的精明。无论如何，瞿秋白是身临其境的，有可能完全了解形势的艰难，然而，由于他不是处于主要责任的地位，所以他能够充分利用党的领导者的这种尴尬处境。他能够同时使自己既以共产国际政策的忠诚解释者出现，又利用党在那个政策上的进退两难攻击党的领导。

瞿秋白故意努力将彭述之——还有他背后的陈独秀等同于莫斯科的托洛茨基主义反对派，进一步证实了不可告人的动机这种感觉。当然，在斯大林眼中，没有更有效的方法怀疑中国共产党的领导。

72 瞿秋白的攻击依据的是什么？他依据的是彭述之理论与托洛茨基的“不间断革命”理论假定的相似性。

确切地说“不间断革命”的理论是什么？由于我们在进一步的研究中会不断遇到这个词，所以适当地，我们试图在这里对它进行定义。这个词本身来自马克思，但是在1905年俄国革命时期形成的这个理论，是帕尔伍斯和托洛茨基共同的成果。[76]

托洛茨基认为，虽然俄国工人阶级仍然弱小，但是它产生在一个世界资本主义制度已经达到了高度成熟的时代。在这样的时代里，不可能希望俄国革命遵循西方资产阶级革命的老路，因为，尽管它人数少，俄国工人阶级仍然具有了解西方工人阶级的社会主义经验的巨大优势。同时，另一方面，俄国资产阶级由于独裁政府的强大而力量微弱。由此，可以期望资产阶级民主革命爆发时，工人阶级将能够轻易地夺取革命的领导权以及对非无产阶级群众的领导权。“一旦革命胜利，政治权力需要转入在斗争中发挥了领导作用的工人阶级手中。”[77]此外，工人阶级是历史地注定实现社会主义的阶级。“工人阶级在政治上的主导地位与其经济上的奴役地位是不相称的。”[78]因此，胜利的工人阶级必须打破资产阶级民主的糟粕，将革命推进到社会主义。同时，成功的俄国革命的火花可能最终点燃西方早已过期的社会主义革命，以此将俄国社会主义革命与世界范围内社会主义革命融合在一起。

人们经常指出，列宁在1917年十月革命中夺取权力的理论合理性与其说接近这个理论之前的“工人阶级和农民阶级民主专政”理论，不如说本质上更接近这个理论。然而，至1927年，“不间断革命”一词的使用开始受到禁止。

那么，瞿秋白指责由于彭述之将革命分成两个截然不同的阶段，因而他的理论与托洛茨基的理论相似是真实的吗？相反，正如 73
我们所看到的，托洛茨基理论的真正本质是否认任何这样清楚的区分。整个理论强调资产阶级民主革命进入社会主义革命的连续性。彭述之的理论只在他坚决主张当时机到来时工人阶级将成为革命的天然领导者，中国社会的其他阶级都不具有真正的革命创造力，这些内容上与托洛茨基的理论相似。另一方面，瞿秋白所重复的布哈林的主张——如果工人阶级能够赢得革命的领导权（在国民党内），那么，资产阶级革命就可以逐渐地“过渡”到社会主义革命——很危险地接近了托洛茨基的表述。与其说它接近列宁的“工农民主专政”理论，不如说它更接近于托洛茨基的说法——正相反，列宁的“工农民主专政”理论严格区分革命两个阶段。彭述之基本上并不比布哈林本人更接近托洛茨基。从所有这些令人迷惑的无谓的细致分析中，我们可以看到，瞿秋白多么巧妙地将彭述之的名字与托洛茨基名字联系在一起。他这样做的目的仍然是非常清楚的。

当然，瞿秋白和他的集团所表现的对克里姆林宫的高度忠诚收到了结果。1927 年 4 月 12 日大革命失败之后，在莫斯科出现了将责任转嫁到陈独秀的领导身上的一些倾向。这个倾向反过来大大地加强了 1927 年 4 月党的第五次代表大会上瞿秋白集团的势力。在这次代表大会上，陈独秀被迫承认过去的错误，瞿秋白、张国焘、李立三和李维汉都进入了政治局。[79]然而，瞿秋白对于共产国际的热情，最终在 8 月国共联盟最后破裂之后才得到了全部结果。

毛泽东—— 一个支流

1927 年 3 月 20 日刊登在《向导周报》上的毛泽东的《湖南农民运动考察报告》[80]（下简称《报告》）是一份内容如此独特的文件，以至于它使我们有正当理由将它的作者即使在当时也看作是中国共产主义运动中一个独特趋向的代表。

认为毛泽东洞察到农民阶级的潜力仅仅是他的农民出身的结果
74 是错误的。我们知道在他参加共产党之后不久，他遵照执行了全力以赴投入工人工会活动的明确方针。因为未来是属于工人阶级的，所以似乎清楚，每个共产党员本应将注意力转到这个方向。毛泽东自己承认，直到“五卅”运动爆发[81]，他才认识到农民中阶级斗争的程度。然而，毫无疑问，一旦农民阶级开始展现它的惊人的革命推动力，共产主义运动中就没有人比他更好地具备了领会它的重大意义的才能，或比他能够更好地理解湖南农民心理。此外，一旦决定致力于组织农民，他就用非凡的热情投入到这个活动中。《报告》基本上是他在1926年经历的反映——这一年农民协会取得显著成就。正是一个深深专心于一项他认为具有不同寻常的重要性、容不得任何表面看问题的事业的年轻人的工作，才开始了那项事业。

《报告》完全是一个率直而热情的请求，应给予农民协会完全的行动自由，应允许农村的革命高潮不受限制地发展。他高喊：农民阶级“其势如暴风骤雨，迅猛异常，无论什么大的力量都将压抑不住。他们将冲决一切束缚他们的罗网，朝着解放的路上迅跑。一切帝国主义、军阀、贪官污吏、土豪劣绅，都将被他们葬入坟墓。一切革命的党派、革命的同志，都将在他们面前受到他们的检验而决定弃取。站在他们的前头领导他们呢？还是站在他们的后头指手画脚地批评他们呢？还是站在他们的对面反对他们呢？每个中国人
75 对这三项都有选择的自由，不过时局将强迫你迅速地选择罢了”[82]。广大的农民群众起来完成他们的历史使命，乡村的民主势力起来打翻乡村的封建势力，打翻这个封建势力，乃是国民革命的真正目标。

这种热情洋溢的言论非同寻常的特点是它依靠农民阶级本身完成“埋葬帝国主义和军阀”的任务，它将农村看作革命活动的重要中心，它通过是否愿意领导农民阶级判断任何革命党派的价值。从马克思列宁主义观点看，整个《报告》中最非同寻常的陈述是毛泽东对革命过程中城市与农村相对重要性的比较：“如果我们以百分比衡量各阶级在民主革命中的相对贡献，城市居民及军队不超过百

分之三十，而农民占到百分之七十。”[83]

《报告》充满了对统治阶级激烈的仇恨，只有贫苦农民可以充当农村革命的先锋。毛泽东极力地否认在一些地区针对农民协会中出现“流氓和土匪”分子而产生的反对意见。他坚持说：他们不是痞子。“贫农，因为最革命，所以他们取得了农会的领导权……贫农领袖中，从前虽有些确是有缺点的，但现在多数都变好了。”[84]

至于所谓的农民阶级的“过分行为”，大多数被证实是完全合理的。毕竟没有人比农民更好地具有区分“坏的统治阶级”与“好的统治阶级”的能力。“革命不是请客吃饭，不是做文章，不是绘画绣花……革命是暴动，是一个阶级推翻一个阶级的暴烈的行动。农村革命是农民阶级推翻封建地主阶级的权力的革命……必须建立农民的绝对权力。必须不准人恶意地批评农会。必须把一切绅权都打倒，把绅士打在地上，甚至用脚踏上。所有一切所谓‘过分’的 *76*
举动，在第二时期都有革命的意义。”[85]

当然，所有这些都是极其激进的，充满了革命的精神，然而，从整体来看，它与其说是出自马克思列宁主义者，不如说是出自俄国。我们这里找不到那些贯穿在所有马克思列宁主义文献中的对农民阶级独立的革命作用的责难，相反这里不断地暗示农民阶级自身将成为中国革命的主要力量。我们打算在后面一章中详细讨论这个问题。然而，在这里引述列宁在农村与城市关系问题上的诸多见解之一，作为对比或许是有意思的。列宁告诉我们：“城市必然领导农村，农村必然跟随城市，问题是农村应该跟随城市的哪个阶级呢?”[86]

诚然，列宁的战术教导的影响在毛泽东那里体现为强调贫农将成为“革命的先锋”。然而，毛泽东没有补充“在无产阶级领导下”这一个重要条件。在明显的高昂情绪激励下写的这篇文章完全忽略了所有这些意识形态的因素，它只关系一个事实：依据作者的观点，农民阶级已经证实了自己是革命的主要力量，任何革命的党派如果要赢得革命的领导地位必须以这支力量为基础。

毋庸置疑，毛泽东当时认为自己是一个彻底的马克思列宁主义者。一方面，他完全领会列宁主义职业革命精英从群众的动力出发的说法；另一方面，他自身的农民出身以及在农民运动中的经验使他相信农民阶级能够具备所有革命必需的动力，至少具备“民主革命”的动力。我们没有发现重复列宁主义强调的必须以产业无产阶级为基础的主张。《报告》甚至缺乏那种在苏维埃时期形成的用以掩饰运动缺乏这样一个基础的合理性。为了充分利用在农村中蕴藏
77 的基本力量，毛泽东当时在面对所有理论因素时都表现出了对产业无产阶级置之不理的意向。

虽然如此，声言毛泽东已经找到了他全部“成功的公式”是言过其实了。在这个《报告》中我们没有发现任何军事力量问题的讨论。在毛泽东的热情中，他似乎感到“疾风暴雨”将以某种方式清除它前进道路上的一切，但还没有意识到群众支持与军事力量相结合的问题以及农村根据地的重要性。

在会见埃德加·斯诺时，毛泽东强调陈独秀的“右倾机会主义政策”，并且断言，陈独秀“当时不了解农民阶级在革命中的作用，并且极大地低估其革命的可能性”[87]。当然这里依然包含了大量真实成分的正统的解释。然而，必须指出，任何真诚地信仰马克思列宁主义的人都会反对《报告》的总体的格调——这种格调也明显地反映在当时毛泽东其他著作中。一个一贯的马克思列宁主义者如何能够接受农民阶级是革命的主要创造力的主张？所有陈独秀在其著作中提出来的反对主要依赖农民阶级的不同意见，反映了他自身深刻的偏见，但是这些反对意见也是马克思列宁主义文献中的老生常谈。

然而，除了学说上的因素之外，毛泽东完全忽略了陈独秀是在共产国际政策的束缚中工作的事实。有的人已经指出，正是共产国际坚持中国共产党只有通过国民党的机构才能开展工作，他们还指出除了原则性的用语之外，莫斯科的特殊指令并不比中国领导人试图实现的纲领更有力或更激进，以及斯大林著名的 1927 年 6 月 1 日来信，仍然使用“防止过分行为”这样的词。最后，我们还注意到尽管毛泽东公开要求不允许地方国民政府官员干涉农民协会[88]，

但是，斯大林的来信仍然坚持所有改革都要通过政府官员进行。公
正地考虑，毛泽东的《报告》不仅仅是一个反对陈独秀“机会主 78
义”的抗议，而且是一个对整个共产国际路线含蓄的攻击。

表面上，似乎是鉴于《报告》所代表的趋向，毛泽东应该属于党内瞿秋白派。难道瞿秋白没有遵照布哈林的指示强调农民阶级的重要性，强调土地革命是资产阶级民主革命的主要内容吗？此外，我们知道毛泽东在 1927 年 8 月与瞿秋白联合使陈独秀的领导失去了权威。

然而，已经指出，对布哈林和瞿秋白来说，对农民阶级的强调是与国民党是农民阶级的党，所有活动要通过国民党的组织进行的主张密切联系的。我们还将在后面一章中试图表明土地革命是革命的主要内容的主张与毛泽东的农民阶级是革命的主要力量的主张存在巨大分歧。最后，我们将看到毛泽东与瞿秋白的联合证明主要是一个很快就会破裂的实利联合。

必须进一步指出，瞿秋白、张国焘、李立三及其他“反对派”的领导人都完全是如同陈独秀一样坚信城市无产阶级领导权学说的城市化的知识分子。在他的册子中，瞿秋白完全接受了马克思关于农民阶级是一个不能代表自己的阶级的说法。[89]认为像瞿秋白、李立三这样在 1928 年至 1931 年期间的阴霾的日子里拼命坚持城市无产阶级基础教条的人，在 1927 年城市工人运动表现出所有成功希望时反而不信仰它，的确是可笑的。

由此，有充分理由相信，即使在当时毛泽东代表的是中国共产主义运动中一个边缘的孤立的趋向。

这里，我们绝不是试图对国共合作时期共产主义运动中复杂的斗争和派系关系给予一个详尽的阐述，但是我们努力勾勒了它的一些最重要趋向的主要轮廓。

第五章

主要趋向的评价

79 当我们试图从最终胜利的前景角度（即历史上的胜利，不是精神上的胜利）评价前文所述的趋向及莫斯科主要战略意向时，难以避免他们都同样注定失败的奇怪结论。

官方的斯大林主义路线全部建立在直接控制——或者后来夺取——国民党的这一既定目标基础上。对于最初认为国民党是一个四个阶级的集团，四月政变之后认为其是一个三个阶级的集团的这种“阶级分析”，都体现了这个基本的政治目标。斯大林的设想，即如果一个人能够对国民党这个土生土长的、具有自身著名的创建之父及自身象征意义的、由有经验的政治家和军事领袖领导的组织施加决定性的影响，那么就会朝掌握中国命运方向上迈出一大步，或许是对的。直至 1927 年 4 月 5 日，我们发现斯大林宣称：“目前我们需要右派，他们中有依然能够指挥军队反对帝国主义之人。”[1]

十分明显，对于已经开始从“一国社会主义”角度，即从苏联作为一个强国中的强国的角度思考问题的斯大林来说，对一个特别顺从莫斯科意志的强大的中国的期望是一个最有吸引力的期望。孙逸仙热切地服从鲍罗廷的意见，蒋介石、胡汉民这些人愿意使用共产主义的词语并且用世界革命的字眼发表言论，这些事实一定极大地鼓舞了莫斯科的希望。

当直接控制国民党领导权的希望在“三二〇”事件后黯淡下去

时，斯大林主义者的领导似乎依然对它通过在国民党内获得“无产阶级领导权”而夺取国民党这个组织的能力充满信心。中国共产党没有深入到国民党的底层吗？中国共产党没有掌握国民党的群众组织吗？

然而，斯大林似乎忘记了鲍罗廷已经按照“民主集中制”的原 80
则改组了国民党，并且一个人不会仅仅通过影响它的底层或它的群众基础就可以控制这类组织。此外，他还忽略了处于这个组织中心的是彻底决心保持他们各自独立的权力，并且敏锐地意识到克里姆林宫在国民党内获得“无产阶级领导权”计划的一群政客和军阀领导人这个事实。斯大林不可能说出就像挤压柠檬一样挤出“右派”[2]这样的话，那么就希望“右派”的蒋介石实践属于他的职责。当然，与此相反，正处于政治才能顶峰的蒋介石像挤压柠檬一样挤出了共产国际和中国共产党，并且将他们无情地甩到一边。

最重要的是，斯大林主义者的领导忽略了它在任何时候都不会控制国民党的军事力量这个事实。也是因为这个问题陈独秀的领导后来受到谴责。实际上，克里姆林宫本身并不鼓励共产党员在军队中活动。直至1927年2月，共产国际还宣称：“中国共产党及中国已经觉悟的工人，在任何情况下都不要仅仅因为资产阶级的影响某种程度上是强大的而实行了将会分裂革命军队的策略。”[3]由于克里姆林宫同意了北伐，因此它不能在军队士兵中进行激进的共产主义宣传计划，因为这可能会立即疏远军队的军官，分裂整个北伐运动。不言自明的是，当一个人关心一支军队的胜利时，他是不会使它分裂的。这个同样自明之理还表现在，武汉政府时期克里姆林宫尤其关心保持武汉军阀力量完好无损。（共产主义影响在蒋介石部队一些分子中的传播不是任何莫斯科制定的计划的结果。）由于中国仍然是一个军事力量控制平民力量的国家，所以这个疏忽证明是灾难性的。

简言之，当时斯大林的错误在于，他自负地相信他可以远隔数 81
千里控制并操纵一个中央集权的、其领导人与他一样相当精明和意志坚强的政治核心组织。

在某种程度上，斯大林领导的政策（以及托洛茨基反对派的政策）是建立在全然不了解地区形势基础上的。由此，斯大林的6月1日来信，要求武汉政府审判“反动军阀”，就暴露出他对武汉政府中实际的政治和军事权力关系完全无知。实际上，共产国际在中国有许多密使——如鲍罗廷、米夫、罗易这些人。然而，所有这些人都不得不修改他们的观察报告，以适应当时的官方路线。虽然一条党的路线可能最初建立在经验观察基础之上，但是它一经确立起来，就路线下的人们来说，它变成了一则先验的真理，直到领导者再次迫于客观局势改变自身的立场。

在中国问题上，托洛茨基主义路线是什么？实际上，直到托洛茨基和斯大林之间的斗争开始呈现出一种激烈的态势时，托洛茨基才开始形成他在中国问题上的明确观点。在战略方面，托洛茨基要求：“一个独立的无产阶级政党，在自己的旗帜下斗争，决不将自己的政策和组织与其他阶级的政策和组织融合。”[4]至此，他的战略路线的确与瞿秋白所指责的陈独秀和彭述之的倾向相似。然而，在蒋介石的四月政变之后，托洛茨基发出了建立工人、农民和士兵的苏维埃的号召。他还直率地要求国民党军队的士兵颠覆国民党政权，因为他清楚地认识到在国民革命军中建立共产党领导的士兵苏维埃之前，建立武装的工农苏维埃是不可能的。换句话说，他直率地要求建立俄国1917年式的“双重政权”。如果武汉国民政府反对苏维埃，一切都好极了——实际权力将属于苏维埃。[5]当然，在这点上，托洛茨基提出的大胆的行动方针和陈独秀的谨慎小心的“自我保护主义”一点相似之处也没有。

托洛茨基路线理论方面的特点是它强调落后地区资产阶级的利益与帝国主义国家资产阶级的利益不是完全对立的。相反，它的利益已经与世界帝国主义的利益密切相关。帝国主义的确已经使“资
82 本主义关系”成为中国社会乃至农村的主要经济关系。[6]按照托洛茨基的观点，国民党由此主要的是中国资产阶级的政党。因此，工人阶级必须能够摆脱这个不可靠的伙伴的束缚领导群众。无产阶级仍将完成一定的“资产阶级的”任务，但是它将利用它的政权力量

完成。

总之，当时托洛茨基是将他认为已经被俄国十月革命如此极大地证实了的他的“不间断革命”理论的基本特征用于中国。托洛茨基无法忘记 1917 年的十月革命。凭借别具一格的经验和智慧，他的世界的概念依然与 1920 年陈独秀的概念极其类似。他不愿放弃他的与唯一启示解决唯一纷争直接相关的世界的概念。另一方面，斯大林实现世界革命的热情已经在苏维埃国家的大国利益面前消退了。由此，当托洛茨基倾向于将“落后地区”纳入他所认为的一元历史的发展进程时，当他倾向于夸大落后地区已经被“资本主义关系”控制的程度时，“经验主义者”斯大林十分倾向于认为世界进程还没有融为一个单一的剧情。无论斯大林的“理论”说法如何不实用，它们仍然是用来说明托洛茨基感到难以接受的那些差异的。

由此，斯大林说托洛茨基在中国的全部战略是建立在与 1917 年的俄国毫无根据的类比基础上（尽管他自己的类比有些是非常不恰当的）[7]，并不是完全错误的。在俄国，列宁夺取苏维埃领导权之前，苏维埃已经作为一个现成的权力工具存在了。在中国，共产党需要采取行动制造出这一新的国家权力。如果中国共产党在 1927 年 5 月开始建立“士兵苏维埃”，那么将会发生什么？难道两个月之后搞垮了共产主义运动的军阀不会在开始就彻底地搞垮这个企图吗？难道共产党能够在这些军阀搞垮这个运动之前，从他们那里将国民革命的士兵争取过来吗（这些士兵误认为他们是为自己在国民党内的利益而战斗）？

此外，即使武汉政府控制下的地区已经苏维埃化，难道“革命 83
的浪潮”必定席卷整个中国吗？在俄国，革命没有打破数百年来中央集权政府形成的根深蒂固的传统。由此，攫取了彼得格勒和莫斯科的最高权力，列宁就向建立他管理下的俄国政府前进了一大步。在长期失去了中央集权政府传统的分裂的中国，在武汉政府管辖范围内的地区建立苏维埃，必定不会在冯玉祥或张作霖控制的地区产生广泛的影响。中国共产主义运动后来的历史将十分清晰地表明这个事实。

评价中国共产主义运动本身中的趋向，我们不需要详细地研究瞿秋白派的观点，因为瞿秋白将主要力量放在了证明他对共产国际执委会第七次全体会议后的斯大林主义路线不变的忠诚上。像克里姆林宫一样，他立即要求更“激进的”政策，要求通过国民党的机构实现这些政策。像克里姆林宫一样，他没有指明如何同时追求这两个目标。

至于陈独秀和彭述之所代表的趋向，它们只有在一个政治民主的框架内才能够实现。可以回想，陈独秀希望共产党起到一个独立政党的作用，希望党在“工人阶级”夺取权力的时机到来之前，将精力用在“教育”群众和组织群众方面。这样的方案只有在多党制得到法律认可以及民权得到巩固的国家里才能够实行。实际上，由于鲍罗廷改组国民党而得到强化了的孙逸仙的理论，使国民党完全去除了政治民主的观念或多党制观念。国民党的权力已经转移到完全不受合法的观念制约的军阀手中的事实完全证实了它的反民主的本质。事实上，在 4 月 20 日之后，蒋介石本人提出让共产党独立地进行活动[8]，然而，有充分的余地怀疑，他是否曾故意让共产党发展成为一支强大的独立力量。

84 简言之，当时陈独秀的方案只有在政治民主的框架内才能够实行——即使它的最终目标是颠覆这种政治民主。

正如我们指出的，由毛泽东在他的《报告》中所代表的趋向是共产主义运动中一个边缘的趋向。在中国共产党内或在莫斯科，是否还有其他任何人准备不受其他一切因素干扰将全部共产主义运动的未来寄托在农民阶级身上是不大确定的。马克思列宁主义基本信条反对这样的态度，而且正如我们后来发现的，它继续坚持自己的立场。此外，正如我们所指出的，毛泽东的《报告》仍然表明毛泽东没有意识到在中国的环境中军事力量的重要作用。这还是未知的东西。

可以设想，如果中国共产党从最开始就可以走自己的道路，那么它的命运会是什么呢？这里，我们将不进入这样的设想。然而，我们认为在 1925 年和 1926 年期间形成的国共联盟的特定的性质，加之国共联盟特有的政治和军事权力关系使得共产党采取的几乎任何战略方法都可能蒙受灾难。

1920—1927 年期间是否产生了任何可以解释在 20 世纪 40 年代末中国共产主义运动最终胜利的那些因素，是有待考察的。表面上，早期共产党与在毛泽东领导下最终取得全面政权的共产党似乎很少有相似之处，然而，找到所有差别背后连续的线索是可能的。

首先，与莫斯科密切接触的结果是中国共产党有足够的机会充分地了解列宁主义党的组织的概念以及在理论的具体实践过程中了解斯大林主义的理论实践。虽然陈独秀领导时期更多的是按照列宁的信仰实践，但是我们将发现后来党的领导者——瞿秋白、李立三 85
甚至毛泽东——完全了解了斯大林领导的方法。

其次，在这一时期中国共产党获得了领导群众的大量经验，虽然它对劳工运动的领导证明是毫无结果的，但是它在农村的活动产生了长久的效果。正是在这一时期毛泽东第一次学会了运用列宁主义将革命精英与群众不满情绪的动力相联合的准则。虽然国民党没有意识到群众力量的潜能，但是用共产主义世界观武装起来的共产党充分利用了这个力量。还有许多以相当多的思想单纯为代价才能学到的东西，但是这个准则始终是力量的潜在源泉。

最后，正是在这一时期，马克思列宁主义对经常处在远离共产主义运动的圈子中的中国全部知识分子的生活产生了巨大的影响，后来中国知识分子轻易地接受了马克思列宁主义假说，其基础就是这一时期奠定的。

第六章

新的路线

86 在1927年7月国共联盟瓦解之后，斯大林主义领导者所采取的策略是那种在失败中维持一贯正确外表方法的突出例子，这种方法至今已经成为共产主义者方法的固定特点。

阅读列宁的著作，他经常用以承认过去错误的坦诚态度给人留下了深刻印象，而那些过去的错误丝毫无损他一贯正确的外表。他在这种时刻的策略绝不是努力为过去的行为辩护，而是相反的，攻击那些依旧坚持他过去观点的人。他的有魅力的个性保证了这个策略的成功。然而，领导权完全是另一种状况的斯大林，不得不凭借其他方法维持一贯正确的外表。面对托洛茨基的不断进攻，他感到有必要宣称不仅他现在的政策是正确的，而且他过去的政策也是正确的。无论可能犯了什么样的错误，一定不是出自共产国际的领导，而是出自其他一些原因。

由此，紧接在武汉大屠杀之后，斯大林告诉我们他在1923—1927年期间的政策完全正确，而且，“只有不懂马克思主义的人才会苛求正确的政策必定带来即刻的胜利，获得即刻的胜利不仅在于正确的政策，而且尤其在于阶级力量的对比”[1]。

然而，首先明显的是，马克思列宁主义被认为提供了有关阶级队伍力量对比的情况。如果一条党的路线不能提供有关各个阶级力量对比的情况，那么就意味着对于党的路线之外的政治形势存在着

严重程度的无知，因此党的路线不可能成为政治行动的指南。事实 87
上，共产国际执行委员会的第七、第八次全体会议，都对中国阶级队伍力量对比的讨论进行了长时间的分析。此外，斯大林没有提及他在中国所面临的不仅仅是没有实现中国革命的即刻胜利，而且是中国革命大部分失败的事实。

我们毫不惊奇地发现斯大林并不长期以此作为笨拙的托词。我们发现取而代之的是他越来越转向另一个权宜之计，即将失败的责任转移到中国领导人身上，共产国际路线是完全正确的，它只是被中国领导人误解和误用。这个方法已经在 7 月 6 日布哈林的报告中有所预示，意思是说："近一时期中国共产党领导人破坏了共产国际的决定。"[2]此后，共产国际路线就由两个前提构成：(1) 他们刚刚经历的阶段是一个必经的历史阶段，现在党将迈向一个新的"更高"阶段；(2) 在这个阶段无论出现了什么样明显的失败，都应归于中国领导人的错误。

从共产国际以往决议中引述一般性"激进的"说法——关于资产阶级不可避免的缺点[3]以及土地所有权危机的"加深"等说法，同时尽量避免提及在特殊问题上共产国际的具体指示，都会支持这个解释。斯大林和布哈林的一些讲话被有意忽略了。

然而，斯大林的领导不可能只关注以往政策的合理性。中国大革命彻底失败的形势急需一个新的积极的方案，而此时莫斯科夺取领导权的斗争正处于最关键阶段。由此，在七八月间酝酿出来的关于中国的新的路线是对各种危急情况的一种应对：需要积极行动起来挽救形势，需要证明斯大林过去是正确的，需要证明托洛茨基是错误的。我认为新路线理论和策略的内容都只能被理解为是对这些需要的一种应对。

在理论范围内，克里姆林宫坚持中国的革命仍然是资产阶级的 88
民主革命，资产阶级的完成土地革命、扫除封建残余和推翻帝国主义的任务还没有开始。斯大林决心维护这个理论基础反对托洛茨基所主张的中国遭受的失败意味着资产阶级革命的完成。在托洛茨基看来，国民党的胜利是资产阶级的胜利，是一个如果不是因为斯大林主义领导的明显过失就不会发生的胜利。

当大资产阶级（四月政变之前四个阶级联盟中的一员）和大多数小资产阶级（武汉政府中三个阶级联盟中的一员）都倒向封建阶级时，中国革命如何还被认为是资产阶级民主革命呢？幸而，列宁通过明确区分革命的内容与革命的阶级队伍回答了这个难题。革命的任务的确是资产阶级的任务，不过这些任务今后将由列宁所说的“工农民主专政”去完成。

由于“工农民主专政”的模式一直是“新民主国家”出现之前中国共产主义运动的一个基本模式，因此，我们详细了解它的意思或许是应当的。

像托洛茨基的“不间断革命”理论一样，列宁的“民主专政”理论是在回答俄国 1905 年革命出现的问题过程中形成的。为反对托洛茨基，列宁坚决认为：“马克思主义者绝对相信俄国革命是资产阶级性的革命。”[4]俄国必须经历它的资本主义阶段。然而，这个革命任务不能交给可恶的资产阶级去完成，因为那个阶级只会寻找机会与独裁政府相勾结。只有工人阶级与农民群众联盟才能实现真正的资产阶级民主革命。农民群体本身本来就构成革命的资产阶级基础，因为大部分农民阶级的目标本质上是成为资产阶级，尽管这
89 个理论始终带有无产阶级必将是联盟中领导者的含义，但是它的确在某种程度上意味着对先前马克思主义的农民阶级不能发挥任何历史创造力观点（在 1905 年之前及之后列宁本人经常重复的一个观点）的修正。

专政将是“民主的”，因为专政将不仅仅以工人阶级为基础，而且以代表绝大多数俄国人民的阶级联合为基础。[5]这里必须注意到，列宁理所当然地认为农民阶级与工人阶级的联合必将包括无产阶级政党与农民政党的联合。他指出：“工人阶级占了大多数，如果它联合半无产阶级、半有产者，那么它就占到了绝大多数。这样的一个结构自然会反映到革命政府的组成中。”换个角度说，列宁认为专政将包括与他认为是农民利益和农民思想合法代表的民粹派的联合。他强烈地反对任何认为社会民主党本身应该从总体上组织

农民阶级的观点。“我认为，社会民主党的农民委员会是不应该有的：如果是社会民主党的，就不会只是农民的；如果是农民的，就不会纯粹是无产阶级的，不会是社会民主党的。”[6]“工人阶级与农民阶级的联合，在任何情况下都不能理解成是工人阶级和农民阶级两个不同阶级或政党融合的意思。”[7]一旦资产阶级民主目标实现了，一旦以财产为基础将农民阶级分成不同阶层，无产阶级就必须打破与有产的农民的联盟，追求自身的目标——社会主义革命。这就是扼要的“工农民主专政”的理论。我们将有充分的机会看到这个理论在多大程度上与中国的实践相符合。

然而，在1927年7月之后，这个理论给斯大林主义领导者带来了一些实在的好处。它使斯大林能够将1926—1927年期间的历史描述成一种平稳的持续发展。在共产国际执行委员会第七次和第八次全体会议上，克里姆林宫的领导者考虑到了国民党联盟差不多 90
可以被称为“工农专政”，但不是很认真。在1927年5月第八次全体会议上，斯大林说道：“现在的武汉政府是否为民主革命之工农专政机关呢？不是的，现在还不是这样的机关，且也不能很快地成为这样的一个机关。但在今后的革命扩大和革命胜利时，这个政府是很可能发展到这样一个机关的。”[8]此时，他能够声称这个预测已经实现。它经历了革命，摆脱了资产阶级，最终“发展”到只有农民阶级和工人阶级能够推进革命的发展进程。武汉政府的叛变革命本身使思想环境变得清楚了，革命将完全进入到“一个新的更高阶段”[9]。七月的灾难事件，共产党与城市工人阶级的完全破裂，由此实际上被平稳的历史发展表象所掩盖。

另一个好处是“民主专政”的理论是列宁的创建，并且部分地是针对托洛茨基的。由此，纵然列宁本人在1917年并不十分重视它，克里姆林宫的领导者通过强调这一理论也能够给人以与列宁反对托洛茨基的态度一致的印象。

斯大林强调保持与作为政党的国民党的联盟，进一步加强了政策持续性的印象。7月10日，斯大林在《真理报》上发表文章说：“退出国民政府意味着与国民党决裂吗？我认为不是的。”[10]同一个共产国际指令要求“公开退出”武汉政府，还补充说：“不退出国民党，仍留在该党内，即使国民党领导者正在进行把共产党从国民党开除出去的运动。”[11] “八一”南昌起义是在国民党旗帜下进行的，它的“革命委员会”中包括邓演达、张发奎。直至8月19日政治局会议[12]才最终收起了国民党的旗帜——最终规定国民党不再是“工农民主专政”的手段。

当然能够从“理论”上解释这个主张。正如已经指出的，“民
91 主专政”设想代表工人阶级的政党与代表农民阶级的政党联合（尽管不是国民党—共产党联盟的形式）。国民党由此被看作代表农民阶级和一部分小资产阶级的政党。然而，我们将在后来发现，这个理论因素并没有妨碍共产国际放弃它与其他所有政党的联系。

事实上，在我看来，这里的托洛茨基和斯大林之间的政治关系是一个更为重要的因素。托洛茨基过去曾经把与国民党的联盟当作所有攻击的中心。因此，任何与国民党突然决裂都完全可能是托洛茨基的观点。随着武汉政府领导人的离去，所有保存下来的可以利用的是一些国民党左派领导人以及国民党的标识在其一些成员中的影响。此时，国民党实际权力的来源公然完全在斯大林控制之外。事实上，斯大林已经开始从“苏维埃”这个托洛茨基先前的口号考虑问题了。在7月26日他就已经宣布：“共产党员必须立刻开始宣传苏维埃的思想，以便一旦与国民党斗争失败，他们可以领导群众建立苏维埃。而如果我们与国民党的斗争胜利，就应该考虑国民党的前途将是过渡到苏维埃。”[13]然而，如果完成这种转变，斯大林的领导决定要避免给人留下中国灾难已经证实托洛茨基政策的正确性的印象。向“苏维埃”的转变一定要在看起来是从一个阶段向另一个阶段的平稳的历史性转变的表象下进行，一定不要看出是斯大林从托洛茨基那里学来的。

对于中国革命未来方向的估计斯大林采取了与托洛茨基完全相反的预测。托洛茨基的观点是，7月的灾难彻底摧毁了先前的正在兴起的革命高潮。相反，斯大林强调托洛茨基过早估计了在5月兴起的高潮，实际上，革命高潮此时正走向顶点。

这里最好停顿下来，考察一下共产党路线中高潮上升与高潮下降的比喻（经常用诸如“高潮”、“低潮”或仅仅是“上升”、“下 92
降”来表达）。总体上，党对于未来“上升”或“下降”的历史趋向的认识，表面上并不仅仅建立在经验材料的“机械”分析基础上。在人类历史发展过程中，伟大的政治家经常从他们从事活动的一般政治形势出发估计未来的政治趋向。然而，共产主义者对“高潮”、“上升”或“下降”的预测经常被用在克里姆林宫并不熟悉的遥远地方或甚至全世界。由此，它也许建立在凭借其具有工人先锋队地位的共产党领导人才具有的对历史过程内部变化某种高人一筹的洞察基础上。然而，有人会疑问，对“高潮”、“上升”或“下降”的预测与经常取决于未来历史变化辩证观察一样，有可能取决于某种当前的政治考虑。

斯大林在 1927 年 7 月后预测的“新的上升”可能部分地建立在真正相信中国工人和农民的革命时机已经成熟的基础上，也可能受到托洛茨基先前确信中国民众正准备扫除他们面前的一切的影响。然而，难以避免的结论是他主要是出于政治考虑的动机。用托洛茨基激烈的话说：“在试图使自己免于过去的过失中，领导者违心地迫使局面继续下去。”[14]斯大林需要在中国的胜利。

“新路线”最可靠的成果不在理论范围而在策略范围。由于它不可能获得国民党内的实际权力中心，共产国际立即准备认可在共产党领导下建立独立的军队。我们已经指出，尽管有共产国际以前的政策，共产党的影响还是强烈感染了国民党部队中许多人。在贺龙、叶挺、朱德和其他人领导下的“红军”的出现，不可能是共产国际转变的直接结果，但是新的共产国际路线的确对他们给予了正式认可。

“八一”南昌起义是实现“新路线”的第一次大规模尝试，由
此，夺取南昌的尝试是新的革命高潮即将来临，因此任何大胆的行 93
动都可能点燃任何地方的革命火焰的设想的必然结果。与党的路线一致，“革命委员会”建立在南昌，在国民党旗帜下活动，包括国民党领导人如邓演达、宋庆龄（孙逸仙的夫人）、张发奎（后来镇

压了起义)。委员会的公开目标是建立“工农共和国”[15]。南昌的失败并没有立即遭到莫斯科的指责。然而我们将发现，当共产国际路线在“广州公社”之后再次修改时，南昌起义领导人因为执行了共产国际先前路线而及时地受到批评。

南昌起义的真正意义是，它标志了军事力量作为一个因素出现在中国共产主义运动中。

“八七”紧急会议

我们毫不惊奇地发现，新的共产国际路线的最活跃的主要提倡者是瞿秋白、李立三、张国焘和极其灵活的周恩来这些人——换句话说，是立即能够得到他们高度忠诚回报的“反对派”领导人。据李昂说[16]，为重新考虑陈独秀领导的政策而召开的“八七”紧急会议，由瞿秋白安排并主持。其他材料称会议是应新的共产国际代表罗明纳兹[17]的请求召开的。无论事实如何，“八七”会议的确标志了陈独秀被免除领导职务，瞿秋白升任党的领导。

“八七”会议常被认为是中国共产主义运动历史上的一个“转折点”，它的主要功绩是确认了新的共产国际路线。《八七会议宣言》详尽地记述了有关陈独秀错误的新的正统的说法。似乎是共产国际和全体党员奉行了正确的政策。然而，这个正确政策被机会主义的党的领导人破坏了，他们的机会主义是“共产主义者受资产阶
94 级影响的反映”[18]。

“八七”会议纲领在所有方面都坚持新的共产国际路线。革命的新的历史阶段仍然是资产阶级民主阶段，其政治表述是“工农民主专政”，国民党仍然是这个专政的政治工具。它仍然宣称：“现在的局面中工人阶级的政党——共产党，不在国民党内取得领导权，而打算达到无产阶级在中国之内的领导权，是不可能的。中国共产党应当勇敢的坚决的去变国民党为真正包含城市与农村劳动民众的群众组织。”[19]它仍然强调，此后，国民党的组织只是为保持自身完全独立的共产党服务的一个阵线，还为向苏维埃口号的转变提供了

可能。“发展到更高阶段的革命的国民党，将使我们能够在政治上有力量跨入工农兵苏维埃阶段，从而能够顺利地向社会主义转变。”[20]

宣言的一个独特特点是它仍然为“资产阶级”敞开了一扇门。由于共产国际仍然坚持抓住国民党不放，由于国民党只是刚刚成为一个三个阶级的联合，因此有理由认为共产国际还没有完全失去重新获得部分“资产阶级”的希望。“无产阶级应当明了小资产阶级的动摇是不可避免的；正因为如此，所以他自己应有坚决的政策，去以革命的方法解决当前的问题。”[21]资产阶级仍然起着反对帝国主义的作用。

据后来中国共产主义历史的正统说法，“八七”会议的特殊功绩是它强调了土地问题。当然，这个强调是“工农民主专政”理论 95
的必然结果。宣言指出：“土地革命问题是中国的资产阶级民权革命中的中心问题。”[22]会议对这个问题，特别是对陈独秀领导的失败的谴责给予了极大的关注。共产党与农民阶级的关系问题将在后面一章详细论述。然而，这里应该指出的是，更加强调农民阶级绝不是照理应该意味着放弃党在城市工人阶级中的任务。相反，虽然土地问题可能是资产阶级革命的关键，但是“共产党主要任务之一，便是组织工人群众而指导他们的斗争”[23]。党必须努力“为实现工农专政而取得工人阶级的领导权”[24]。

会议还详细地论述了组织问题。在激烈谴责了陈独秀的领导对党的专断控制之后，会议接着建议改变会使党变得比以往更为集中的党的机构。由于当时党要在敌对环境中工作，所以强调了保密的因素，这为形成一个更加坚固的党的机构提供了正当理由。“在组织方面，我们最重要的职责是使我们的党成为一个坚强的紧密结合的组织”。在中央委员会内成立了一个七人“临时政治局”，作为党的核心。这个政治局在各党支部有支部政治局及其秘密联络系统[25]，改组机构的主要动机可能是出于区分党内的可靠分子与不可靠分子的需要，因为尽管犯有“机会主义错误”，陈独秀在党内的威信仍然很高。毫不奇怪，党的改组紧跟着的是一系列大规模的清党。

党的最重要的决定依然是在战术行动方面，正如我们所看到的，共产国际假定了中国革命一个新的高潮。然而，一个正在兴起
96 的历史高潮自然地要求党采取大胆行动。如果客观形势成熟，那么党为了利用这个形势而出现的任何“主观”的失败都是犯罪。由此我们毫不惊奇地发现，“八七”会议要求各地举行武装起义。“我们必须武装工人，必须指导他们举行起义和游行示威，以使这些起义与农村中的土地斗争结合起来，由此直接准备推翻反动政府。”[26]

第七章

瞿秋白的领导

实践新路线

新的领导以这一新路线面对 1927 年年底中国形势的现状。如 97
果共产国际此前的路线没有引向胜利并且极大地阻碍了中国共产党的活动，它依然使共产党增强对城市工人阶级的影响。然而，新路线直接与残酷棘手的现实相违背。于是才有了中国共产党最终以彻底失败告终的消除无产阶级冷漠壁垒的一系列尝试。

7 月以后，武汉政府和南京政府都将愤怒转向共产党，并且实际上打破了共产党对工会组织的控制。然而更重要的是，在城市，产业工人阶级自身对共产党领导的反对态度已经无法挽回。当时可能不清楚产生了多深的隔阂，我们现在知道，直到中国共产党的部队在 20 世纪 40 年代末即将作为胜利者进入城市时，这个隔阂才被弥合。虽然在“八七”会议召开时，这种疏远的过程还没有达到 30 年代初所呈现的决定性的程度，但它已经开始。

由于这不是中国工人运动的历史，所以研究造成这个疏远的所有原因可能是不适宜的，然而，我认为应该提及一些因素。

当然，首先也是最明显的因素是“白色恐怖”，纯粹镇压的因素。国民党在 1927 年开始的“白色恐怖”是一场恐怖色彩的运动[1]，国民政府毫不手软地根除所有工人运动中的共产党员，甚至被怀疑为共产党员的那些人。

98 同时应该注意到，1927—1931年期间的共产党的文献并不认为“白色恐怖”足以说明它没有能力重新获得对工人的控制。这些文献无意中大量肯定了国民党内“黄色工会”实行的“改良主义的”政策的效果。那么，为什么中国产业工人阶级表现为如此愿意听从“改良主义”，而如此不愿听共产党的说服？

《简明史》[2]揭示，在1920年，当共产主义者刚刚开始设法赢得工人运动时，工人们毫不怀疑地对待这些激进的青年学生和知识分子。然而，随着时间的流逝，当组织起来的工人在它的共产主义者领导下开始取得意想不到的成功时，很明显，工人们开始更认真地对待他们领导者有关产业工人阶级的救世使命的口号和声明。在1925—1927年期间狂热的启示氛围中，一切似乎都是可能的。无论如何，他们的信仰是建立在对共产国际和中国共产主义领导人一贯正确的信仰基础上的，他们没有怀疑没有斗争就加入了共产主义运动。在欧洲，共产主义只是在与社会民主主义和其他倾向殊死斗争之后才赢得对工人运动的影响。然而，正是由于这个原因，在它赢得影响的地方，这个影响极其坚固。无论如何，中国年轻的工人运动开始接受克里姆林宫的口号，只是由这一时期的形势引起的过度希望的结果。由此，1927年年初一再的灾难足以打破这些希望。那类似乎是同样根深蒂固的中国式的政治犬儒主义再一次重现了自己的权威，中国工人再一次陷入他们不为人知的痛苦和磨难中。他们当时只关心改善自身的经济状况，确切地说，只关心那类共产国际当时所不予考虑的“改良主义”和“经济主义”。

事实上，“八七”会议在口头上支持群众的“日常经济斗争”，支持提高生活水平的要求等等。[3]然而，它充分清楚地表明，所有
99 纯经济性的口号，如那些有关八小时工作日、增加工资等，仅仅应该用作激起工人政治斗争的号召。在“革命高潮”时期，一个人不会仅关注他的经济要求。

由此，我们毫不惊奇地发现，在1927年年底，上海及其他地

方不断尝试强行的罢工斗争。虽然这一时期在中国共产主义历史上通常称为“秋收起义”时期，但是认为瞿秋白的领导有意忽略它在城市的任务则是错误的。华岗指出，当时的江苏省委员会武装了赤卫队，试图鼓动上海各工厂[4]的工人举行总罢工。类似失败的罢工也发生在长沙和其他地方。

然而，当城市工人阶级对共产党采取反对态度时，农村仍然是暴动的成熟时机。在1925—1927年期间已经奋起斗争的华中的农民阶级，依然准备着与地主、军阀和官僚的战斗，无论这个战斗是由“红矛”、“大刀”，还是由共产党领导。中国共产党第一次面临“工人和农民斗争的不均衡发展”的尴尬局面。

我们将如何解释这个差异？这里，首先也是最明显的事实自然还是，国民政府对于广大的沼泽一样的农村的控制绝不像对大的城市中心区的控制那样牢固。此外尽管国民党获得了表面上的中央集权，但是内陆仍然大部分被半独立的地方军阀控制。

再者，农民受到1925—1927年期间过度希望的极大影响似乎是不太可能的。势单力孤的中国工人阶级听从了关于它的先验使命的攻势宣传，而吸引农民阶级的是基本的生存要求。确切地说，正是因为农民阶级没有意识到它的先验的使命，正是因为农民阶级的要求始终没变——减轻赋税和分配土地的“经济”要求——所以大范围的政治逆转并没有影响农民阶级在任何形式的领导下奋起反抗 100
悲惨境地的不顾一切的准备状态。

虽然瞿秋白的领导不想放弃重新赢得无产阶级基础的任务，但是它依然不得不寻找那些能够从中找回无产阶级的革命高潮兴起的迹象。由此，瞿秋白的领导完全准备好充分利用它后来希望与城市成功的罢工相配合的农村中一直存在的反抗状态。

正是在这些条件下才发生了“秋收起义”。起义的领导人合理地认为，农民阶级在地主和税官向他们征收繁重赋税的秋收时期特别容易暴动。

据毛泽东的记述，整个起义的进展由他自己主要负责。瞿秋白的领导集团的确派他去湖南，总的目标是发动农民暴动，但是据毛

西江月

秋收起义

（一九二七年）

军叫工农革命，
旗号镰刀斧头。
匡庐一带不停留，
要向潇湘直进。
地主重重压迫，
农民个个同仇。
秋收时节暮云愁，
霹雳一声暴动。
——毛泽东

泽东证实，他的所有活动并没有得到瞿秋白领导的支持。[5]

在八月底和九月初，毛泽东设法组织了一支主要由农民、一些汉阳矿工和国民党军队逃兵组成的队伍。这支“工农革命军第一军第一师”就是后来著名的第一军的核心。[6]由这支军队在广大的区域内发动和领导的不间断的起义当然都以失败告终，毛泽东也因此而被开除出政治局。

为什么毛泽东以如此的热情投身这些活动？为什么他受到中央委员会“排挤”？[7]我们已经看到，他多么深信农民阶级的革命潜能，多么不能容忍在与国民政府决裂之前所有限制农民运动“过分行为”的企图。由此，完全有可能，在与武汉政府决裂之后，他终于感到“怒潮和暴雨”冲决它面前一切的时刻已经到来。此外，在这一时期他开始认识到军事组织因素的重要性。由于当时，根据共
101 产国际的新路线，进行军事活动已是合法的，所以他或许感到军事组织与地方农民起义巧妙地配合将成为农村中土地斗争的方式。他设想各地分散的起义将点燃吞没整个中国农民阶级的烈火。他的行动正是这一设想的结果。然而烈火并没有蔓延。中国农村的分散性并不利于政治影响在直接受影响地区之外的传播。毛泽东很早就没有墨守马克思主义的教条，而认识到农民阶级能够独立地担当革命的群众基础。在1927年期间，他开始认识到在一个权力越来越转向军人手里的国家，群众的力量必须与军事力量相结合，但是他还没有发现，在一个像中国这样政治和经济权力分散的国家里，革命将必须从一个固定的区域根据地做起。

秋收起义当然是失败了，可能正是从这个事实中我们一定会找到毛泽东受到冷遇的主要原因。中央委员会应该承担责任的这些失败并没有有损它在莫斯科眼中的形象。据毛泽东所说，中央委员会甚至在起义明显失败之前仍然反对他的行动计划。[8]

毛泽东与中央委员会之间摩擦的一个明显根源是毛泽东随意采用“组织苏维埃”[9]的口号。正如我们所看到的，共产国际新路线还没批准使用这个口号，毛泽东在当时采用这个口号是相当令人惊讶的破坏纪律，中央委员会不能就这样不了了之。毛泽东在自传中

坦白承认这是他唯一一次故意采用“共产国际反对的”政策。[10]

然而，毛泽东还揭示了中央委员会反对组织一支军队这件事。对于中央委员会来说，南昌起义以及汕头失败（贺龙和叶挺在占领这个城市一周后被迫撤退）依然记忆犹新，以至于对进一步直接军事性[11]的活动失去了热情。华岗在讨论秋收起义失败时指出，整个行动的一个主要缺陷是它“依赖军队”[12]。

然而，最重要的原因是，秋收起义的进行没有考虑到向城市中 102
发展。在完全墨守无产阶级领导权信条的党的领导者看来，任何没有城市无产阶级参与的活动都必定失败。毛泽东本人就指出，他被罢免的一个主要原因是“站在城市斗争的立场上，运动似乎注定会失败”[13]。华岗抱怨说：“起义农民没有得到城市工人阶级任何支援……与此同时的湖南秋收起义，长沙也没有任何工人的行动。”[14]

尽管毛泽东对这次冒险经历感到伤心，他仍然设法保持了一小股完整的队伍，并且最终在 1927 年冬天隐蔽在横跨湖南、江西两省边界的偏僻的井冈山地区。[15]在当时，这一小股军队以一个偏僻的内陆地区作为根据地，唯一的好处就是绝望。然而，它将成为领导中国共产主义运动最终成功的战略的起点。由此，最有意思的是注意到这个事件的整个进展是在受到官方冷遇的名声不好的情况下开始的，没有党的领导的批准，最有可能的是没有告知莫斯科。

当然，认为毛泽东是当时党内唯一一个探索土地革命方式的人是错误的。已经指出，彭湃在毛泽东之前很早就已经认识到农民组织的潜力，他在 20 世纪 20 年代初期，在海丰农民阶级中的组织工作成就远远胜过了毛泽东的成就。[16]

在与武汉国民政府决裂之后，彭湃担任了“南昌革命委员会”委员，后来随叶挺和贺龙的部队撤退到他以前进行过农民阶级组织工作的海丰和陆丰地区。1927 年 11 月，在这里，他组织了一支农民武装并建立了中国第一个苏维埃政府。[17]（共产国际于 9 月 19 日批准了改名为苏维埃）在苏维埃政府期间，苏维埃成为正统的中国共产主义历史的中心内容。海陆丰根据地的建立过程经常被引证来
作为中国建立苏维埃政府的第一次尝试。实际上，在极为现实的意 103

义上讲，它是一次开拓性的努力。它在一个特定地区的根据地上建立了一个有组织的政权，它通过分配土地、烧毁地契等政策赢得当地农民阶级的支持，最后，它组织了一支农民武装。由此，在许多方面它提供了后来由朱德和毛泽东在井冈山形成的战略的早期模式。然而，重要的是要注意到，海陆丰的实践与毛泽东和朱德所形成的战略最不同的地方在于，它低估了军事因素。认真选择有利地势，发展游击战的合理技巧，似乎才是朱毛合作的真正创造性贡献。

十一月会议

当中国共产党中央委员会最终于 1927 年 11 月 9 日召开临时政治局扩大会议，重新评定自八月会议以来所取得的成绩时，看到的的确是一片凄凉。它能够回顾的只有在城市和农村一系列流血的失败。然而，共产国际丝毫没有改变它的路线。相反，在 9 月，它对于苏维埃政权形式的认可被瞿秋白解释为是对更大胆行动的号召。在莫斯科，斯大林—布哈林的领导不可能在刚刚宣布完不久就又收回它的革命高潮正在兴起的预测，特别是面对托洛茨基的革命浪潮确实已经消退的观点。

事实上，瞿秋白和共产国际代表罗明纳兹为了勇敢和“真正的布尔什维克精神”的声誉，不惜以他们的前途去冒险。对他们来说，当在党内仍然享有一种潜在威望的陈独秀公开要求实行撤退政策时，要他们转变战略是十分困难的。

由此，我们发现，扩大会议坚决重申中国正处于“革命高潮”兴起[18]之中的主张。为了证实它所说的这种情况，扩大会议主要指
104 出了一些“客观因素”——指出设想的敌人的弱点以及工人和农民的不顾一切的状态。大量证据被用来证明，在国民党内或是在国民党各军事派系中间资产阶级与封建分子之间的“矛盾”不可能调和，由此，反动势力不可能是“稳定”的。[19]那么我们又将如何解释 7 月至 11 月期间的失败？按照会议的观点，这些失败在大多数

情况下可以被归结为那些参与者“主观的”缺陷。谭平山被指责为对南昌起义的失败负责，而毛泽东被当成了秋收起义失败的首当其冲的责任人。[20]

事实上，扩大会议陷入了一些例行的“自我批评”。在强调“但是革命虽然又遇着了这几处部分的失败，然而三个月来一般的斗争经验，更证明了本党的策略完全是对的”[21]的同时，它也承认中央委员会本身应该对一些战略失误负有责任。提到的非常重要的主要失误是缺乏城市共产党与农村共产党之间的配合，“在一些地方人们称共产党是‘工会党’或‘士兵党’，而另一些地方人们可能称共产党是‘农民党’”[22]。“关于工人暴动与农民暴动的联络关系，是党的最重要的责任，没有工人阶级的领导和赞助，单纯的农民暴动是不可能获得最终胜利的。”[23]

后一段声明后来得到共产国际执行委员会第九次全体会议证实，它充分清楚地说明了毛泽东受“排挤”的原因。

总体上看，扩大会议的报告小心地遵照了共产国际的路线。然而，报告中一段重大的声明成为了布哈林在瞿秋白失去领导权之际进行攻击的绝好把柄，报告称：“中国革命带着长期的性质，但是是无间断的性质。中国革命是马克思所称为的‘不间断的革命’。”[24]

这里就有了为什么当时瞿秋白敢于使用“不间断革命”表述的绝好理由。正如已经指出的，在9月，共产国际批准了中国共产党与国民党的彻底决裂，并且要求中国共产党建立苏维埃政权。然而，在与托洛茨基关于苏维埃性质的早期辩论中，斯大林主张：“工人苏维埃的历史告诉我们说，要这样的苏维埃能够存在且发展下去，除非有从资产阶级民主革命直接过渡到无产阶级革命的适当条件存在。”[25]换句话说，苏维埃只有在无产阶级专政的前景即将到来时才会出现。对于斯大林来说，在当时（1927年5月）这是用来反对中国建立苏维埃的论据。然而，此时既然共产国际已经认可了在中国建立的苏维埃，那么认为从资产阶级民主革命向无产阶级革命阶段转变的时期已经到来是不合理的吗？一个人只要清楚地表

105

明，他所指的是马克思所说的长期革命，而不是托洛茨基所说的不间断革命，就可以谈论“一个不间断的革命”也是不合理的吗？如果无产阶级革命能够在瞿秋白领导的党中央的努力下宣布到来，那么对于瞿秋白的领导来说的确是一种命中注定的荣耀。

然而，我们将发现，在广州公社失败后，瞿秋白为这个逻辑上的轻率付出了代价。

广州公社

从总体上看，11 月会议为广州公社奠定了“理论的”基础，它重申了共产国际对中国革命高潮正在兴起的预测，它强调对中心城市重视不够的事实，强调敌人的弱点，要求中国共产党利用军阀领导人之间的斗争。

然而，虽然瞿秋白和罗明纳兹在扩大会议上为城市起义创造了条件，但是很多证据表明，广州事件是直接从莫斯科引起的。当然，我们知道德国共产党领导人汉兹·纽曼（Heinz Numann）在计划和实施广州起义中发挥了主要作用。维克多·瑟格（Victor serge）和苏尔瓦瑞尼（Sourvarine）指责说，起义是由克里姆林宫的斯大林直接命令的，他在苏联共产党第十五次代表大会[26]上急需用中国革命的一场胜利来证实他的中国革命高潮正在兴起的理论。自称当时担任党的联络秘书的李昂进一步证实了这个说法。他说：“共产国际的电报接踵而来，催促中国共产党在广州发动起义，这
106 些电报语气都极为强硬并且不容申辩。”[27]李昂还补充说，广东党支部秘书张太雷强烈抗议说，广州并没有准备好起义。[28]

然而无论做出起义决定的根据是什么，起义地点选择在广州的原因可能是：

（1）广州是军阀张发奎和李济深敌对势力斗争的地方，因此具备“反动营垒中缺乏稳定性”的必要条件；（2）广州附近海陆丰苏维埃政府的存在预示着具备了“农村起义和城市起义相配合”的必要条件；（3）广州是一个重要的革命中心，可能那里的人民只是在

等待起义信号而已。

实际上，这些考虑都没有联系任何的政治现实。自从贺龙和叶挺在汕头失败，共产主义者的军事潜力已经微乎其微。苏联官方政策所预测的“直接革命形势”并不存在，而且李济深和张发奎之间的内部矛盾并不会妨碍他们联合起来镇压起义。

在共产主义者控制广州城的几天内（12 月 11 日—14 日），他们当然建立了惊人的军事上的功绩，从而掩盖了他们贫乏的后援。他们依然没有得到城市群众或他们的任何后备力量的支援，不可避免地失败了。

在它存在的仅有几天内，公社借此机会建立了由精干分子组成的苏维埃政府，发表了极其革命的宣言。托洛茨基恰当地指出，这些口号与其说与苏联官方的工农民主专政的理论相一致，不如说实际上与他不间断革命的理论更一致。广州公社的口号要求工人在共产党即工人阶级政党的唯一领导下，控制生产，使大的工厂国有化等等。托洛茨基质问道：“如果这些是资产阶级革命的手段，那么无产阶级革命会是什么样的?”[29]

广州公社的失败是如此重要的一个事件，以至于它迫使共产国际重新考虑它在中国的党的路线。于是以枯燥无味的词语谈论中国 *107*
的“革命高潮”是完全不可能的了。新的形势急切地要求一个路线上的转变——一个艰难的转变，最终于 1928 年 2 月共产国际执行委员会第九次会议上实现。

瞿秋白领导的结束

虽然瞿秋白不是广州起义的主要策划者，但是他必须承担它的后果。毕竟他在党内从未享有先前陈独秀和其他人所享有的“家长式的”威望。李立三、张国焘、向忠发和周恩来都感觉他们自己在各个方面都可以与他匹敌。毕竟，李立三曾经是“五卅”起义的“英雄”，而周恩来赢得了军事专家的声誉。向忠发则是一个真正无产阶级出身的人。

用瞿秋白自己的话说，他自己基本上是一名文人，是一个“书生”[30]，而不是一个特别成功的政治家，而且没有在党内建立自己的个人集团。

除了他在政治上的弱点以及必须承担过去几个月失败的责任之外，瞿秋白的领导还面临着党内组织涣散的严重问题。从这一年开始党所遭受的一系列失败，在党内引发了对真正的“民主集中制”原则的各种各样的怀疑。当瞿秋白借助当时固定的惯例，将失败的责任归为地方领导者的“主观错误”时，地方领导者正表现出越来越倾向于将责任归为中央。

瞿秋白在他的《中国革命》一书中指出，在直隶（河北）已经形成了一种“反对全部的集中制原则，主张党内实行分立自治原则，并且完全跟在群众之后”[31]的倾向，直隶省委员会提出改变党的人员构成，工人和农民分别按照五十名工人一名代表，一百名农民一名代表的比率选出他们在党内的代表。[32]这不亚于是一个政治民主的要求！工人们说：“党似乎并不在乎它使我们因罢工而失去
108 工作，或者它使我们被捕入狱。党仅仅使工人们遭遇麻烦。”[33]此外，工人们还要求党内严格的经济平等，以及攻击中央“反民主的”指令。[34]在广州起义之后，新的广东省委员会“将失败的责任完全推给中央，并说数千人遭屠杀责任在中央”[35]。

这些被瞿秋白自己引证的事实指出了党内普通党员中普遍存在的政治不满情绪，指出了共产主义运动中各种各样异端的威胁。

由此，由共产国际拟订但由瞿秋白领导执行的新路线的所有失败，党内越来越明显的组织涣散的迹象，瞿秋白自身的政治无能以及党的其他领导人的野心，这些因素共同削弱了瞿秋白领导的基础。正如瞿秋白在 1927 年年初大革命失败之后接受代理领导权一样，现在李立三、向忠发、周恩来都可以轻易取代他。

在及时地批判了瞿秋白过去错误的共产国际执行委员会第九次全体会议之后，瞿秋白作为中国共产主义者派驻共产国际的代表留在了莫斯科。虽然这个位置将为他在国际共产主义运动中赢得了声誉，但是这个位置实际上使他在中国共产主义运动中不再有任何

实权。[36]

以中国共产主义随后的历史评价这一时期的功绩，我认为，可以指出的只有两个方面：作为一支与众不同的军队红军的出现以及在井冈山新的革命战略的发现。第一方面已经得到了克里姆林宫的认可，但是至当时为止，单独使用武力的每次尝试都令人沮丧地失败了。

至于井冈山的实验，它似乎是毛泽东自己冒险经历的结果，而不是上海或莫斯科制定的任何计划的结果。它是在受到正统冷遇的名声不好的情况下出现的，当时它似乎没有进一步发展的希望了。

第八章

路线上的新转变

革命形势的新估计

109 广州公社之后的中国形势使克里姆林宫面临一些最难对付的问题。广州失败——一个受到全世界关注的事件——之后，先前的路线不改变是不可能的了。与此同时，莫斯科彻底地修改其路线必然会迎合反对势力。此外，这一时期标志着克里姆林宫全球策略全部重新定位的开始，实际上是以中国采取的左倾路线的态度进行的重新定位。[1]它认为世界资本主义的稳定性就快要结束，历史就要进入一个新的“第三阶段”。这个阶段资本主义开始瓦解，这个阶段革命的浪潮将吞没整个资本主义世界。在这个阶段，工人阶级将变得“激进化”，共产党将从社会民主党员手中获得对工人阶级的领导权。在这个革命的阶段，共产国际将解除与其他政治团体结成的所有联盟，因为，从此以后它将能够全部依赖它所掌握的民众的支持。其他所有的政治团体将只被视为是日益增长的法西斯主义势力的表现。因而，从此以后，社会民主党员将只被称为是社会法西斯主义者。

虽然克里姆林宫全球策略可能计划考虑地区形势的独特性以及先进资本主义国家与落后地区之间的差别，但是这种考虑被在全世界共产主义宣传的语调上保持一定的一致性、一定的强同性的愿望所抵消。由此，克里姆林宫并不倾向于在其全部策略中采取左倾路线而在中国采取右倾路线，或者倾向于在欧洲谈论革命高潮而在中国谈论革命低潮。

我认为这种考虑才是对共产国际执行委员会第九次会议、共产国际第六次代表大会以及中国共产党第六次代表大会上所表述的中 110
国新路线的说明。

在战略上，中国的新形势明显地要求一个新的方法。坚持存在“一个直接革命的形势”或者持自“八七”会议以来所有失败的起义都是成功的主张是不可能的。另一方面，任何承认革命浪潮确实已经退去，都将使共产国际在中国的策略完全脱离共产国际总的左倾路线的策略，将进一步迎合托洛茨基主义反对派。托洛茨基主义反对派在中国共产党与武汉国民政府决裂之后就立刻宣布“我们处于中国革命的低潮时期”[2]。

为了解决这个难题，布哈林还是用高潮作比喻提出了一个巧妙的说法，他断言：“中国工农广大的革命运动之第一个浪潮，大致都在共产党的口号并且大半在共产党指导之下，已经过去。”[3]当我们考虑到，直到广州起义前夜每个共产国际的声明都用革命高潮的字眼表述的事实时，这个枯燥无味的断言有些令人感到惊讶。不过我们终于被告知：“第一个革命浪潮的终了是革命运动的几个中心地域，工农受着极厉害的历史失败。”[4]

然而，在承认第一次革命高潮已经消退之后，布哈林急忙补充道：“许多征兆都指示，工农革命正走向这种新的高潮。”[5]为了证实这个断言，他指出农民阶级的和士兵的暴动还在继续等等。

由此，这是一幅两个革命高潮被一个短暂的波谷分隔的图景，暂时——只是暂时——“因为社会阶级的联合变更，而有相当的反动势力之结合”[6]。然而，新的高潮会立即到来。这就与托洛茨基的观点形成鲜明对比。托洛茨基当时的预见倾向于革命原本不仅是一个波谷，而是一个长时间的风平浪静。他主张：“中国革命已经被消灭了。帝国主义者力图扼杀正在掀起高潮的中国工农革命运动，而这种诬蔑只能有助于帝国主义者在中国的活动。”[7]

111 新的表述的一个结果是它使共产国际得以批评瞿秋白领导的“暴动主义”的倾向，“玩弄起义”的倾向。[8]暴动当然是在客观环境不利于成功的时候进行的起义。由于共产国际没有及时发现1927年年底就已经是一个低潮时期，所以就很明显，瞿秋白领导发动的起义性质上全都是“革命暴动”（无从知道为什么共产国际不提前通知中国共产党低潮已经到来，或者为什么它继续用高潮这个词）。

然而，广州起义被当作一个例外，由此，莫斯科直接参与了那个事件的看法看起来是可信的。尽管起义领导者犯了错误，我们仍然被告知广州起义是“工人阶级在中国建立苏维埃政权的一次英勇尝试”。据后来中国共产党第六次代表大会采用的说法，广州起义是一次“英勇的后卫战斗”，而不是一次暴动。[9]它是一个后卫战斗是因为它结束了衰退中的革命高潮。它仍然是一个开始，因为它是建立“革命的工农民主专政的机构”[10]苏维埃的第一次大规模尝试。

另一方面，虽然预测了一个新的革命高潮，但是布哈林仍然用小心的留有余地的做法卫护他的预测。为了使自己防备以后失败的起义的结果，共产国际警告说，今后的起义必须提前认真准备。共产国际执行委员会第九次全体会议决议指出：“如果共产党不了解组织群众与争取群众之必要，如果它不能战胜种种使它忽视准备群众到新的革命高潮之企图，战胜种种使它忽视准备当前的中心任务之尝试，那么，共产党一定要被击散而散乱自己的组织。”[11]另一个留有余地的做法是建立在深入了解中国形势的基础上的。当时认识到，在中国的形势下，一个特定地区的革命形势不会自动地席卷全
112 国。“运动的发展在各省是不平衡的。”[12]在这个意见基础上形成了“在一省或数省首先胜利”[13]的新说法。

虽然这些留有余地的做法是用来保护共产国际对付以后的偶发事件的，但是它们只不过使中国新的领导面临了新的困难。毕竟，在革命高潮时期，组织绝望的群众准备起义相对容易。如果过多的时间用于准备和组织群众难道不会错过革命起义的时机吗？难道不会使自己受到“机会主义者的被动”这样的指责吗？另一方面，如

果中国共产党发动了以失败告终的起义，难道不会受到无视共产国际必须充分准备的警告这样的指责吗？

我们将会看到“在一省或数省首先胜利”的说法中包含了同样的难题。

在对“革命形势的估计”中作了此番修改之后，共产国际当时面对托洛茨基主义者的攻击依然能够保持旧有路线在理论方面的完整。当托洛茨基继续坚持资产阶级革命已经完成，资本主义关系已经成为中国经济的主要关系，下一个革命——第三次革命——只能是一次无产阶级革命时，共产国际执委会第九次全体会议坚决重申：“中国革命现时的阶段是资产阶级民权革命的阶段。民权革命在经济上既没有完成（土地革命及封建关系之消灭），在反帝国主义的民权斗争上也没有完成（中国之统一及民权解放），在政权的阶级性上更没有完成（工农独裁制）。”[14]

由于此前共产国际谴责托洛茨基没有注意到中国不同于 1917 年的俄国的独特性——即帝国主义因素——不过虽然这个论据在过去被用来论证与“民族资产阶级”联合的合理性，此时它被用来论证继续使用“工农民主专政”这个说法的合理性了。它断言，农民阶级本身是帝国主义的受害者。

重申“民主专政”说法的更直接的结果之一是，它使得共产国际可以批评罗明纳兹和瞿秋白在中国共产党十一月全体会议上竟敢使用“不间断革命”的表述。共产国际执委会第九次全体会议决议宣布：“认为中国革命是‘不间断革命’（共产国际执委驻中国代表之主张）也是不对的。要想跳过资产阶级民权革命的阶段同时并认革命为‘不间断革命’之倾向，其错误与托洛茨基 1905 年时的错误相类似。”[15] 中国共产党的十一月会议从斯大林的苏维埃性质的理论得出了一个错误的“三段论”，但是这种自作主张的演绎推理只会招致共产国际的愤怒。 113

虽然如此，共产国际执行委员会第九次全体会议进一步肯定了共产国际 9 月 19 日的命令，从那以后，苏维埃就成为了民主专政的政治机构。时间已经过去很久，人们淡忘了，领导者斯大林将苏维埃的概念挪用到中国是从托洛茨基著作中学来的。另一方面，事实依旧是，斯大林曾经断言，只有在向无产阶级革命转变时期才能够建立苏维埃，为了解决这个难题，第九次全体会议决议指出："在中国向无产阶级专政的过渡只有在一系列准备阶段之后才能实现；只是作为资产阶级民主革命过渡到社会主义革命的过程的结果。"[16]由此，"转变"的概念与"阶级"的概念以一种巧妙的学究式的说法结合在一起，用来消除与托洛茨基的"不间断革命"理论任何可疑的相似。

共产国际第六次代表大会决议对"工农民主专政"的说法增加了另一个非常重要的修正。它宣称："群众的胜利只有在工人阶级领导下才能取得。"[17]"工人阶级领导"一词也出现在《中国共产党第六次代表大会决议》中。按照确切的政治学术语，这个词的意思是，在农民阶级与无产阶级的联盟中只有无产阶级才可以得到单独
114 的政治发言权，即唯有共产党掌握最高的政权。代表农民阶级的政治团体在新的苏维埃政府中得不到任何发言权。

当我们考察这些对"民主专政"理论的修正以及托洛茨基在他的"不间断革命"理论上的保留意见时，就会明显地看到其理论上的区别已经变得何等细致入微和咬文嚼字。托洛茨基盲目地坚持十月革命的概念，斯大林盲目地坚持"工农民主专政"的说法。一方面，托洛茨基承认中国的工人阶级还要进行长期艰苦的斗争，无产阶级革命"在不确定的未来"[18]。尽管资本主义关系是主导关系，他仍然承认工人阶级仍将"扫除社会主义道路上所有封建的愚昧以及其他各种形式的愚昧"[19]。虽然强调只有工人阶级才能发挥政治创造力，但是他依然承认："它将为赢得在农民中的影响，为从政治上直接指导农民而进行坚定不移的斗争。"[20]

另一方面，即使坚持列宁的"工农民主专政"的说法，领导者斯大林也完全地抹去了那个说法原先构想的基本特征。当农民阶级得不到任何自己单独的政治发言权的时候，如何能够说是工人阶级和农民阶级的民主专政？毕竟，这个说法最初是为了适应弱势的无产阶级（社会民主党）需要暂时与其他代表农民阶级的政党合作的

形势而提出的。

此外，虽然列宁最初的说法明显地区分了资产阶级民主阶段和社会主义阶段，但是布哈林被迫提出了“过渡到”社会主义——一个接近“不间断革命”概念之危险的用词。

那么，在“工人阶级领导”下与农民阶级联盟（一个农民阶级没有自己单独的政治发言权的联盟）由资产阶级民主革命“过渡到”社会主义革命与无产阶级革命持续一段长的时间之间存在的任何真实的区别，还有必要以完成一定的资产阶级民主任务和“吸引农民阶级跟随它”这样的外表掩盖吗？托洛茨基主义者和斯大林主义者在有关农民阶级和无产阶级问题上的分歧是非常确实的，但是并不意味着他们理论路线的学究式的区别。 115

然而，这些模糊的理论区别与完全相反的政治战略观念结合在一起，表明理论与实践并不是总是按内在的逻辑要求结合在一起的。特定的理论与特定的战略的结合，经常是出于与逻辑（无论是形式逻辑还是辩证逻辑）毫不相干的政治因素——这是我们在研究毛泽东主义的兴起时应该牢记的一个事实。

一方面，共产国际的领导要求中国推翻现有政权，建立完全由中国共产党领导的新的苏维埃政权，它要求在城市和农村都举行武装起义——或准备武装起义。另一方面，托洛茨基强调共产党需要一些时间治愈创伤，重新赢得无产阶级基础。在这个恢复时期，它应该提出一些要求召开国民议会，要求彻底的土地改革，工人的权利以及民族的独立等民主的口号。[21]这个突然转向“形式上的民主”——托洛茨基极力强调——只是一种策略。这些民主口号将重新聚集无产阶级背后的非无产阶级群众。“国民大会将成为共产党宣传暴力革命，使党争取时间重新获得无产阶级基础的裁定机构”。因为，在俄国，共产党当时能够“将革命转到苏维埃民主政治的轨道上”[22]。

中国共产党第六次代表大会

在克里姆林宫严密监督下于1928年7月在莫斯科召开的中国

共产党第六次代表大会[23]，贴切地反映了路线上的新转变。它的决议只是为新的表述添加具体细节。

这次代表大会在莫斯科克里姆林宫面前召开的事实，在中国共
116 产主义历史上具有特殊的含义。我认为，在莫斯科召开代表大会的这个决定还要从斯大林与反对派斗争的角度去理解。在苏联国内，当时斯大林战胜托洛茨基是完全确定无疑了。当时仍然需要清除外国共产党内的异端分子。正如我们所看到的，中国共产党尤其表现出特别倾向于各种异端。虽然，中国不再赫然耸立在克里姆林宫视线的最前方，但是斯大林主义者需要对党的控制依然不可改变。

在《红色舞台》一书中，李昂将这种控制方式生动地描述为，代表大会被用作筛子用来筛除不可靠的分子。他本人被指派为河北省的会议代表，然而在他穿越西伯利亚前往莫斯科的途中，他和其他代表成员在伊尔库斯克被突然赶下火车送回中国。[24]他说："我们后来发现，我们不能参加莫斯科代表大会的原因是我们中的一些人（包括我自己）被怀疑为是反对派。"[25]

然而，正是因为这个原因，此次代表大会在正统的中国共产主义历史上享有一种特别崇高的声誉。日本的斯大林主义者中西功在他大量有关中国共产党的著作中试图证明，在斯大林的正确指导下，中国共产主义的毛泽东主义体系的形成在此次代表大会上，已经粗具雏形。他指出："瞿秋白和李立三的错误政策一直持续到1928年党的第六次全国代表大会，这次大会通过了毛泽东的方针是正确的方针。"[26]毛泽东本人在他的自传中极力指出："我与朱德完全赞同在那次代表大会上采取的新路线。"[27]

关于这个陈述，如果毛泽东是意指第六次代表大会在一定程度上愿意承认由他和朱德在偏僻农村进行的那种斗争是一种合法形式的斗争，那么他是完全正确的。然而，如果他是意指第六次代表大会决定承认在他领导下中国共产主义以后的全部发展——与城市根据地完全分离的运动——那么，我认为我们这里得到的是一个并非公认的事实。

117 必须指出，无论毛泽东举动的性质是什么，他都是一个忠于马

克思主义、列宁主义、斯大林主义信仰的人，无论他晚年如何渴望证明他是那个信仰的一个理论发明者，他都等于渴望证明他的权力是按照那个信仰合法建立起来的，证明他原本是正宗的继承者。如果他能够声称，在他领导下的运动所遵循的路线是合理地出自第六次代表大会决议，那么，他的领导权具有历史的合理性，否则就不具有。

然而，余下的问题是，中国共产主义中的毛泽东主义体系的形成是在党的第六次代表大会上构想设计出来的吗？回答这个问题，总的来说，我们必须研究共产党对农民阶级的态度这个问题，特别是在这次代表大会上的态度。

无产阶级、农民阶级和共产党

当然，众所周知，前列宁主义形态的马克思主义并不认为农民阶级是人类历史上一支自主的有创造力的力量。这种见解是否是纯粹理智分析的结果，或理智分析是否反映一定的成见，这里我们将不做探究。然而，不容置疑的是，虽然农民阶级被描绘成封建社会的受害者，但是它并不是推翻封建制度的真正力量。这个责任被交付给了城市资产阶级，他们由生产方式注定了要在摧毁封建关系过程中起到真正创造性作用。在资本主义阶段，农村逐渐受到资本主义关系的控制，但是乡村社会作为一个整体仍然附于城市社会，并且在从资本主义社会向社会主义社会的转变过程中创造性作用落到了城市工人阶级身上。[28]

然而，列宁对于农民阶级作用问题的看法变得有些更不确定。对他的生活的研究揭示，他是退出民粹派而开始接受马克思主义的。民粹派倾向于认为农民阶级是人类实践的先驱，是有希望避免西方资本主义的灾难而将俄国引向田园诗般乡村社会主义的力量。厌恶俄国农村“落后性”的列宁，可能正是因为马克思主义不承认农民阶级的任何单独的创造性作用而被它吸引。他的第一部伟大的 118
著作《俄国资本主义的发展》极大地夸大了俄国农村被资本主义关

系侵蚀的程度。[29]

另一方面，当农民起义在1905年席卷整个俄国时，敏于领会政治现实的列宁立刻变得热衷于将农民阶级的力量套在革命的战车上，结果是论述了“工农民主专政”理论。依据这个理论，俄国的农民阶级具有一些有限的历史创造力，它能够帮助完成资产阶级革命，因为俄国资产阶级本身没有能力实现自己的使命。然而，列宁的农民阶级创造力的观点继续随着政治形势的变化而波动。在1917年夺取了政权，共产党专政得以建立之后，列宁又倾向于降低农民阶级的历史作用。[30]

然而，与他在农民阶级历史作用上波动的观点形成对比的是他在社会民主党（后来的共产党）的阶级性质上的观点从未动摇。这里，我们发现了贯穿他所有著作的一条铁律。社会民主党或共产党只不过是产业工人阶级的政治组织。只是因为与工人阶级的组织关系，共产党才能够充当历史的预言者。实际上，列宁常说“乡村无产阶级”是城市无产阶级在农村的同盟者，甚至愿意吸收贫困农民的忠诚分子加入共产党。毕竟，是一个共同因素将两个群体结合在一起，即他们失去的只有锁链。与此同时，列宁非常清楚地表明，共产党要吸收这些分子直至他们成为城市无产阶级的主要部分。他指出：“毫无疑义，党的所有成员必须朝着城市和工业中心方向努力，因为只有产业工人阶级能够坚决地与专制主义斗争。”[31]产业工人阶级与其他受压迫阶级一样贫穷，它的独特性来源于现代化工业造就了它的社会化，赋予了它历史方向感。由于列宁，这些独特品
119 质在工人阶级的政治组织，即共产党内变得具体化。乡村无产阶级只有在城市无产阶级领导下才能摆脱小资产阶级思想。在1909年，列宁以这样的理由攻击社会革命党：“他们纲领的基本点根本不是工人阶级与农民阶级必须‘力量的联合’的观点，而是前者与后者没有明显界限，无须在他们之间进行阶级划分。农民阶级天生的小资产阶级社会民主观点——它与工人阶级之间的不同点——是错误的。”[32]另一方面，列宁坚持清楚地区分，只有党有了可靠的阶级基础，党才能着手对社会其他阶级的策略问题。

对那些非马列主义信仰的人来说，列宁构想的共产党与工人阶级之间的组织联系似乎并不明显。因为所有最终的领导权都集中在经常不具备无产阶级出身的少数人手中，他们并不感到在重大决定上有必要请教真正的无产阶级（作为与工人阶级相对），所以这种联系的确看上去极其薄弱。然而，对那些马列主义信仰的人来说，先验地相信共产党与工人阶级之间的组织联系是信仰的核心。无论如何，信仰的确需要一些象征性的标志。无论共产党对真正无产阶级的愿望如何关注不够，人数虽少的产业工人的存在，以及工人阶级或部分工人阶级与党之间某种实际关系的存在，都被认为是党继续存在的关键。没有无产阶级基础的共产党与没有身体的大脑都是不能生存的，在共产党与工人阶级关系薄弱的地方，加强这些关系就是党首要和最高的职责。

对于那些非马列主义信仰的人来说，似乎同样明显的是，就十月革命而言，它是全体民众的功劳，农民阶级起到了完全与产业工人同样重要的作用。然而，问题的关键是，产业工人起到了明显的作用，这个事实终究是最重要的，因为它符合了学说的要求。

由此，我们发现，无产阶级基础的学说在马克思列宁主义信仰 *120*
中不是可以随着党的路线的每次变化而变化的不确定的内容，它是信仰极其重要的核心部分，只要不怀疑党的领导权的真正基础就不能破坏它。党的领导权的合法性问题是一个政治制度不能忽视的问题，不是一个托洛茨基可以采取一种观点而斯大林可以采取另一种观点的问题。

1920—1927 年期间，中国无产阶级基础的问题并没有呈现出一种严重的态势。中国的工人阶级队伍本身人数少，但确已存在，并且通常表现出愿意接受共产党的领导。另一方面，当 1925 年以后农民运动以意想不到的活力开始发展时，克里姆林宫准备依照列宁主义农民运动的背景利用农民运动。由于在城市工人阶级中有了坚实的基础，党能够在国民党统治下的农村努力开展工作。这就是 1926 年 11 月共产国际执行委员会第七次全体会议决议中著名声明的背景。声明的大意是，土地问题构成了资产阶级民主革命的中心内容[33]，同样的声明还出现在共产国际执行委员会第八次全体会议决议、“八七”紧急会议决议和中国共产党第六次代表大会决议中。正是这类声明被当作了主要证据，用来证明中国共产主义中毛泽东主义体系的形成是由莫斯科提前设计的。

这种解释的出现是由于完全混淆了两个要素，即特定革命阶段的“内容”或“中心问题”以及革命的阶级力量。而这两个要素在任何共产党的路线中都是明确区分开的。正如已经指出的，革命的内容是指由特定的革命完成的任务，“阶级力量”是指注定完成这些任务的阶级。由此，仅仅因为土地革命是革命的中心问题，所以就得出农民阶级能够成为革命的中心阶级的结论——甚至更难以置信的是——得出共产党可以直接以农民阶级为其阶级基础的结论是错误的。实际上，“土地问题是资产阶级民主革命的基础”这个声
121 明最早是由列宁本人在 1905 年革命时使用的。[34]即使在当时他承认农民阶级的一定的创造性作用，他也从来没有有意暗示农民阶级将起到中心的作用，相反农民阶级只有与工人阶级联盟才有希望实现土地革命，否则，它将成为根本不关心进行土地革命的俄国资产阶级的受害者。对于列宁来说，土地问题是革命的中心问题绝不意味着农民阶级是革命的中心阶级。

在 1926 年，当共产国际执行委员会第七次全体会议谈到土地问题是革命的中心问题时，它仍然认为，这个问题可以利用四个阶级联合的国民党这个工具实现。所有这些阶级相结合将有可能合作消除农村中的封建主义。在 1927 年 5 月共产国际执行委员会第八次全体会议上，斯大林再次提出“土地革命构成了资产阶级民主革命的基础和内容”。然而，他接着指出：“土地革命就是资产阶级性的民主革命的基础和内容，武汉国民党和武汉政府是中国资产阶级民主革命运动的中心。”[35]土地革命将由被认为是构成国民党基础的三个阶级完成。

在与武汉国民政府决裂之后，“八七”紧急会议再次宣布土地革命是资产阶级革命的关键。[36]然而，当时无产阶级领导权的必要性已被明确提出来，理论上仍然承认农民阶级和小资产阶级在国民

党旗帜下具有一些有限的政治作用，但是非常清楚地表明无产阶级将起到主导作用。在 1927 年 9 月最终放弃国民党旗帜后，正如前面已经指出的，中国共产党认为尽管新路线设想了“工农民主专政”，无产阶级仍将独立领导和指引土地革命。诚然，农民阶级在苏维埃中得到发言权，但是基本政策是由无产阶级的组织共产党制定，而不是由苏维埃制定。农民阶级能够提供革命的动力，但是这个动力的方向由无产阶级掌握，农民阶级将没有它自己的单独的政 122
治发言权。

共产国际执行委员会第九次全体会议，共产国际第六次代表大会以及中国共产党第六次代表大会的决议都用了很大篇幅论述土地问题，他们都重申了土地问题是革命的主要内容的主张——并且都强调无产阶级的领导权。由此，共产国际第六次代表大会决议指出：“土地革命问题构成了只有中国才有的资产阶级民主革命胜利的中心。”[37]同时，决议强调：“农民只有在工人阶级指导下才能获得解放，正如工人阶级只有与农民阶级联合才能够领导资产阶级民主革命。”[38]恐怕我们会推测“工人阶级”一词只是用作共产党的同义词。因为“决议”接着强调：“殖民地半殖民地国家的共产党在其人员构成上必须成为真正的共产党……党必须特别注意在主要生产部门，在主要工厂和铁路建立党组织来改善其人员构成。”[39]

然而，中国共产党第六次代表大会的土地问题决议和农民问题决议成为了主要根据，用来证明中国共产主义的毛泽东主义体系的形成是在莫斯科提前设计的。这些决议确实比以前任何有关中国土地问题的讨论都更详细。它们重复了苏联的理论家们有关中国农村社会性质的重要讨论，并且认可了这个理论分歧的斯大林主义者的最终裁决。表面上，决议制定了一个对待农民各阶层的详细的党的指导政策，实际上，决议在这个问题上的指示比初看上去更含糊，指示在多大程度上指导行动也是很值得怀疑的。

在理论上，决议一方面否定了托洛茨基资本主义关系已经深入农村经济的主张[40]，另一方面也全部否定了梅迪亚、沃特夫及其他 123
人的中国社会是典型的马克思所指的亚细亚社会（一种所有权“微

弱”，而官僚政治本身处于支配地位的社会）[41]的主张。它则强调：“中国之进步的（资产阶级式的）土地所有方式和落后的半封建式的剥削农民的方式，互相勾结着。”[42]当然，这个分析是宣布封建剥削阶级与资产阶级正在互相勾结的新路线的一个必然结论。农村范围内的主导力量仍然是封建因素。“封建”一词任何地方都没有定义，它的使用在随后几年中引起了大量的理论争论。然而，由于多种原因，斯大林主义的领导者对这个术语的把握几乎不固定。在中国，这个术语用来指所有那些就西方私有财产制度而言无法理解的经济和政治现象。“半封建”一词用来表明私有财产关系与“封建关系”是互相补充的。

外来帝国主义在中国支持封建制度，阻碍中国资本主义工业化的产生，“帝国主义便利用这些封建余孽做他们的工具，用来实行资本主义式的剥削。这种帝国主义掠夺中国的制度——掠夺半殖民地的方式，就表现于外国财政资本与中国商业高利贷资本的密切勾结”[43]。

在战略上，决议要求全部剥夺代表封建土地关系的所有地主。富农是农村中资本主义的代表，但也倾向于封建的剥削方式。在保持着革命的潜力之处，他们可能成为革命的同盟军，“在革命和反革命之间动摇”之处，他们将受到“中立”。虽然列宁提出贫农和雇农构成农村中革命的“主要力量”[44]，但是与中农之联盟还应该继续维持。可以看出，这个战略的大部分内容直接来自列宁有关土地问题的著述。

中国共产党第六次代表大会注视到中国共产主义中毛泽东主义的形成，这个观点的最有力的论据是会议对农村游击战的立场。尽管会议补充到，游击战争的发动必须“出于群众的要求，必须与宣传煽动的工作同时进行”，它却第一次勉强认可了毛泽东正在井冈
124 山进行的那类游击战争。[45]对游击战争的这种支持态度的原因，无须深究便可发现。中国共产党第六次代表大会期间，中国的形势极其黯淡，而由毛泽东、贺龙、徐海东及其他人创建的不稳定的革命根据地是中国共产主义运动中唯一的积极方面的发展。中国共产党

在当时并不是有很多的胜利，以至于它可以拒绝接受任何地方的任何鼓舞人心的革命迹象。

然而，我们一定还要问，党的第六次代表大会承认这类斗争为合法的斗争方式意味着提前认可了中国共产主义的毛泽东主义体系的形成吗？我认为，回答一定是否定的。党的第六次代表大会规定了一定条件下农民运动中无产阶级领导权，并且非常清楚地表明，无产阶级领导权只有重新获得党的无产阶级基础才能实现。就是这个认可了游击战争的农民问题决议，还补充了重要的保留意见，即“各省区自发的农民游击战争——能够变成全国胜利的民众暴动的出发点，只有在下列条件下，就是和无产阶级城市的革命高潮相联系起来”（作者强调）[46]。它还说：“工人阶级在农民中领导的巩固是土地革命胜利的先决条件。”[47]

当我们查阅第六次代表大会的政治决议时，证据比比皆是。对于革命发展中“低谷”的原因，决议指出，事实是“参加这些斗争的群众，数量还是不够，城市工人阶级还没有能战胜当前的挫折现象”[48]。从总体上看，决议描述那些斗争的严肃措辞充分证明，对于革命全局中农民游击战争的可能性，大会采取了一种最保守的观点，“至今保存的少数工农革命军，更要成为这一新的高潮的重要成分”[49]。此外，决议特别批评了在农民斗争中低估无产阶级领导 125
权重要性的倾向：“在所有农民战争之中表现出来，甚至轻视城市无产阶级的领导作用，对于党内这些倾向都应严厉的反对。”[50]

在明确今后党的任务时，政治决议特别强调“党的无产阶级化”的重要性，它声称，“恢复被破坏的支部以及各级党部，特别注意大生产大工厂中党的支部的建设和发展，因为这里是工人阶级主要群众集中的地方。积极的在工人中征求党员，继续引进工人同志的积极分子加入党的指导机关，务使指导机关工人化”[51]。“党的主要任务是争取工人阶级的大多数。使他们自己积极的赞助阶级的先锋队——共产党，信仰共产党而且自觉接受党的指导。更加充分注意职工运动，尤其是产业工人，这样才能加强工人阶级对于农民的领导。”[52]（作者强调）这距离把农村中少数几个自认为是共产党领导人的存在看作是无产阶级领导权的充分保障还有很长一段时间。

在讨论“党在农民运动中的主要任务”时，政治决议重申了共产国际执行委员会第九次全体会议的警告，即应该“联结乡村中的农民运动和城市工人阶级的斗争”[53]。它还解释说：“缺少无产阶级革命运动的农民暴动注定会失败……党必须特别重视在与工商业中心（上海、武汉、广州等）毗邻地区的农民中的活动。”[54]

恐怕我们会认为，“工人阶级”一词（中文字面意思是“很少财产的阶级”）在这里，从一种宽泛的语源学意义上讲，只是用来指穷人或“苦力”，《劳工运动决议》警告说：“对纺织、铁路、海员、矿
126 工、烟草、五金、市政、邮电等等工人应当特别注意。最近在革命工作中发生了一种‘贪便宜’的倾向，客观上只去走反抗力量最小的道路，将工作重心转移到小企业、手工工人以及许多其他的散漫的无技术的工人中间去。革命工会应当在所有的中国无产阶级中间工作。减弱了在技术工人中的工作，便是为反动工会所玩弄了。”[55]

同一个决议完全明确地指出，共产党与城市无产者之间的关系是组织与个人的关系，它强调：“必须立刻纠正旧的错误观念——对于党与阶级关系的错误观念。这种错误观念便是仿佛认为党是站在阶级之前的一种特殊的力量，可以帮助阶级，可以命令阶级，而不知道党只是工人阶级之中最觉悟的最先进的一部分。”[56]

最后，党的第六次代表大会对李立三和向忠发的领导地位的肯定无疑证实了，无论中国共产党还是克里姆林宫的领导在当时都无意放弃重新获得工人阶级的任务。他们两个在过去都一直与劳工运动相联系，完全有理由认为，他们在今后会最严格地承担起他们的无产阶级任务。李立三最初是以“五卅”事件的工人领袖而著名，而向忠发——共产党内少数几个真正无产阶级中的一个——从中华全国劳动同盟提拔为党的领导。[57]尽管所有言论都涉及土地问题的重要性，我们仍发现莫斯科并没有意向将领导的重担放在不知名的在偏僻农村继续危险实践的毛泽东、朱德、贺龙、徐海东或其他农民领袖肩上。资产阶级革命的内容是土地，然而它将由无产阶级领导。

第九章

李立三的领导

那么，在1928年年底李立三带着什么使命回到中国呢？首先， 127
他接受了完成资产阶级民主革命的命令——这个革命被一致认为基本上是一场土地革命。同时，土地革命只有在“无产阶级领导”下才能够完成，并且这种“无产阶级领导”只有当共产党重新在城市工人阶级中赢得其基础时才能够实现，这已被再清楚不过地表明了。因此，从非常实际的意义上来说，重新赢得城市工人阶级才是党的首要任务，共产国际对新的革命趋势的乐观预见似乎保证了这个任务的成功完成。

李立三还接受了准备武装起义的使命。然而，什么时候从起义的准备转变为行动，他却没有得到任何明确的指示。由于中国被认为正处于一个新的革命高潮的开始，所以将敌方表现出来的任何弱点——国民党与其他军阀派系之间的任何分歧，任何经济危机，城市或农村中的任何骚动，或帝国主义列强中的任何“矛盾”——都解释为新的高潮的迹象和行动的信号是合情合理的。如果当这样的机会出现时李立三没有行动，那么他很可能被指责为机会主义者的被动，如果他行动了并且失败了，那么他可能被指责为“暴动主义”，被指责为在估计革命高潮到来上判断有误。

李立三被授予了准备“革命先在一省或数省胜利”的使命，同时又被警告说，“目前没有革命高潮的条件之下，这种胜利没有可能实现”[1]。

如果我们想要理解李立三在担任党的领导期间的紧张纷乱的行
128 为，我们必须借助这些需要小心对待的指令加以考虑。他可能的确渴望成为“中国的斯大林”；他可能如李昂所指责的，以无法形容的无情和肆无忌惮对待他人，但是毫无疑问的是，他试图在共产国际路线的框架内实现他的抱负。

然而，他从莫斯科回来之后，很快就面临了曾经导致瞿秋白领导权被削弱的同样残酷的事实：城市工人阶级的冷漠。尽管有共产国际的要求，中国工人阶级的情绪仍没有改变。此外，李立三接受的“准备武装起义”的使命，只是加剧了党与工人阶级的脱离。正如托洛茨基和陈独秀所提出的，如果党使自己成为了工人阶级经济要求的代言人，那么党可能已经成功地阻断了部分工人与“黄色工会”的联系。然而，虽然第六次代表大会“决议”告诫党将关注工人的经济要求与准备武装起义结合起来，但是事实依旧是，不可能用与准备一场纯经济斗争相同的方式来准备一场旨在推翻政府的武装起义。[2]

1928 年年底和 1929 年年初，李立三的领导坚决致力于重新赢得无产阶级基础的任务。1928 年 10 月的一份《第六次代表大会报告》指出：“大会认为党的基础有由工人阶级转移到农民的危险，必须坚决努力恢复党的工人阶级基础。”[3] 11 月发布的一份党的文件补充说：“群众工作的对象，最主要的当然是城市的广大劳苦群众——尤其是产业工人……没有工人的领导，农民革命很少有成功的希望。所以建立城市工作，尤其是工人运动，成为党目前最迫切的任务。不幸的是，工会的组织已缩小到极小的范围，城市党的组
129 织更是支离破碎，在全国找不出健全的产业工人支部……因此，现在中央委员会决定集中重要的力量，注意全国的几个产业中心与政治中心，如上海、武汉、南京、天津、香港、大连、哈尔滨等地。在各省亦必须用很大的力量去注意全省重要的政治中心与工业中心……但绝不应该走向极端的方面去，完全放弃乡村工作，专做城市工作，乡村工作当然要与城市工作同时加紧，绝不能稍有忽略，

不过比较起来，要用更大的力量于城市工作。”[4]

这个主题直到 1929 年 6 月的中央委员会第二次全体会议之前贯穿了几乎所有的党的文件。可是，当时李立三的忠实助手周恩来在 4 月不得不汇报“中国党在六次大会的时候仅有百分之十的工人党员，现在更缩小到百分之七……工会活动有复兴的趋向，但我们还没有赢得这些工人的自发活动的领导权”[5]。这里提到的工会活动的复兴的确是事实。在 1928 年，仅上海就发生了 120 次罢工，这个事实经常在共产主义文献中被引证为革命高潮正在兴起的表现。遗憾的是，这些起义大多数是在“黄色工会”领导下进行的，并且其中六分之五是为增加工资和缩短工时而进行的斗争。[6]无论“红色工会”还有什么样的干劲，都很快被强行政治罢工的企图驱散了。然而，如果领导者将注意力集中于经济罢工，那么就会有党内的和莫斯科的许多有野心的狂热分子准备将这种行为当作“改良主义”和“托洛茨基主义”的表现加以利用。

面对这一极严重的形势，李立三试图通过指出客观形势中存在困难为自己的处境辩护。他强调，工人们并不仅仅因为害怕政府的“白色恐怖”而失去勇气，而是被“改良主义者”的虚伪许诺，被国民党“黄色工会”的诡计及诸如汪精卫的“改组派”和谭平山的第三党这样的组织所诱惑。他说：“现在妨害革命势力的团结，阻碍群众的革命运动的发展，最主要的是资产阶级的改良的口号的影响。”[7]1929 年 2 月的一份文件抱怨说：“最近资产阶级各派尤其是 130
汪陈派重新活跃起来，便是很明显的例证，并且的确在广大群众中都发生了相当的影响。……改良主义欺骗的影响已经成了群众斗争中最为严重的问题了。”[8]

李立三甚至在理论体系内为这个辩护寻找根据。回想一下，共产国际的路线强调，封建阶级和资产阶级在世界帝国主义霸权下正在结成反革命联盟，同时它指出，这个联盟是一个不稳固的联盟。这两个阶级之间的基本的矛盾仍然存在。李立三利用这个“辩证说法”，强调资产阶级与封建阶级之间的矛盾的方面。由桂系军阀这些集团代表的买办地主阶级与英日帝国主义相关联。虽然“这些阶级之间达成了一种暂时的和平，但资产阶级与买办地主阶级之间的基本矛盾仍然存在。所以中国反动统治如果是走向稳定，必然是资产阶级势力的发展巩固了他在反革命势力中的领导权，但这一前途是极少可能的”[9]。因此，“在反对封建军阀的战争中，资产阶级的力量，除掉依靠于自己所收买的军阀制度外，他还需要群众的拥护。这种反封建的改良主义的口号，在革命失败之后，很容易在群众中扩大他的影响”[10]。此外，李立三继续指出，特别狡猾的美国财阀帝国主义非常愿意在中国支持受它操纵的资产阶级骗人的改革方案。[11]

然而，共产国际一点儿也不打算承认这个理论借口。1929 年 2 月 9 日的一封共产国际执行委员会给中国共产党的信批评了全部的推理。当时，共产国际的世界路线倾向于将“帝国主义”想象为一个抽象的整体，并不倾向于试图将“帝国主义列强”彼此区分开来。共产国际抱怨说：“在中央第六十五号通告上，认为美国与英日的根本政策是完全冲突，这是不正确的。美国对中国的政策与英日一样是帝国主义的，区别只是在应用这种政策的方法。美国所提出的‘门户开放’的原则，绝不是使中国脱离殖民地的政策，这是一个自由主义的假面具，这种假面具可以帮助遮饰帝国主义的侵略
131 政策，因为在现在的客观条件下，美国需要应用比英日不同的帝国主义的策略。”[12]如果过细地区分帝国主义者是错误的，那么，过分强调中国反革命营垒中的矛盾当然同样也是错误的。“在中央政治局的报告之中，曾有一处表现这种夸大，那里说‘资产阶级现在企图给豪绅地主一个致命的打击’……一九二七年的革命事变表露出资产阶级最后转变到反革命的营垒中去了。……一切所谓中国走向基马尔道路的发展，都是些无稽之谈。”[13]

因此，共产国际执行委员会的信拒绝承认李立三以这种借口掩盖他领导的失败。同时，共产国际仍然是容忍的，它仍然愿意承认“革命浪潮只是刚刚开始，我们不要夸大反动势力的弱点”，然而，它警告说：“假使共产党不预先整顿自己的队伍，不巩固自己在工业无产阶级中的影响，不能保证工业无产阶级在农民中的领导权，

就是发生了全国直接革命的形势，我们也不能利用这种客观的条件来取得革命的胜利……消灭党与广大群众脱离的现象……若是在工人阶级的中间没有坚固的基础，在各企业及工会运动中没有广大工人组织的基础，党便不能在中国革命中握着领导地位。”[14]

由此，李立三比以前更无法摆脱第六次代表大会压给的不可能完成的任务，而且不容许寻找任何借口。此外，共产国际拒绝承认中国共产党对各种形式的“帝国主义”加以区分，使得党的领导难以利用日益高涨的反日怒潮。相反，1929 年 4 月的一份党的文件上，党的领导人在承认错误中，不得不声明：“在宣传中要特别指出这次战争是帝国主义嗾使出来的，来促进群众反对帝国主义的情绪特别是美帝国主义。因为日本与英国的罪恶，一般群众比较易为 132
了解，美帝国主义的奸猾政策，是可以迷惑群众的意识，尤其是经过资产阶级欺骗的宣传。所以我们要特别指出美帝国主义对中国的侵略政策，好像是吸人骨髓的狐狸精一样，比日本英国还要厉害百倍。”[15]由此，中国共产党绝望地陷入了共产国际政策与中国现实的反差之中。

这种困境由于李立三在党内极力地通过他的个人集团直接控制所有的党的组织（青年团，赤色同盟）[16]的专横行为变得更加严重了。然而，必须看到，虽然这些行为可能很大程度上反映了李立三的粗暴禀性，但是它也部分地是李立三所处形势作用的结果。由于本身与具体活动密切相关，地方党小组和工会组织极其敏锐地意识到共产国际对形势的估计是不现实的，因此，他们特别倾向于不满。周恩来在 1929 年 4 月的报告中抱怨“党的支部组织陷入各种离心的宗派的极端民主化的倾向”[17]。在瞿秋白领导下就出现的异端倾向当时比以前更普遍了。周恩来在报告中指出：“唐山的负责同志要求顺直省委员会召开一次党员会议，按照每个县党员人数选出代表……同时要求有与上级机关讨论所有问题的权利，或者要求领导干部由群众选举。”[18]甘肃委员会的领导继续他的不服从的传统，并且经常与李立三的领导展开争论。[19]最终，仍然保有党员身份的陈独秀叫嚣党内自由讨论的权力。他一贯所持的“准备武装起义”的政策是完全愚蠢的主张[20]，对许多党员来说似乎是完全合理的。面临这样形势，比其前任更有精力和更有能力的政治家李立三，只有通过不断的严密地控制所有的党的机构，才能够保持他的权力，他不可能给予即使是一种形式上的地方自治的特权。

六届二中全会

133 1929 年 6 月召开的中国共产党六届二中全会的明确目的，显然是为了在面临这一完全没有希望的形势的情况下肯定李立三的领导，竭尽全力表明李立三遵循的政策与共产国际路线完全一致。第二次全体会议决议“认为中央政治局在总的工作路线上，确能依照六次大会的精神，正确的应用六次大会所规定的一切策略”[21]。“决议”的确重申了第六次代表大会的命令和观点以及共产国际执行委员会 2 月来信所作的纠正和修改。“决议”还以一种官方的乐观主义的态度宣布“全部革命运动正在兴起”。为了证实这一点，“决议”指出了工人斗争的复兴，指出“一部分苏区和红军仍然在朱毛领导下”[22]的事实，指出了军队的暴动等等。与此同时，李立三试图通过宣布“主张革命高潮非常遥远或即将到来都是不正确的”[23]，保护自己免遭以后的困境。

六届二中全会再次坚持接受共产国际的“完成土地革命”的命令，但也重申了无产阶级领导权的必要性。“只有党在工人阶级，特别是在重要工业的工人中获得坚实的基础，只有有了党所领导的工会，党才会获得革命的领导权。”[24]

为了与第六次代表大会上决定采取的共产国际政策保持一致，“决议”还指出：“我们不要局限于日常经济斗争的口号，而要坚决地将小范围的斗争推进到大范围的起义，从经济斗争推进到政治斗争。”[25]任何专注于经济的斗争都与陈独秀提出的政策方向相违背。

最后，如第六次代表大会一样，六届二中全会准备在确保了党的无产阶级基础的前提下，充分利用苏区的游击战争。“我们必须
134 领导游击战争，扩大苏区，组织红军。”[26]然而，它暗示了，此后中

央机构在控制这些斗争中将起到更积极的作用。“决议”指出：“会议的观点是中央委员会对于这些活动缺乏正面的指导。”[27]

由此，六届二中全会重新肯定了李立三的领导地位，强调了他的政策与共产国际路线的绝对一致。然而，会议没有使他摆脱困境。从“黄色工会”那里把工人争取过来或通过渗透方式控制这些工会以及强行示威和政治罢工，这些无效果的尝试还像过去一样继续，而成功的希望越来越渺茫。

克里姆林宫也不愿意让李立三继续处于这种没有希望的形势中。我们无法知道，在这一时期中国共产党收到的共产国际执行委员会的大量来信，是否是授意于最高领导层，或者是否是由在莫斯科与李立三作对的中国人和俄国人鼓动的。无论是哪种情况，事实依旧是，尽管中国已经退出了克里姆林宫利益的中心焦点，在李立三领导的全部时期，他仍屈从于其不断的压力。由此，在 1929 年 10 月，中央委员会又收到了共产国际执行委员会要求采取行动的来信，它声称：“中国进到了深刻的全国危机的时期。各派军阀之间的混战重新爆发，而各派军阀的背后，站着帝国主义的列强，他们之间的矛盾正在日益剧烈起来，‘国民党改组派’（汪精卫、陈公博）的形成，反苏联的冒险政策，农业危机正在延长而且深入……工人运动的新潮正在高涨，这是革命新浪潮的发动。”[28]由此，在共产国际看来，革命低潮终于结束，新的高潮终于开始。“我们固然不能够预言全国危机转变到直接革命形势的速度，然而现在已经可以并且应当准备群众，去实行革命，推翻地主资产阶级联盟的政权，而建立苏维埃形式的工农独裁，积极地开展着并且日益扩大着阶级斗争的革命方式（群众的政治罢工、革命的示威运动、游击战争等等）。”[29]

来信对未曾料到的江西苏维埃运动的活跃给予了适当的关注。 *135*
“苏维埃区域保存着，而且最近更在扩大并巩固起来……这都成为革命潮流之中的一个支流，顺着这个支流，将要生长成为全国革命运动将来强有力的高潮。”[30]在关注了这个发展之后，来信依然补充说：“然而最正确的最重要的，日益生长的高潮的象征，还是工人运动的复兴，中国工人运动，现在已经脱离了一九二七年严重失败之后的消沉状态。无产阶级的罢工经济斗争，是在发展着这种斗争，表现着转变到政治斗争、游行示威的倾向。现在第一等重要的任务是要取得无产阶级自发的经济政治斗争的领导，这一任务也还没有解决。”[31]这个任务没有完成并且将不会完成。然而，很快就会看到，这类声称新的高潮已经到来，并且要求明显的成功迹象的来信，是如何驱使李立三的领导集团疯狂地追求新的冒险行动的。

李立三与苏区的崛起

然而，1929 年年底中国共产主义运动出现了两个充满活力的新因素：苏区和红军。在他的关于红军的历史中，周恩来写道：“1929 年 1 月 30 日朱毛大军走下井冈山标志着一个伟大的历史阶段的开始”[32]。然而，直到这一年秋季，红军才开始赢得明显的胜利。朱毛的队伍由于 1928 年冬彭德怀队伍的加入以及后来贺龙和其他部队的加入而壮大起来。新的战略开始收到效果。虽然，有关苏区扩大以及红军和游击队壮大的数字非常不可信，但是，不容置疑的是，在 1929 年年底和 1930 年年初“中华苏维埃”开始作为中国共产主义运动的一支主要推动力量出现了。

关于共产国际和中央委员会与这个充满活力的新局面的关系，
136 我认为，从开始我们就要摒弃任何认为毛泽东和朱德的成功是执行了莫斯科或上海的指令的结果的观念。当然，拿出可以证明他们的活动不是受中央委员会直接指导的文件证据是不可能的，但是环境的自然状况却有力地反驳了这个观点。运动是在仅有最落后的联络方式的偏僻地区开展起来的，是在被国民党统治区域包围的地区开展起来的。此外，总是领导运动走向新胜利的游击战争是一种要求以熟悉环境和地势进行临阵指挥为基础的战争，因此，它不可能从上海近郊或是从克里姆林宫办公室指挥。“前敌委员会”也不可能仅仅根据第六次代表大会呆板的指令，就可以完成处于不同土地状况中的地区的土地改革。

克里姆林宫与中国兴起的苏维埃运动由于距离遥远而产生的令人惊讶的信息匮乏，可以用一件事实生动地说明。1930 年 3 月的共产国际会议公报上刊登了一则长篇讣告，称毛泽东死于肺病。[33] 同样情形的令人惊讶的一无所知，还体现在斯大林在 1930 年 6 月苏联共产党第十六次代表大会的报告中，斯大林说："据说这里已经建立了一个苏维埃政府，我想如果这是真的，那么对它没有什么惊奇的。"[34] 托洛茨基抓住这个声明大叫："中国共产党对于中国建立的苏维埃政府一无所知，中国革命的最高领导人对它的政治形态提供不出任何信息的事实没有什么可惊奇的！"[35] 斯大林重复的这个传闻，可能依据的是 1930 年 2 月江西省苏维埃政府的建立。然而，无论事实如何，人们不可能从斯大林的声明中得出他正机智地指挥着在湖南和江西开展的游击战争。

我想我们可以由此认为，在湖南和江西兴起的新生力量不应归功于上海或莫斯科的指导。同样重要的是要注意到，这个运动正在形成其自身的独立的权力基础。由于控制了一支军队，控制了大片 137
根据地，控制了可以保障税收的农村人口，结果是"前敌委员会"的权力不再单纯地依赖上海和莫斯科的反复无常的命令。毫不奇怪，朱德毛泽东的队伍后来以党内真正实力派[36] 著称。

然而，正是偏僻地区领导者享有独立的权力来源这一事实不能不引起上海的怀疑和猜忌。可以有把握地认为，在"前敌委员会"领导与上海之间将要出现的紧张关系不仅仅源于意识形态的原因，而且源于纯粹的权力斗争。毫无疑问，这两个因素是纠缠在一起的。

从总体上看，李立三的态度体现的是共产国际路线，在偏僻地区的游击队的活动是合法的，并且"能够融入国民革命中"[37]。只要红军以及苏区积极地响应城市工人阶级的领导，红军以及苏区的发展是会被接受的。直到 1929 年年底运动开始显示出非凡的活力时，李立三才正视它的重要性。在 1928 年 11 月给党的一封信中，他指出忽视农民阶级是错误的，然而他又警告说："一年来农村斗争特别发展，党的组织又有十之七八是农民成分，因此农民意识反映到党的内部。……共产党认为农民是革命的同盟者，同时明白农民是小私有者，不能有正确的社会主义思想，保守的观念特别重，更缺欠组织的能力，所以只有在无产阶级的意识领导下才能走上革命的正轨。如果不极力纠正这种农民意识的危险，将使革命完全消灭，党亦趋于死亡。”[38]当然，在这里李立三是站在完全正统的立场上的。

在共产国际执行委员会十月来信宣布新的革命高潮到来之后，李立三自然被迫寻找它到来的迹象。然而，作为“支流”的日益高涨的苏维埃运动是唯一受到关注的迹象。由此，充分利用这个“支
138 流”，并且在避免“农民越轨”的困扰和避免使中央委员会权力服从“前敌委员会”权力的情况下，使它为国民革命的目的服务，就成了李立三面对的问题。

我认为，我们必须看到宣布于1930年5月30日在上海近郊召开“苏区代表大会”的决定正是在这种背景下发生的。形势发展如此之快，以至于在1930年2月7日江西[39]省苏维埃政府已经建立起来，并且同样的政权不久在福建和广西也建立起来。这些发展既是机遇又是危险，如果李立三能够牢牢地控制它们，那么它们可能被用来进一步建立李立三和共产国际所设想的那种类型的苏维埃政权——一个由城市控制的，占有特定地域根据地的政权，无产阶级基础构成根据地的核心，或者如果有必要的话甚至是根据地的外表。然而，如果不受城市工人阶级控制，那么，这样的一个政权就可能堕落为一个不受城市控制的小资产阶级政权。这是意识形态上和政治上的双重危险。

有关苏维埃政府问题的当时党的文献相当清楚地表明了这一点。李立三在3月29日《红旗》杂志上发表的文章中写道：“想单凭着红军的力量，来夺取一省与几省的政权，便是一种异常错误的观念；因为不只是不可能的幻想，尤其是这样的观念，便会在策略上忽视着我们最主要的工作：组织工人的争斗，组织政治罢工，组织工人的武装队。乡村是统治阶级的四肢，城市才是他的头脑与心腹，单只斩断他的头脑，炸裂他的心腹，还不能制他的最后的死

命。”[40]李立三以这样的情绪尖刻地指出党内日益增长的离心倾向，“乡村的发展，特别是红军的扩大远超城市，远超过于工人的斗争”。李立三坚决反对这种他归结为“对工人斗争悲观的观念”[41]的离心倾向。

我们有些惊奇地发现，当时，李立三甚至反对他后来在攻打长沙时批准的同一个战略。许多人都想到了消除农村与城市之间“不均衡发展”的明显的方法是利用红军的力量夺取城市根据地。1930 139
年 4 月，李立三仍然坚决反对这种提议，他说：“没有中心城市、产业区域，决不能有一省与几省政权的胜利。想‘以乡村来包围城市’，‘单凭红军来夺取城市’都只是一种幻想，一种绝对错误的观念。”[42]工人阶级必须由农民武装解救意味着极大地降低了城市工人阶级的领导作用。

在“苏区代表大会”召开前几天发表的回复一名记者给《红旗》杂志的来信中，这些观点得到了进一步详细解释。这名记者幼稚地建议，“不是继续将我们的势力向城市发展，而是应该向肯定会更卓有成效的农村扩展。待我们在农村地位稳固之后，我们才能够包围城市”。李立三以极大的热情回复了这封信。他拒绝考虑任何认为城市无产阶级运动落后于农民运动的主张，因为这类主张“原则上是不正确的——不是工人阶级的革命精神更落后于农民阶级，而是城市工人所面对的反动势力更强大——你似乎认为农民斗争可以与城市工人阶级斗争相分离”。然后，他开始论证湖北的苏维埃运动之所以能够继续存在，只是因为“武汉工人要斗争，日益尖锐的斗争，使湖北军阀不得不将大部分的军事力量留在武汉。没有城市工人的激烈斗争则一切‘包围城市’的计划完全是空谈”。最终，“无产阶级在革命斗争中的领导，这不仅是无产阶级政党在原则上的一种政治路线，并且是实际上为使革命走向胜利之唯一的保障。无产阶级是革命的领导者，农民是无产阶级的同盟者，一切策略路线是不能离开这个原则的”[43]。

那么当时莫斯科是什么态度呢？俄国最著名的“中国问题专家”——一个注定在罢免李立三活动中起重要作用的人——米夫发

140 表在4月28日《真理报》上的一篇文章的基本观点与李立三观点没有什么不同。米夫突出强调了中国正在兴起的罢工高潮，并且毫无事实根据地声称“红色工会的作用正在增长”。他的确指出了游击队运动的展开，指出了“一定的中央集权的领导”在苏区已经出现了。然而，他很快地补充说，这些游击战争仍然是不充分的，仍然表现了“不完整的工人阶级基础”。“最重要的是日益发展的游击队运动的无产阶级领导权没有充分的保障……事实上在多数情况下，共产党员站在斗争的前列；事实上少量的无产阶级活跃在游击战中；事实上党把先进的工人输送到游击战的战场上以帮助建立苏维埃。然而，我们不能忽略游击战的战场是远离主要工业中心的事实，工人领导农民运动的问题远没有解决。”[44]

在5月22日的共产国际会议上，对即将召开的苏区代表大会的讨论中，伊文指出，会议的主要问题将是“建立游击队行动与产业工人阶级活动之间的密切联系……（尽管）目前游击队运动已经非常强大，在帝国主义保护下的工业和商业中心的反革命不能依靠中国农村及小范围的独立的游击队力量最终消灭。没有从内部破坏，没有在城市以及农村拥有革命运动领导权的产业工人阶级的暴动，反革命的主要堡垒是不可能摧毁的”[45]。

由此，明显的是，苏区代表大会的主要目标是建立城市斗争与苏区斗争的密切合作，尤其是在苏区实现更大程度的“无产阶级领导”。意义重大的是，1930年2月25日，中央委员会和中华全国劳动同盟联合发表了“苏区代表大会联合宣言”，由此奠定了无产阶
141 级开始加入苏维埃运动的基础。会议草拟了建立苏维埃政府的初步计划，并且制定了一系列土地法令和劳动法令。[46]土地法令调子特别激进，甚至设想在苏区建立集体农场。[47]土地法令中所包括的这一“社会主义”措施后来成为谴责李立三的一项内容，然而，当时它似乎毫无疑问地是在苏区保证“无产阶级领导”的方法之一。斯大林没有用同样的方法保证无产阶级在农村的领导吗？共产国际对中国问题的所有决议没有设想“过渡”到社会主义吗？

《红旗》杂志记述了会议的成果：“它指明了无产阶级领导之重

要，要注意主要城市武装暴动的准备……它同时驳斥取消城市领导，而专以农村包围城市，以红军攻打城市的错误路线。”[48]

我们将在后面一章考察李立三实际在多大程度上能够在苏区有效地实现他的意志。然而，会议本身一点也没有使他更接近于建立他所设想的那种苏维埃政权，城市无产阶级完全没有起来。

由此，在6月，面对共产国际不断的压力，李立三竭尽全力地寻找新的权宜之计。最终为攻打长沙做准备的著名的政治局6月11日来信真实地反映了他们孤注一掷的心情。信的标题是“新的革命高潮与一省和数省的首先胜利”，它标志着李立三在红军攻打中心城市问题上态度的最终转变。表面上，李立三并没有改变他以前的关于城市与农村关系的观点，来信仍然明确攻击“乡村包围城市”的观点以及“单凭红军来夺取城市”[49]的主张。它仍然强调城市里工人阶级领导下的武装起义的必要性和优先权。然而，在这封信里还意味深长地指出：“在中国客观的政治经济条件之下，单只无产阶级斗争的高潮，而没有农民暴动、兵士暴动，红军的有力的进攻 142
（作者强调），各种革命势力的配合，同样是不能有革命的胜利。”[50]我们第一次见到红军被当作革命中的一支重要力量而被提及。革命高潮必定从城市的武装起义开始可能是正确的，但是有什么理由说明为什么这些起义不应该在红军进攻的配合下进行？“这一任务的总的目标，便是与主要城市的武装暴动配合，夺取政权，建立全国革命政权。”[51]如果有必要的话，可以从这里作更深一步的探讨。毕竟，红军的进攻可能完全没有必要跟在城市起义后面。因为，革命形势已经具备，因为城市工人阶级已经做好起义准备，红军的进攻本身可以成为一场起义的导火索。由此，与其说是用红军夺取城市，不如说是利用红军进攻启动了在城市中已经具备的起义力量，城市起义的优先权不一定必须是在时间上的优先权。

然而，遗憾的是，在红军领导者中已然形成的战略概念成了最有效利用红军队伍的一个障碍。政治局来信不满地指出：“现在实现这一任务的最大障碍，是过去‘游击’的观念，只是攻打城市，而不是夺取城市。没有决心将地方苏维埃政权在城市中树立起来，这是一种农民意识的反映，与目前的路线没有丝毫的共同点。”[52]

李立三彻底的绝望以及他极力追求新的权宜之计，都能够在他将世界共产主义的命运与中国革命的命运联系在一起的相当新奇的尝试中很好地看到。政治局来信指出：“中国是世界最大的殖民地……中国是帝国主义统治世界的锁链中最薄弱的一环……中国是帝国主义一切根本矛盾最集中最尖锐的地方。”[53]由此，接下来就是中国的任何革命必定会引起世界革命。因为，按照共产国际的预
143 测，世界革命当时已经进入了最后的第三阶段，所以中国革命在引发最后的世界社会主义革命中能够起到重要作用。反之，同样，因为帝国主义可能竭尽其所能对付任何在一省或数省胜利的中国革命，所以没有世界工人阶级的支持，没有已经胜利的苏联工人阶级的支持，中国革命难以保持这个胜利。[54]

当然，根本上讲，这个后来使李立三遭到同样彻底谴责的理论分析，目的是论证请求苏联及世界共产主义力量支援的合理性：由于中国革命对全世界的形势如此重要，所以它应该得到苏联和世界共产主义的支援。或许李立三在这里设想的可能是后来西班牙共和国所得到的那种援助。

虽然，这个请求当时在莫斯科没有受到任何极大的热情关注，但是也不足以证明它被看作是一个重大错误，一个后来李立三免职时变得重大的错误。至多它可能被看作是在所有共产党文献中都可以看到的相当空泛的革命的词语。

共产国际执行委员会7月23日的来信，非但没有谴责6月11日政治局的来信，实际上反而赞同它的基本战略主张。共产国际来信声称，“中国革命运动的新的高潮，已经成为无可争辩的事实……新的革命高涨的最初阶段的确有一种弱点，就是斗争的群众不能一开始就占有工业中心”。在指出这个困难之后，来信接着建议加强红军的力量，以便“在将来依照军事政治的环境，而**能够占领一个或者几个工业区的行政的中心城市**”[55]（作者强调）。

由此，共产国际明确赞同李立三的红军攻打城市的新构想。当时所要做的就是等待发动这种进攻的最有利的政治和军事环境。

第十章

长沙与“李立三路线”

长沙

不久，有利的环境出现了。蒋介石与冯玉祥当时正在激烈地交 144
战，国民党湖南省政府主席何应钦被迫派遣自己的部分军队帮助蒋介石作战。由此，靠近苏区最有可能“首先胜利”的城市长沙突然变得防御极其空虚。

彭德怀的红五军在 7 月 25 日攻打长沙，不过几天后被迫退出。李立三没有实现他成为“湖南—江西苏维埃政府主席”的目的，他随后要求红军攻打武汉，结果完全被红军置之不理。

如同广州公社一样，长沙的失败受到了世界舆论的评论，也是莫斯科不能忽视的一个事件。无疑，正是这一事件而不是别的什么，导致了李立三最终被罢免的开始。

虽然如此，这个事件并没有立即在莫斯科产生强烈的反响。相反，红军夺取长沙的最初消息受到了极大的热情欢迎。显然是在国民党重新夺取长沙的消息之前出版的，八月七日那期《共产国际》，刊登了新华社的一篇题为《占领长沙》的狂文。文章得意扬扬地宣布：“随着夺取长沙，中国革命史上开始了新的篇章。这是自 1927 年 12 月广州起义建立苏维埃以来革命的工人第一次控制一座重要

的工业城市。在苏维埃领导下的村庄和小城镇中间，如今又耸立了
145 一座大的城市，它成为了那些村庄和小城镇力量的主要支撑点。这次胜利加强了城市工人阶级的在整个革命中的领导权。”[1]即使一个星期后同样是新华社不得不宣告长沙失败，但是他仍然说它是“向苏维埃运动前进了一大步”[2]。

直到8月10日，《共产国际》上的一篇文章仍然说：“苏维埃运动必须依据它的斗争的真正逻辑将自身目标瞄准夺取工业化管理下的中心城市。只有在这个形势下，我们才能够实现无产阶级运动与农民运动完全的有组织的联合，保证工人阶级政党对百万农民的领导权。”[3]

这里我们发现，并没有人意识到，攻打长沙是李立三“半托洛茨基主义”导致的一个重大战略失误，在莫斯科的确没有很快谴责这个直至7月23日才得到认可的战略。

然而，在中国，李立三的政敌极其渴望利用他的失败，极其渴望罢免他。李立三自身的粗暴性格，加之共产主义运动在他手中遭受的惨重失败，使他每天都有新的敌人。

反对派

在李立三的政敌中最难对付的仍然是党的元老陈独秀。由于陈独秀具有极大的威信，李立三不得不容忍他留在党内。直到1929年年底之际，李立三终于找到了一个充分的借口，使自己摆脱了陈独秀大胆而恼人的批评。

这个机会就是，1929年春，东北少壮军阀张学良试图占有中东铁路这个事件。与总的宣传政策相一致，克里姆林宫倾向于把这个行动看作是对苏联发动战争的信号，并且要求世界上所有的共产党保卫苏联。在李立三领导下的中国共产党毫不迟疑地接受了“保卫苏联”的口号。[4]

然而，这个口号却成为国民政府反对共产党员的一个绝好的舆论武器。毕竟，苏联在中东铁路上的利益是过去帝国主义式的一种

特权。无论张学良有什么缺点，毕竟，他是一个维护中国主权反抗 146
外来大国的中国人的领袖。由于号召其拥护者保卫苏联，共产党实际上正要求中国人民保护一个外来大国的特殊利益。

鉴于所有这些，1930 年 8 月 3 日，陈独秀在致中央委员会的一封公开信中直率地批评了这个口号。他声称，就普通的中国人来说，“保卫苏联”的口号太抽象，它容易被误解并最终起了反作用。他建议党采取“反对国民党的错误政策”的口号取代它。这里强调的是国民党的错误，而不是保护一个外来大国的概念主张。[5]

当然，在这些公开陈述的理由的背后不可能没有隐藏着陈独秀对苏联本身越来越失去热情，并且或许是基于苏联的要求不会没有帝国主义迹象的一种怀疑。

然而，无论事实如何，这封信引起了中央委员会的激烈反驳。反过来这又导致了陈独秀的大胆的反驳，他毫不掩饰他对党的领导和党的路线的不满。

当时陈独秀继续留在党内不再可能了，李立三终于有机会使自己摆脱了由来已久的政敌。然而，这个胜利将被证实是值得怀疑的。因为陈独秀不久就在自己周围集合了一群或多或少忠于托洛茨基主义路线的怀有不满情绪的反对者（他们中一些人刚刚从莫斯科中山大学回国）。虽然这些更教条的年轻的托洛茨基主义者中，许多人有些怀疑地看待莫斯科“机会主义”政策的前任执行者陈独秀，但是仍然在 1929 年 12 月与他联合发表了一个宣言，这个宣言对党内仍然怀有不满情绪的分子具有强大的影响力。

题目为《我们的政治意见书》[6]的宣言受到了托洛茨基关于中国形势公认的路线的强烈影响。然而，宣言出自陈独秀——一个中国共产主义运动中伟大历史人物——之手，并且宣言以对中国具体情况的相当了解为基础，因此它与形势是密切相关的。而如果它仅 147
仅是另一本托洛茨基主义的小册子，那么它当然不会是与形势密切相关的。

同托洛茨基一样，陈独秀强调中国社会正处在资本主义制度而不是封建制度统治下。事实上，由于土地的自由转让与封建制度是矛盾的，所以封建制度在中国已经消灭几个世纪了。国民党当时完全是资产阶级政党。[7]

即将到来的社会主义革命只能由工人阶级领导非无产阶级的群众完成，而不能由任何“工农专政”[8]完成。然而，这个革命依然在遥远的未来。当前，中国处于一个长期的革命低潮，共产国际预测的即将到来的新的革命高潮是一个无法实现的幻想。[9]在这个低潮时期，党必须竭尽全力重新赢得无产阶级基础。然而，这只有通过党自身与工人的日常经济斗争相联系，通过以民主选举的国民大会的形式向掌权的资产阶级要求更大限度的政治民主才能做到。必须避免所有的起义谈论。[10]

同这一时期所有托洛茨基主义的文献一样，这本小册子不适时地评价了“党内民主”的重要性，但是没有解释在一个实际的权力不受限制地集中在中央[11]的党内如何实现这样的民主。

“意见书”最实际的吸引力无疑是它对李立三政治罢工和“准备起义”政策的攻击。正是这种攻击，才使它直接与党所处的环境密切相关。“意见书”抱怨地说：“党内工人同志都一天一天感觉着党的政策和行动绝对不适应工人群众目前的需要与可能……党和无产阶级群众的联系，更等于零……我们必须使自己与群众的经济斗争相结合。”[12]

这类批评对党的队伍的影响显然是巨大的，以至于6月11日的政治局来信将“右派的倾向”说成是“实现共产国际路线”的最
148 严重的障碍。[13]它似乎特别在那些与劳工运动联系最密切的以及最了解工人实际问题的共产党员中引起了巨大反响。

正是在这些人中1930年年底形成了一个独特的派别[14]，在具有反叛传统的江苏省委员会的主席何孟雄，以及经验丰富的劳工领袖罗章龙的领导下，这个团体特别憎恨官方政策对红色工会造成的影响，以及李立三对工会自治的每个迹象进行的彻底清除。由于他们深深地投入到从黄色工会那里争取工人的斗争，他们如何能忍受只是惊愕地注视共产党员在城市工人中的影响被全部破坏？然而，与陈独秀不同，这个团体的观点不倾向于与党决裂，或与其对斯大

林主义的忠诚决裂。按照这个团体的观点，由于错误只是与李立三领导有关，所以一旦由它设法控制了党的机构，那么一切都会变好。

随后发生的事件将表明，这些人缺乏内部凝聚力，并且他们在很大程度上受个人野心的驱动。这个团体似乎从未形成自己独特的“理论分析”，只是在李立三下台之前，它由于反对李立三的自我毁灭的劳工政策而团结在一起。

然而，对李立三的权力而言，最难对付和最具有攻击性的威胁完全来自另一个根源：“留学生派”[15]。这群年轻人在老党员中还有其他讽刺性称呼，诸如“二十八个布尔什维克”[16]，他们由王明（陈绍禹）领导，包括诸如秦邦宪（博古）、沈泽民、王稼祥、何子述以及张闻天（洛甫）等人。在1926年以后的几年里，他们在莫斯科中山大学学习，远离中国共产党所卷入的激烈的艰苦危险的斗争。在莫斯科中山大学，这个群体尤其以捍卫斯大林主义事业，反对大学学生团体中所有非正统迹象的热情，以及对学院主任米夫虔诚的忠实而出名。[17]实际上，他们是为米夫所保护的。因为当时米夫是最著名的斯大林主义的“中国问题专家”，他的支持是相当重要的。

由此，我们看到，当1930年春米夫被任命为共产国际派驻中 149
国的代表时，为其所保护的年轻人随同他一起回到中国。李昂对于经验丰富的老党员对待这些年轻的布尔什维克新成员态度的描写是一种真实心理的写照。他说：“这些年轻人不用说都是没有革命功劳的青年学生，当我们革命时，他们还在吃奶呢……这些就他们的革命背景来说还是个婴儿的人，如今回国后成了中国革命的领导者。”[18]

然而，尽管他们不受欢迎，他们与共产国际代表特殊的关系仍然很快就使他们在党的委员会上赢得了很高的职位。

说到他们对李立三的敌视，我认为主要因素应该归于他们的年少的抱负，他们的充分的自信，即由于他们恰好刚从世界革命中心回国，因此他们能够“做得更好”。当然，我认为，共产国际代表对李立三决心将党的领导权控制在自己手里极其不满，这也是应该考虑到的因素。

没有证据表明他们中任何人以前曾代表过共产主义运动中任何鲜明的新观点。相反，我们得到的李立三下台之前那段时间里的王明有限的著述与后来著名的“李立三路线”在基本观点上没有什么不同。

由此，早在1928年5月写的一本名为“武装暴动”的小册子中[19]，王明就将愤怒转向所有那些怀疑武装起义在中国的可行性的人。他关于城市工人阶级与农村游击队活动的关系的看法与后来李立三所施行的政策丝毫不差——这些政策说到底还是共产国际自身的政策。他强调：“游击斗争必须与工业中心的暴动相结合……我们应当把这种斗争（游击战争）与阶级斗争的最高形式——工人阶级的武装暴动联贯起来。”[20]“在武装群众的工作中，必须对工业城市的无产阶级加以最大的注意，绝不能把工人阶级的武装暴动看成
150 对于乡村游击战争的简单响应或补充。谁不懂只有工业城市是暴动的组织中心，谁不懂只有无产阶级是暴动的领导力量，谁就对于马克思主义的暴动策略丝毫也不懂。”[21]他引用列宁的话说：“无产阶级的政党无论何时未尝把游击战争看成唯一的或主要的工具：这工具应当服从其他的工具，应当与斗争的主要工具相吻合。”[22]

早在李立三之前，王明就提出了红军攻打中心城市的战略。他说，红军的主要任务之一，就是“占领城市与城市的革命力量联合”[23]。

为了避免我们认为王明后来可能对他的观点做了明显修改，我们应该注意到，直至1930年5月15日，他还断言：“毫无疑问，苏维埃政府的建立必须以夺取武汉为开端。”[24]在同一篇文章中，我们还发现，他攻击所有“那些怀疑世界范围内或尤其是中国范围内革命高潮的人”[25]。

如果王明的著述可以被看作代表了“二十八个布尔什维克”（他在这个群体中是无可争议的领袖）中普遍存在的观点的话，那么我们可以认为这个群体的总的“路线”与李立三的行动所遵循的

观点，如果不是完全相同，那也是几乎没有不同。

一些原始材料声称，王明激烈反对政治局6月11日来信。[26]遗憾的是，我们没有接触到有助于了解其反对意见的内容的材料，或是揭示出他的反对意见是否与任何战略政策的要点有关的材料。如果王明直到5月15日还赞同攻打武汉，那么推测他并不反对政治局来信中红军进攻主要城市的建议是可靠的。我认为，总体上可以有把握地认为，这一派的反对意见并没有其自身在意识形态领域的根据。

关于这一时期中国共产党的内部斗争，一些日文记述把“真正的实力派”——苏区领导者——看作是当时另一个反对李立三领导的派别。苏区与李立三领导之间的关系将在后面一章更为详细地论述。目前能够指出的是，如果这些领导者代表了中央委员会的反对 151
派，那么他们就是一个非常愿意用行动而不是用语言破坏中央领导政策的不动声色的反对派。我们没有证据证明，“前敌委员会”领导者在1930年年底的派系斗争中起了重要作用，或者是他们进行了任何意在夺取中央委员会机构的严重图谋。

简言之，这些就是反对李立三领导的主要力量。然而，直到长沙失败，这些力量没有一个构成对李立三领导的重要威胁，而驱使红军进攻武汉的无耻要求被拒绝，这极大地降低了李立三的威信，并使其丢了大“面子”。在7月以后，反对的声势逐渐加大。

在1930年夏末，“留学生派”的支持者米夫最终使克里姆林宫认识到中国的一切不是很好的事实。其结果是瞿秋白被派回中国，他在莫斯科挽回了一些担任中共领导期间失去的威信。靠着他对斯大林坚定不移的忠诚，他设法为自己赢得了一个可以说是在殖民地问题上的斯大林主义权威的美名。[27]

瞿秋白被派回中国的明确目的是召集一次中央委员会会议，检讨李立三领导的行动和策略。对他而言，这可能意味着一个胜利。与“留学生派”的年轻人不同，他不是没有革命经验的年少的青年；而且与何孟雄、罗章龙派也不一样，他在莫斯科有着影响。由于他带着克里姆林宫的命令，因此，有充分理由认为，他将在中国共产党内重掌大权。

然而，令我们惊奇的是，我们发现事实并非如此。9 月底在庐山召开的六届三中全会，实际上再次确定了李立三集团的领导地位。瞿秋白对这个领导权的攻击被证明是缺乏热情和没有效果的，而且，没有一个反对派能够在反对李立三集团的斗争中取得任何进展。

六届三中全会

152 或许正是反对派极其分裂的本质才是我们所要寻找的当时没能罢免李立三的主要原因。无论李立三的策略曾经多么失败，但是他设法在自己周围建立了一个完全忠实于他自己的紧密团结的集团。李立三还设法维系着周恩来对自己的忠诚。后者据说拥有其自身的追随者，特别是在苏区的一些前黄埔军校学员中尤其如此。[28]战胜这个集团，既不是本身得到共产国际代表援助和支持的“二十八个布尔什维克”，也不是工会派能够有希望做到的。“真正实力派”的苏区领导者完全不参与。

瞿秋白没能利用莫斯科给他的这个机会，这已经用多个理由加以解释了。李昂坚持认为，瞿秋白天性有些胆怯，很容易被李立三强烈的个性以及他的集团势力[29]所吓倒。还有可能的理由是，瞿秋白感觉与“留学生派”的年轻人或“工会派”都没有密切关系。

然而，我认为比所有这些因素更重要的是瞿秋白和反对派所处的两难境地。的确，瞿秋白得到授权可以批评李立三的领导，但是不批评共产国际自身的基本理论和战略建议，他又能够批评李立三政策的哪些内容呢？毕竟，克里姆林宫没有宣布它在中国路线上有任何新的改变，所以对李立三的理论主张，或者即使是对他公然行动所进行的任何攻击，都容易使瞿秋白遭到“右倾机会主义”、托洛茨基主义或“社会法西斯主义”的指责。

李立三完全意识到了这个两难困境，他决定充分利用这一困境。当然，李立三不能否认其过去的错误。非但没有否认，他反而毅然面对困难，以“布尔什维克的自我批评精神”承认了过去的一些错误。同时，他坚持主张，这些错误全都是时间上和战术上的错误，并不是理论上和战略上的根本错误。“中央的错误，是否路线上和国际不同呢?”周恩来在六届三中全会报告中质问。“完全不是 153
的。路线上没有什么不同的。”[30]当然，这种战术与路线的分离是否合理有待认真怀疑。然而，李立三的说法是极其有效的，因为他把寻找他的政策与共产国际路线之间的不同的责任推到了反对派身上。可能正是这个可怕的责任，还有李立三集团的势力吓倒了瞿秋白，以至于使他的行为失去了效力。

六届三中全会上周恩来所作的报告清楚地说明了当时李立三领导集团所采取的战略。[31]在论及基本的理论问题时，周恩来为李立三关于世界革命即将到来，中国革命将在其中起到重要作用的论点辩护。斯大林没有宣布资本主义的稳定性已经结束了吗？他没有指出经济大萧条是新的世界革命高潮的前兆吗？他没有进一步指出世界危机即将蔓延到落后的农业国，又将蔓延到西方的工业国吗？共产国际执委会的7月来信没有宣布“中国革命新高潮已成无可怀疑的事实”[32]。中央委员会或许低估了中国革命形势的“不均衡”发展，但是它的关于没有全国范围总的革命形势的存在，一省或数省的首先胜利就不会实现的主张完全与第六次代表大会[33]的分析相一致。

至于攻打长沙，中央委员会可能是错误地选择了时间，但是红军能够夺取并控制城市的事实显示了它的实力，并且预示了未来更好的局面。[34]

在劳工运动的战略问题上，中央委员会的行动完全与共产国际政策所要求的将经济斗争转变为政治斗争相一致。“经济罢工与政治罢工成为不可分离。”[35]中央委员会在运用政策上可能有点“呆板”，但是，“怀疑于这一策略不能实行的完全是右倾的观念”[36]。

过去，根据共产国际的指示，中央委员会认为，直到党占据大的中心城市，苏维埃政府才可能建立。然而，目前，不用等待占据 154
大的城市，党就开始准备建立苏维埃政府了。[37]

那么，简言之，周恩来的整个报告，目的是证明无论中央委员会可能犯了什么样的错误，“不是由于与共产国际基本路线不一致，而是由于策略和时机的错误”[38]。

在证明了中央委员会与共产国际的观点完全一致之后，周恩来立刻开始自如地进攻反对派。由于在这次全会上何孟雄派是最大喊大叫的一派，所以周恩来将全部进攻火力对准了他们。[39]正是这些叫嚣要更加强调纯经济斗争的机会主义者，其主张与共产国际的基本路线不一致。由于怀疑新的革命潮流即将到来，由于低估了苏区及红军的作用，由于怀疑“准备起义”政策是否明智，这个反对派终于完全暴露了自己右派的倾向。[40]

由于利用了报告中所概括的巧妙的战略以及它的党内集团的势力，李立三的领导地位得以继续存在。瞿秋白实际上哑口无言，所有反对派都远离了权力的宝座。1930 年 10 月 4 日的《红旗》杂志报道了六届三中全会的成功以及“右倾机会主义”的失败。[41]

毫无疑问，事态的这个出人意料的转变激怒了共产国际的代表米夫。有人根据六届四中全会决议中的评论，推断六届三中全会是在米夫的支持下进行的，周恩来的报告是在完全没有经过他的同意的情况下起草的。[42]由此，毫不惊奇，在六届三中全会之后，米夫加倍努力罢免李立三。这并不是一件容易做到的事，它需要证明：（1）李立三的错误不仅仅是细小的战术错误，而是根本的原则错误；（2）这些后来被统称为“李立三路线”的原则错误是与共产国际路线中拟订的原则直接矛盾的。

对米夫和“留学生派”而言，幸运的是，克里姆林宫实际上当
155 时已经开始重新考虑它在中国的战略政策。共产党在苏区以外地方的一再失败与其在苏区内的胜利之间的对比，在克里姆林宫的责任者中引发了许多新问题。

一方面，莫斯科极其渴望充分利用苏区的胜利进行宣传；另一方面，它绝不希望暴露中国共产党的无产阶级基础的薄弱。一支武装力量，一片根据地，乃至一个完全在斯大林主义旗帜下运转的政权的存在，在当时是世界共产主义运动中一种独一无二的现象。另

一方面，托洛茨基主义者和中国的“取消主义者”已经开始指出了与城市工人阶级完全脱离的农民游击队活动带有异端性质的含义。正如已经指出的，克里姆林宫不可能轻视这样的谴责，因为它们关系到共产党领导权的真正基础。

然而，至1930年年底，似乎是前一个考虑开始胜过后一个考虑。苏区的宣传价值开始胜过对正统的考虑（但并不是取消它们）。由此，至少在最近的将来应该允许苏区按照正在证实为如此成功的路线发展，这一点被决定下来，此外，还决定不用等待夺取大的中心城市就应该在苏区建立政权。至少暂时地，对待苏区的态度是一种放任政策。[43]

与此同时，正如我希望指出的，的确没有证据证明，这意味着党的最高权力转向了苏区的共产党领导人。相反，有充分的迹象表明，莫斯科打算将党的控制权保持在它所选择的设立在无产阶级集中的城市上海的中央委员会手中。它也并不意味着这个中央委员会可以放弃它的主要任务，即重新赢得其城市无产阶级基础。

然而，正是这个战略转变构成了全面攻击“李立三路线”的真正的坚实核心。先前莫斯科和李立三完全一样的战略已经失败，不
得不有人对这个失败负责。事实上，周恩来的报告表明了李立三领 156
导层已经意识到了来自克里姆林宫的就要发生的新的转变，并且十分愿意在战略政策上进行所有必要的调整。然而，莫斯科需要替罪羊，而米夫和中国的反对派们也极其渴望帮助克里姆林宫将李立三变成这样一只替罪羊。

在对李立三进行攻击的过程中，克里姆林宫与六届三中全会上的反对派持完全不同的立场，这是不言自明的。克里姆林宫可以轻率地放弃而对它以往的声明和指令置之不理以及进行重新解释。

攻击“李立三路线”

攻击李立三的第一炮是共产国际的11月16日来信。[44]这个攻击是如此具有毁灭性和全面性，以至于李立三不可能留在领导岗位

上。他在党内的权力彻底瓦解。由反对派主持召开的 11 月 25 日的政治局会议宣布自己与共产国际来信的指示是完全一致的，并且在李立三低声下气地承认了过去的错误之后迫使他下台。[45]

凭着共产国际的来信，“留学生派”在米夫的支持下公开争夺权力。他们所面对的唯一障碍是同样渴望利用李立三被罢免这个机会的何孟雄、罗章龙派。然而，这是一场并非势均力敌的战斗。以共产国际代表的身份，米夫得以承担起解释莫斯科的新指示的责任。由此，以既反对“工会派”又反对李立三这样的方式来解释这些指示，对米夫来说是比较容易的。他认为，这场战斗将是一场反对李立三路线和反对“右倾机会主义者”的“两方面”的战斗。[46]

李立三不久离开中国前往莫斯科，在那里，他谦卑地放弃了自己的主张。几年后他随红军返回了东北，这充分说明克里姆林宫在内心深处并不认为李立三不忠于它的意志。

在共产国际 11 月 16 日来信以及后来米夫和“留学生派”对此信的解释和说明中可以看到“李立三路线”的基本特征。

157 有人主张李立三的战略错误必定源自一定的基本理论错误。这些理论错误在前面讨论的政治局 6 月 11 日来信中完全清楚地表明了。当然，莫斯科当时没有觉察到李立三错误的严重性，这是非常奇怪的。然而，共产国际 11 月 16 日来信和六届四中全会对这个麻烦置之不理，它们将其火力主要对准了政治局的信。

可以回忆起来的是，政治局的信中强调了中国革命与世界革命之间的有机联系，它指出了正在兴起的世界革命的高潮即将到来，并断言没有世界革命的支持，中国革命不可能达到高潮。反过来，它强调，由于中国是“世界上最大的殖民地”，中国革命的成功完成不能不加速世界资本主义的崩溃。我们已经提出，隐藏在这个分析背后的动机可能是希望获得苏联以及世界共产主义运动对中国共产党的斗争的积极援助。

此时，这个分析成了攻击的主要焦点。在做出这个分析的过程中，李立三“忽视世界革命时机的不平衡发展”[47]。由此，他犯了否认“中国革命的胜利独立于世界革命胜利的可能性”[48]的托洛茨基主义的错误。这体现了他的“机会主义者的被动”。另一方面，由于强调中国革命对世界革命的重要性，他暴露了他的“小资产阶级的沙文主义”，他的“大中国主义”[49]。

就当时而言，首先，随着1930年全世界经济大萧条的蔓延，在莫斯科出现了一种日益增长的倾向，强调“世界革命高潮”的前景，而不是“革命高潮不平衡发展”的前景。正如周恩来在六届三中全会上所作报告中指出的，莫洛托夫和斯大林在苏联共产党第十六次代表大会上的讲话都对世界革命高潮的可能性相当乐观。[50]此外，正如共产国际在攻击美国共产党内一些人散布美国人“特例主义”时清楚地阐明的那样，“不平衡”并不意味着不相关。[51] 158

其次，在共产国际的文献中，到处都可以发现对于中国是世界帝国主义争夺的一个重要焦点的强调。在李立三被免职后很久，曼努意斯基还在苏联共产党第十七次代表大会上宣布，“围绕着中国的争斗是帝国主义之间对抗的一个重要方面”[52]。

但是，即使承认李立三犯了严重的理论错误，即使李立三将中国的作用与俄国十月革命的作用作比较在莫斯科看来是令人不快的，那么这个“理论”错误如何影响他的具体行为？当他没有一天不是在试图酝酿中国的革命起义中度过时，他如何能被指责为被动地等待革命呢？另一方面，他的“沙文主义”如何影响了他的行为？

与此类似的一个对李立三的指责是，在他的国内政策中，“一省或几省首先胜利的观点让位于全国的革命高潮的观点”[53]。当然，在关于这个问题的声明中，李立三的确不断强调没有全国范围的革命形势就不可能有地区的胜利。他强调这一点的动机，可能部分地是希望通过强调在国统区开展活动的必要性来平衡苏区领导者日益增长的权力。然而，无论他的动机是什么，他的立场与第六次代表大会决议的立场是完全一致的，这次代表大会明确指出：“在总的新高潮之下，可以使革命先在一省或数省区之内胜利。目前没有革命高潮的条件之下，这种胜利没有可能实现……这里，城市领导作用的重要和无产阶级群众的高潮都将要表现它的决定胜负的 159

力量。”[54]

此外，这个假定的“理论”错误如何影响了李立三的行为？攻打长沙是他没有意识到革命不均衡发展的明证吗？恰恰相反，选择长沙、吉安、武汉这些地方作为进攻点，完全是基于这些中心城市非常接近于苏区的事实——确切地说，是在那些具有“首先胜利”可能的地区。

除此之外，另一个谴责是，李立三没有“估计工农斗争的不平衡发展”[55]。当然，这里我们更接近了共产国际攻击李立三的真正核心，因为这个攻击反映了前面已经提到的共产国际战略观点上的实际转变。然而，必须强调的是，李立三不愿意承认这个“不均衡发展”是与共产国际的政策完全一致的。共产国际执行委员会第九次全体会议已经注意到了这个“不平衡发展”，但却指责它是一个需要克服的障碍，而不是应该接受的局面。一个无产阶级政党如何能默认这样一种局面？瞿秋白受到的谴责是，虽然中国共产党第六次代表大会一次又一次地强调农民斗争必须由工人斗争来领导，但是他并没有将农村起义与城市起义结合起来。

罗佐夫斯基曾谨慎地致力于这个问题。他于 1928 年 7 月指出：“目前的特点是工人运动与农民运动之间的脱离，工人运动落后于农民运动，而这对于中国革命的进一步发展是巨大的危害。因此，组织工会、吸引产业工人和手工工人加入活动的问题就成为了中国革命的最重要问题，因为，它是摆脱今后可能出现的农民运动将遥遥领先于工人运动这种困境的唯一出路。”[56]我们将发现，尽管米夫和王明攻击李立三的错误，他们后来仍然都没能放弃使工人运动与农民运动齐头并进的努力。

攻击的要点之一仍然是李立三的“冒险主义”或“暴动主义”政策。[57]正像已经指出的那样，一个“冒险主义者”或“起义主义
160 者”的政策是一种当客观环境不可能使有组织的暴力行动成功时，仍然鼓励这样的行动的政策。

毫无疑问，李立三的政策是冒险主义的，同样毫无疑问的还有，李立三的行动是莫斯科对中国客观形势描述的必然结果。尽管

共产国际执行委员会第九次全体会议，中国共产党第六次代表大会以及共产国际第六次代表大会都宣布“中国革命正处于一个新的革命高潮的开始”，共产国际执委会的 2 月来信和 1930 年 7 月来信确实已然宣布新的高潮已经到来。在革命高潮时期，人们通常会认为，反动势力的力量日趋衰落，群众的力量正准备在绝望中奋起。正如李立三自己所说：“当革命高潮开始兴起时，群众组织能够以飞快的速度增长，从一个小的群体发展成几百万人的组织。”[58] 如果李立三在革命高潮之时转而致力于扩大党的队伍的单调的工作，或者致力于纯经济斗争，那么他容易使自己被指责为“右倾机会主义”。

谴责李立三的人当然不能否认共产国际已经清楚地宣布了一个新的革命高潮的到来。他们代之以利用巧妙的语言学遁词攻击李立三。看起来似乎是李立三错误地翻译了俄文的“Pod'en”（高潮）一词。王明说：“革命高潮与直接的革命形势不是一回事，直接的革命形势是革命高潮发展到了顶点，而革命高潮是整个革命的发展过程……在高潮时期党应该怎么做呢？它必须尽自己的力量加强和扩大党的组织、工会组织、青年共产主义者同盟等。”[59] 这种区分虽然巧妙，然而，我们在以前的共产国际文献中并没有发现如此明确的区分。反李立三运动的倡导者米夫在 1929 年 9 月写道：“随着目前罢工运动的高涨，把群众从黄色工会那里争取过来要比资本主义国家把工人从改革主义者工会那里争取过来容易得多。”他补充说，鉴于正在兴起的高潮，“中国工人阶级的经济斗争能够迅速转变为 *161*
政治斗争”[60]。这里，我们没有证据证明“Pod'en”一词与“直接的革命形势”之间有任何清晰的区分。制造这类概念上的不同非常容易，但是要明白它们如何被运用到具体的政治形势中却有些困难。

然而，在作了这个新的有目的的区别之后，李立三的政敌就可以用这个李立三事先没有意识到的定义作基础来任意地攻击他。他们当时谴责李立三没有强调群众的经济斗争以及日复一日的群众组织工作。

与此同时，由于害怕迎合了托洛茨基、迎合了“取消主义者”

（陈独秀）以及“工会派”，他们不能在这个方向上走得太远。尽管强调了群众日常经济斗争的重要性，共产国际 11 月 16 日来信仍然警告说，要“把这些日常要求和无产阶级的阶级总要求联系起来”[61]。然而，无产阶级作为一个整体的要求至少是摧毁全部的现有政权！由此，中国共产党发现自己再次处于与 1928 年第六次代表大会之后不久所处的完全相同的境地——处于革命高潮的开始。起义和暴动的时机还没有来到，但是党依然必须准备这样的起义。绝不能与“右倾机会主义者”妥协！

为了证明李立三错误的“半托洛茨基主义”的本质，他有关“将革命转入社会主义革命”的一些语句被充分地利用。在十分详尽的放弃主张的声明中，李立三的原话是：“我主张资产阶级民主革命直接过渡到社会主义革命，这个观点是半托洛茨基主义的。”[62]

实际上，共产国际文献本身充满了容易导致李立三犯这一错误的语句。我们发现，有关强调中国革命的资产阶级民主性质的声明，经常伴有有关中国“非资本主义”发展的可能性的语句。有关的文献中经常指出，由于中国革命发生在伟大的十月革命之后的世
162 界社会主义革命时代，因此，它在向社会主义前进过程中不必因循以前的道路。在 1931 年李立三被免职后，米夫写了一篇题为“中国革命与非资本主义道路的发展”的文章[63]，强调了这种发展在中国的可能性。在李立三被免职两年后的苏联共产党第十七次代表大会上——当时中国共产党已经完全放弃了城市根据地——曼努意斯基自豪地宣布：“中国的苏维埃政府正在进行完成资产阶级民主革命的任务，并且在这个过程中实行了许多具有社会主义特点的措施。倘若苏维埃的权力扩展到工业中心，那么所有这些确保了这个革命会很快进入到社会主义革命。”[64]

谴责李立三的人仍然能够举出一个具体实例，以说明这个对社会主义过早期望的态度曾经影响了李立三的战略。在 1930 年 5 月的苏区代表大会上，李立三提议，大的土地所有权应该归集体而不应分配给农民。[65]正如我们刚刚看到的，表面上，没有理由解释为什么即使在资产阶级民主革命阶段不是不可以使用“社会主义特征

的措施”。然而，事实是，这个特别的措施没有得到共产国际或第六次代表大会的认可。

我们有些震惊地发现，李立三同时被谴责犯了与此完全相反的错误——对富农的态度过于慷慨。[66]除了提及斯大林关于右倾行动隐藏在右倾言论背后的老一套之外，反对者并不试图表明李立三如何同时犯了这两个错误。当然，很可能的是，李立三这里是在为实际由苏区领导人施行的政策承担责任。

要明白这个特别的“托洛茨基主义”错误如何影响了李立三的任何其他行动，这仍然是困难的。例如，它与攻打长沙的有何关系？在攻打长沙的基本战略由共产国际执委会 7 月 23 日来信认可情况下，那次进攻又如何能被认为是“托洛茨基主义”的呢？

前面已经指出，托洛茨基的“长期革命”与共产国际“民主专政”之间的理论区别，在遇到中国问题时，已经变得完全模糊不清 163
了。另一方面，李立三在其领导时期所施行的战略政策与当时托洛茨基提出的战略几乎在每一个方面都完全相反。

然而，这些就是攻击李立三的主要言辞。正是通过这些主张，共产国际和“留学生派”试图证明“李立三路线”与共产国际路线或马克思列宁主义学说没有任何共同之处。由于李立三相信世界革命的前景，他犯有“机会主义者的被动”的错误；由于他夸大了中国革命的作用，他犯有“小资产阶级的沙文主义”错误；由于他严格地实践了共产国际新的革命高潮的设想，他一方面犯有“冒险主义”的错误，另一方面犯有在组织活动和经济斗争方面的“机会主义者的被动”的错误。此外，他没有理解共产国际使用的“革命高潮”一词的特殊含义。他使用的有关革命即将向社会主义革命转变的语句以及他强行进行过早的集体化的尝试都证明了他的托洛茨基主义的倾向。然而，这并没有使他避免对富农的右倾主义的倾向。即使他攻打长沙是直接建立在寻找“在一省或数省首先胜利”的指令基础上的，他仍然低估了这个指令的重要性。由于他没有考虑到城市革命与农村革命的不均衡发展——共产国际也如此——所以他错误地坚持占有城市根据地是建立苏维埃政府的前提。

第十一章

王明的领导

164 尽管李立三遭到了决定性的失败，米夫及其所保护的年轻人赢得却并不轻松。何孟雄和罗章龙的支持者决心阻止这些“年幼的布尔什维克”获得党的控制权。[1]他们的敌意不仅仅出自私人恩怨和政治野心，而是很可能反映了他们对于“留学生派”不会实现他们渴望的政策转变的担心。

遗憾的是，这一派留下的文献多数完全散佚了。然而，我们的确得到一本何孟雄在六届三中全会之后写的小册子。这本名为《何孟雄意见书》的小册子基本上是何孟雄为维护自己地位不受当时获胜的李立三领导集团排挤的一种努力，它也可以用来说明何孟雄思想的一些基本特征。何孟雄费尽心机地证明，他是共产国际路线的一个忠实的拥护者，他接受武装起义的观点以及其他所有共产国际的指令。[2]然而，在表示了对正统信仰的敬意之后，何孟雄接着却暴露了他真实的不满。他说：“我们应该勇敢承认党与工人群众关系还是非常薄弱，党对罢工的领导大部分还是落在群众的后面。……中央在党报上说：我们党在政治上已经毫无疑问地取得了工人阶级的大多数，即使在资本主义发展的国家，都不能占全国工人的大多数。”[3]何孟雄认为这些看法意味着否认无产阶级的领导作用。共产党首要的和最高的职责是重新赢得它的工人阶级基础，要做到这点，“必须更多地强调经济罢工，我们不要完全将我们自己局限在政治罢工上……我们的红色工会破产了，但是创深剧痛。我们没有使工会保持独立的组织，而是通过党代表以下命令的方式管理的。这加大了党与群众之间的距离”[4]。我认为，在这些抱怨中， 165
我们可以发现党内依然存在的各类工会分子的真实心声。

十分明显，对于在年轻新手的领导下情况有所改善，这一派并不抱有希望。在他们的眼里，这些来自莫斯科中山大学的年轻人不仅对中国具体情况知之甚少，而且像李立三一样十分急于将他们这一派的观点指责为“右倾机会主义”，谴责他们这一派与陈独秀的“取消主义者”相妥协。

然而，何孟雄派并不是唯一的绊脚石，既然李立三已经下台，瞿秋白于是再一次准备争取领导权。1930 年 12 月初，瞿秋白写了一封致全体党员同志的信，说出了他对李立三所犯错误的看法。[5]由于这个文件已经找不到了，所以我们无法将瞿秋白对这些错误的看法与米夫、王明的看法相比较。但是，后来，当王明获得胜利的时候，瞿秋白的信由于其“妥协”的本质以及没有提及他在六届三中全会上的不光彩的角色[6]而遭到了严厉指责。

最后，李立三集团的下层分子以不可宽恕的愤怒[7]看待这些从莫斯科来的突然发迹者。

然而，身为共产国际代表的米夫，其权威足以战胜所有这些障碍。在 1931 年 1 月 7 日召开的六届四中全会上，瞿秋白、周恩来以及其他人被迫低声下气地承认错误的事实，表明米夫设法获得了克里姆林宫的积极支持。因为，在以前无论是周恩来还是瞿秋白，都没有特别地尊重米夫个人的权威。瞿秋白被迫提及他的“怯懦透顶的机会主义”，而周恩来则不得不去全面指责他自己在六届三中全会上所作的报告。[8]然而，当瞿秋白被派往苏区时，周恩来却得以恢复职位并在新一届中央委员会中赢得了一个高位。何孟雄、罗章龙集团被彻底击败。米夫把共产国际执行委员会的 11 月来信当作一把双刃剑来反对他们。无论他们的观点有多么充分的理由，米夫都能够轻而易举地对他们的正统信仰提出异议。仅仅通过指出他们缺乏政治罢工的热情，米夫就能够含沙射影地说这是一种与“取 166

消主义”[9]有牵连的倾向。

由此，王明和“二十八个布尔什维克”完全胜利了。然而，标志着他们获得权力的六届四中全会，却同时进一步加剧了苏区以外共产党的分裂过程。共产国际路线的不断改变，共产国际路线与中国现实之间巨大的“反差”，以及最终强行将“二十八个布尔什维克”指定为党的领导，都完全削弱了共产党员的信仰。由此，我们发现，纵然这个领导权是由莫斯科直接强加的，何孟雄、罗章龙派也完全拒绝接受六届四中全会的决定或新的中央委员会的领导。何孟雄、罗章龙等人没有服从党的纪律，反而成立了一个“紧急委员会”来考虑下步对策。[10]而结果则是他们全部被驱逐出党。

1月17日紧急委员会的一次会议被英国警察发现。出席会议的委员会成员全部被捕，何孟雄及其他24人于2月7日被国民党处决。反对派的原始材料坚决表示王明与这个事件有牵连，表示“紧急委员会”对于新的中央委员会领导来说是如此危险，以至于它的存在是不能被容忍的。[11]

这个事件之后，由于个人恩怨而本身分裂的“紧急委员会”很快瓦解了。其中的一些人与党彻底决裂，而在陈独秀的追随者中寻求庇护，另一些人又陆续回到了党内。[12]

从这一时期共产党文献中的相关材料来判断，似乎是工会范围内的“罗章龙主义”继续存在了一段时间才消失。考虑到罗章龙曾经是海员工会的领导者，是共产主义影响存于城市工人阶级的最后堡垒之一，这就显得尤为重要。直至1931年12月，《红旗》上的一篇文章还不得不抱怨说，多数海员工会的领导人仍然“受罗章龙影响最深……他们执行路线上的转变，仅仅只在口头上空谈”[13]。
167 文章接着抱怨，海员工会的领导和成员都对党的指示漠不关心，看起来好像是，党要求海员工会在长江流域的船夫中间加强活动，因为，“只有执行这样的转变，才能实现目前的中心任务，才是真正拥护红军和苏区工作的配合”[14]。看起来，海员工会的领导人仍然并不重视这些河流上的船夫。此外，他们坚决反对在一个共产主义的政党内工人阶级应该充当农民游击队的辅助力量的观点。

随着这些工会领导人的疏远，可以说，共产党失去了它与城市工人阶级任何有影响的最后的牢固联系。

在整个王明领导期间，苏区以外的共产主义队伍一直在削弱。当时一篇日文报道将总的形势概括如下："我们所知道的是，在每个省每个县米夫派、李立三派和妥协派（何孟雄、罗章龙派）的斗争，以及来自国民党的高压，都极大地削弱了党的活动能力。"[15]

六届四中全会路线

六届四中全会没有把注意力仅局限在清除反对派上，它还制定了今后的路线。

共产国际理论路线的主要特征并没有改变。在共产国际第七次代表大会向"联合阵线"政策的转变最终迫使共产国际路线改变之前，克里姆林宫并没有打算改变它的任何基本分析。国民党依旧是封建阶级和资产阶级的联盟，革命依旧是一场资产阶级民主革命，这场革命的主要"内容"依旧是土地问题。"工农民主专政"仍然是革命的政治形式，苏维埃仍然是实现专政的手段。工人阶级在专政中将继续掌握领导权，农民阶级仍然没有代表自己的政党。党不会与其他政治团体联盟，其一如既往的目标是推翻国民政府。按照
革命高潮一词的新定义，中国革命当时处于一个高潮时期，但还没 168
有达到一个"直接革命的形势"。[16]或者用过去的术语说，革命高潮仍处于开始，还没有达到顶峰。由此，我们发现在理论方面并没有增加任何新东西。[17]

然而，在战略方面，当时可能已经开始认识到"工人和农民斗争的不均衡发展"。此后，苏区形势喜人的发展将可以不受干扰地继续下去。由此，共产国际 11 月 16 日来信要求：（1）组织和训练一支坚强的工农红军；（2）立即建立一个坚固有效的苏维埃政权；（3）在布尔什维克主义旗帜下组织苏区群众；（4）在白区组织群众的经济和政治斗争；（5）组织反帝斗争。[18]

共产国际当时愿意考虑建立一个没有城市工人阶级基础的苏维

埃政府。为此，我们必须再次提出前面已经提过的一个问题，即这意味着共产国际和六届四中全会已经认可了权力全部向苏区转移——意味着他们已经认可了毛泽东主义吗？

我认为，即使在晚些时候，克里姆林宫也没有期望过这样的情况，它不会——也不可能——采取致使中国共产党与其所假定的城市无产阶级基础相分离的行动，它不会将领导权的重任放在湖南和江西“前敌委员会”领导人的肩上。我们有充分的理由相信，就苏联的经验而言，克里姆林宫天然地认为任何可能建立起来的苏维埃政府都将由共产党掌握。党仍然将继续把它的中央机构放在城市，将继续肩负其重新获得无产阶级基础的任务。

由此，虽然共产国际执行委员会 11 月 16 日来信把相当大的篇幅放在了苏区的活动上，但它绝不意味着忽视了城市工人阶级。城
169 市与农村之间的不均衡发展此后不再利用红军占领城市根据地的方法补救，但是寻找一个补救办法仍然是需要的。此后，这种局面将通过农民运动与工人运动共同发展的方法，而不是通过故意地削弱红军的方法来补救。事实上，11 月 16 日来信在这个问题上表现出了相当的乐观，它指出：“现在黄色工会内部的工作，赤色工会之扩大会员，共产党的征收党员，可以以与以前不同的方式去进行，因为苏维埃的胜利，以及一般政治经济环境，都提高了工人斗争的情绪。”[19]它接着断言，一旦工人被争取过来，“才能够准备工业中心的大城市的暴动，用暴动起来的工人和红军占领这些城市”[20]。这完全是回到了 6 月 11 日政治局来信之前李立三的立场，它几乎没有预见到几年后共产党在什么情况下真正占领城市。

六届四中全会决议要求改进群众活动的策略，“首先是工会……特别应当注意工厂中的工作”[21]。

11 月来信和六届四中全会决议都极其关注“城市中反帝国主义运动的领导”[22]。随着日本在华势力的日益渗透，在莫斯科当时坚持所有“帝国主义者”都要同样地去反对的倾向越来越少了。莫斯科当时更加愿意利用中国城市民众中反日情绪的潮流。事实上，在“十倍加强反帝国主义干涉的斗争”[23]命令的背后，我们可以觉

察到一种相当迫切的语气。当时的反帝斗争依然主要是一场城市斗争，城市民众是最直接遭受帝国主义者凌辱的，因此也是最响应反帝宣传的。

1931 年 7 月 15 日《布尔什维克》上米夫的一篇文章确切地证
实了克里姆林宫并不期望放弃城市。作为反李立三路线的主要策划 170
者，米夫成了六届四中全会的倡导者，因此，他最有资格解释那次大会的结果以及克里姆林宫的意向。

米夫指出，在苏联的报刊上经常有文章抱怨中国“工人运动与农民运动之间的巨大反差”[24]。他强烈反对这些说法，因为，它们迎合了“右倾和‘左倾’机会主义”。与此同时，他补充说：“所有这些话并不是为了在理论上对中国主要中心城市目前工人运动状况进行辩解——没有特别是那些工人阶级集中地区以日常斗争为基础的工人运动的进一步发展；没有运动到达一个更高的阶段，我们就不可能赢得中国革命的胜利。中国共产党必须尽最大努力克服它在主要工业中心城市组织关系相对薄弱的缺点。党必须避免一些党员中存在的低估组织罢工斗争问题重要性，低估全部工会活动尤其是黄色工会活动的倾向。无可争辩的是，在工业中心城市进行工人阶级的斗争的问题是一个至关重要的问题。”他接着宣称，在新的领导下（他自己强加给中国共产党的）“党已经在基本的工业中心城市组织和领导工人的罢工斗争问题上取得了一定的，虽然是初步的成功”[25]。

表达这种观点的不仅是米夫一个人，发表在 1931 年 3 月一期《共产国际》上一篇题为“中国共产党布尔什维克化的斗争”的文章中，库土莫夫论述了李立三路线的错误，他说：“在这种反列宁主义路线的基础上，党不能消除目前存在的工人运动相对于农民战争的落后局面——一个不惜一切代价必须消除的落后局面，以保证革命真正的胜利前进。”[26]

在 1931 年 11 月 4 日临时苏维埃政府成立前夕，雅克在《真理
报》上撰写文章指出：“苏维埃中央政府以及固定的区域根据地的 171
建立，需要加强无产阶级在苏维埃运动中的核心地位，但是，反过

来，这样的前提是无产阶级在强大的工业中心城市的斗争进一步发展。”[27]

最具体最明确无误地证实克里姆林宫的意向的，首先是中央委员会——党的最高机构——在六届四中全会后很长时间继续将它的总部留在无产阶级集中的上海，并且只是在迫于压力的情况下，才放弃了这个总部；其次是，党的领导权不是交给了经验丰富的苏区领导人，而是交给了一群在莫斯科中山大学刚刚学习过马列主义信条的学生。

除了意识形态的因素——莫斯科不能忽视共产党必须与城市无产阶级相联系的基本信条——之外，我认为，妨碍将领导权交给苏区领导人的还有权力性质方面的原因。在莫斯科，当时一种日益增长的倾向是，要在共产主义世界的每个地方将那些威信来自自身而非来自斯大林本人认可的人全都从共产党的领导岗位上清除出去。[28]把“二十八个布尔什维克”强加给中国共产党，或多或少必须根据这个倾向来看待。

与在“五卅”运动中赢得声望的李立三，或是在“八七”会议上自身起了作用的瞿秋白不同，也与凭借自己制定的战略而建立了权力的苏区领导人不同，“二十八个布尔什维克”在中国共产党历史上毫无建树，毫无意义。事实上，他们是被共产国际代表米夫直接强加给中国共产党的，自然，他们也肯定会比党内任何其他集团更加依靠克里姆林宫。

那么，我们将如何阐述1931年之后共产主义运动在城市的黯然失色呢？我们又该如何阐述权力全部转移到苏区以及作为这一运动的领导者的毛泽东的崭露头角呢？

第十二章

毛泽东的胜利

在苏区的胜利

在论述此前的中国共产党历史时，我们将重点放在了上海的中央委员会，对于苏区的论述，是从它们对党的领导权产生影响的角度进行的。当然，最常见的中国共产主义运动史，通常将重点放在苏区，对于上海的活动则当作次要内容论述。由于苏维埃运动是作为中国共产主义中的唯一推动力量出现的，所以论述中国共产主义运动的历史把重点放在苏区是唯一合乎常情的。然而，很遗憾，真正的事实是，多数从苏维埃运动中最成功的人物这一角度写的历史倾向于对苏维埃运动的许多方面故弄玄虚，特别是对其早期历史。在诸如毛泽东的传记（埃德加·斯诺所写）之类的著作中，关于苏区早期历史以及苏区与中央委员会关系的历史有很多内容依然特别含糊不清。 172

当然，我们的确有非官方的中文以及日文原始材料。然而，其中一些是从完全对立的角度写的，因此，也容易被怀疑为是有目的。尽管如此，我们只有通过相互比较这些材料并且将其与官方的记述相对照，才有希望得出一个哪怕是暂时的看法。

由此，除非我们愿意接受领导权自然地、毫不费力地转移到毛泽东手中这样简单的设想，否则，对毛泽东本人的描写并不能帮助说明关于他在苏区上升到无可争议的领导地位的情况。毛泽东是一个具有伟大领导才能的人，一个具有“超凡”人格的人，这是不争的事实。与此同时，他是否能通过纯粹的人格力量赢得其领导地位是有怀疑余地的。

173 虽然毛泽东可能是我们决定谓之为“毛泽东的战略”的主要代表，他却绝不是唯一的代表。我们知道游击队出现在各个不同地区——在福建西部、江西东北部和安徽等地。[1]毛泽东能够在井冈山维持自己的地位，很大程度上是由于得到了朱德以及后来彭德怀[2]军力的补充。虽然这些游击队的军事领袖中有许多人，特别是朱德，可能出于忠诚而愿意使他们的志向服从这个事业，但是有理由怀疑，其他人绝不愿意将他们的志向服从毛泽东的权威。

军权与民权之间的紧张关系似乎是苏维埃运动早期矛盾的一个特别重要的根源，毛泽东很早就敏锐地意识到了这个问题。这个意识可能部分地缘于他认识到他本质上并不是一个伟大的军事领袖。然而，从本质上来讲，这个意识可能不仅缘于他意识到一个共产主义政党的概念要求军队有纪律地服从平民，而且缘于他决心防止苏维埃运动像中国曾经发生过的许多运动的情形一样成为有野心的军阀手中的玩物。早在秋收起义时期，我们发现他担任了党的领导，而将军队领导权交给了余洒度。[3]当 1928 年 5 月毛泽东与朱德会师时，由毛泽东继续担任运动的党代表，这被明确地定了下来。[4]由此，在维持其权利地位的斗争中，他同时为维持军事服从民事、军队服从党而斗争。

然而，为了维系自身的生存，苏区依靠着军事领导者的技巧，而后者不是没有意识到他们自身的重要性。日文原始材料十分明确地提到苏区存在“军事派”和“党派”。[5]虽然这种划分可能使苏区复杂的权力关系过于简单化了，但是毛泽东的著作无疑证实了这种
174 斗争的确存在。在关于 1929 年福建古田召开的第四军第九次会议决议的报告中，毛泽东相当详细地论述了在他担任前委书记的第四军中存在的“纯军事观点”。毛泽东着重提到了一种倾向，即“认

为军事政治二者是对立的，不承认军事只是完成政治任务的工具之一”[6]。他不满于这种倾向的说法——“军事好，政治自然会好，军事不好，政治也不会好……则更进一步认为，军事领导政治了”[7]。此外，他不满地指出：“一些军事方面的领导同志忘记了他们应该听从党的指挥，并向党汇报。……组织上，把红军的政治工作机关隶属于军事工作机关。”[8]

在埃德加·斯诺的记述中，毛泽东补充说道，上述倾向“是非常严重的，并且被党内及军事领袖中的托洛茨基派用来削弱军队的战斗力”[9]。无论当时中国的托洛茨基主义者如何彻底否认苏维埃运动及苏维埃运动方面的著作，人们都难以看到他们在这个斗争中究竟能有什么特殊的利害关系。考虑到这一点，可以有把握地认为，我们这里涉及的是与战略政策斗争纠缠在一起的权力斗争，而不是一场托洛茨基主义与斯大林主义的斗争。

官方和非官方材料都一致认为，随着1930—1931年期间苏维埃运动的发展壮大，各种各样的紧张关系也在苏区发展起来。我们发现，在官方材料中经常提到托洛茨基主义者、反布尔什维克派、社会民主党人、李立三主义者等派别。这些意识形态的标签在多大程度上代表了实际情况？我们当然知道，在共产主义运动中，往往有倾向将所有反对意见首先归为意识形态错误、最终归为那些犯错误者的不光彩的阶级背景。如果存在一个纯粹的权力斗争，官方记述不可能提及。苏区的所有斗争完全是赤裸裸的权力之争，这是不可能的；但是同样不可能的是，它们都是由地主和富农掀起的一个意识形态性质的斗争。被剥夺了土地的地主和带有疑惑的农民所怀有的敌意，以及国民党影响的存在，无疑都起了作用。我们还必须考虑到毛泽东与他的对手之间由于权力而产生的紧张关系，军队和党的领导之间的紧张关系以及中央委员会与前敌委员会领导人之间的紧张关系。

由此，如果我们根据所有可以利用的材料考察1930年12月著名的福田事变，我认为，我们可以辨明存在的全部复杂因素，福田事变是一个如此重大的事件，用毛泽东的话说，“在许多人看来，似乎是这场斗争的结果决定了革命的命运”。

“福田事变”中涉及因素的复杂性使人们怀疑这个时期苏维埃文件中提及的其他乐观的斗争也同样地复杂。“反布尔什维克同盟”一词经常被用来表示苏区反对毛泽东主义领导的所有派别的总称。虽然李昂声称的没有一个这样的组织存在，可能是言过其词了[10]，但是，对于苏区GPU来说，把这个标签贴在完全不同源流的反对派身上确实非常容易。

苏维埃文件还大量介绍了1930—1931年期间福建苏区“第三党”和邓演达的“社会民主党”的活动。[11]我们无须怀疑这些非共
178 产主义的政治团体在苏区确实取得了一些进展。与此同时，认为这些团体仅仅代表富农或地主利益的圆滑主张是相当可疑的。完全可能的是，政治上的竞争甚至地区间的猜忌比第二国际的意识形态起了更大的作用。

我们还认为，所有将这些斗争仅仅看作意识形态斗争或“阶级斗争”的企图都应受到怀疑，与关涉重大战略问题的斗争纠缠在一起的纯政治竞争起了决定性作用，没有忠于他个人的党内集团的支持，毛泽东不可能施行他的领导权。

到1931年年底，毛泽东在苏区的领导地位已然足够强大，并使他赢得了新成立的临时苏维埃政府主席一职。[12]

在共产主义运动中的胜利

要找到反映毛泽东及其他苏区领导人与位于上海的党的最高领导机构之间关系这一问题的文件，并不太容易。

要想弄清毛泽东和其他苏区领导人的态度，我们必须首先记住这一事实，即他们将自己视为真诚的共产主义者。确切地说，他们不可能轻视代表党的权威和党内等级的那些象征。没有深思熟虑，毛泽东不可能公开反对中央委员会领导或公开违背它的指示。与此同时，他深信农民阶级能够独自担当实现全部中国革命所必要的推动力，这是一个他在《湖南农民运动考察报告》[13]中表达过，并且

后来学会用必要的马列主义推理来表达的信仰。这个信仰是不容易 179
被共产国际路线在这个问题上的变化而动摇的。毛泽东说，在“秋收起义”之后，“我被开除出政治局，也退出了前敌委员会，湖南委员会也攻击我们，称我们是‘枪杆子运动’。我们仍然将我们的军队聚集在井冈山，坚信我们的路线是正确的”[14]。换句话说，在这一点上，即使面临中央委员会的反对，毛泽东也打算将他领导的运动延续下去。与此同时，当共产国际第六次代表大会承认他领导的运动在全部共产主义运动中的合法地位时，即使这种承认是适度的，他或许会更加欣慰。[15]

无论他曾经多么渴望看到他的活动“合法化”，事实依然表明，从井冈山的实践开始，他就对中央委员会从上海指挥苏维埃运动或者为其他目的牺牲苏维埃运动的企图不满。

我们发现，早在 1928 年 11 月来自井冈山前敌委员会的一份报告中，毛泽东以这样的心情责备中央委员会：“此后兄处对此间的指示，务请参考我们的报告，切不宜单依据巡视员的片面报告。六月巡视员杜修经对省委的报告，观点完全错误（如赤卫队加二百枪足以保卫边界割据，红军当时是保守主义等），省委即依据此等报告决定行动，所以失败。又兄处以后对于此间军事行动的指示，千万不要太强硬。中央来信要我们依据环境自加抉择，有回翔余地，最为妥当。”[16]同一个报告还一再表明了前敌委员会与中央委员会特派代表之间的斗争，尽管是用一种与给上级机构的报告相适宜的严谨措辞表述的，这个文件还是毫无疑问地表明了比官方措辞所暗示的更为深刻的斗争。

在我看来，苏区与中央委员会的关系其实质是一个与战略问题
紧密相关的权力问题。前敌委员会在多大程度上自行其是？苏维埃 180
运动在多大程度上被允许按照毛泽东及其他人所采用的战略发展？在多大程度上被用于本身之外的目的？在讨论李立三当权时所施行的政策过程中，我们已经提出，李立三的领导集团决定坚持其在苏区的领导权，并且控制任何可能出现的“苏维埃政府”；我们还指出，共产国际路线和以这个路线为基础的中央委员会的政策都没有

设想农村苏维埃运动会自由地独立发展。相反，共产国际坚持这一运动必须与城市运动相结合。[17]

毛泽东和“真正的实力派”如何应对这种压力？毛泽东的著作中的事实表明，他用所有可能的方法抵制它。

事实上，在埃德加·斯诺的记述中，毛泽东表示，第六次全国代表大会之后，所有的不和都消失了。他说：“从那时起，党的领导与农村苏区领导之间的分歧消失了，党内重新建立了融洽的关系。”[18]这完全自然与强调和谐持续发展的正统派的历史写作相一致。然而，这个陈述并没有妨碍毛泽东在后面的内容中攻击李立三，即使后者第六次代表大会之后成为了党的领导[19]，这同样也没有妨碍毛泽东做出令人吃惊的陈述：“李立三路线当时在苏区以外的党内居支配地位，它的影响力某种程度上足以迫使红军接受，从而背离了红军的临阵指挥判断。”[20]由此，我们知道，在李立三被免职之前的一段时间里，“李立三路线”就是中央委员会的路线，李立三的政策只是支配了苏区以外地区，只在某种程度上被红军认可，而且，与临场指挥的判断相矛盾。这里，毛泽东揭示出，实质上，中央委员会的政策在苏区大多被破坏。

181 可以回想起来的是，6 月 11 日政治局来信不满于苏区盛行的游击战的战争观念，并要求苏维埃军队将其所有军事力量合并成一支组织完备的红军。[21]然而，毛泽东揭示：“在这些军事行动中红军拒绝使游击队停止活动，拒绝使自己的后方暴露给敌人。”[22]（攻打长沙）

当然，认为中央委员会在苏区完全没有影响力是错误的。正如已经指出的，前敌委员会难以公开反对中央委员会的指示。此外，中央委员会能够利用苏区本身存在的派系分裂倾向。

尽管苏区的派系分裂倾向可能有地方原因，但是毫不惊奇的是，它不久开始卷入了苏区与中央委员会的关系中。似乎是苏区中的不满分子试图通过依靠中央委员会的权威巩固自己的地位，而中央委员会的“代表”在这些人中特别有影响。由此，“江西南部苏维埃斗争的报告”指出，“在李立三主义口号的旗帜下”，依据 5 月苏区代表大会决议，真的进行了建立集体农场的尝试。[23]另一个材料指出，在江西西南部，“反布尔什维克同盟”试图通过实行李立三土地政策、反对重新分配土地、要求建立集体农场[24]以阻碍毛泽东的领导。在这里还是，无论涉及的反对派的性质是什么，毛泽东本人有意识地反对苏区代表大会上采取的土地政策这一含义是清楚的。

攻打长沙自然是李立三能够在苏区贯彻其意志的最直接的表 182
现。但是，即使在这一点上我们也面临着让人困惑的情况。众所周知，李立三设想的进攻长沙的计划是包括攻击南昌、武汉甚至南京的一系列进攻中的一个。据刚刚提到的文件说，依据李立三的策略，“反布尔什维克同盟带头鼓动攻打南昌”，这再次表明毛泽东不赞成这样的进攻。[25]进攻武汉的命令被完全置之不理。而按照李昂的说法，长沙失败后[26]，毛泽东公开拒绝让红军进攻武汉。毛泽东自己说：“这次失败（长沙）打击了李立三路线，使红军避免了李立三所要求的攻打武汉可能会带来的灾难。”[27]由于攻打长沙与六届三中全会上放弃攻打大城市的政策之间相距一个多月时间，似乎是在此期间，红军完全无视中央委员会进攻武汉的命令。

“在这些军事行动中红军拒绝使游击队停止活动，拒绝使自己的后方暴露给敌人。”这一事实完全确定无疑地证明，尽管李立三要求全部机动部队全力以赴占领城市，前敌委员会仍然拒绝以自身的存亡来为李立三的政策冒险。

所有这些导致了这样的疑问，即攻打长沙本身是与一些因素直接有关，而不是李立三的指令。很有可能的是，以前曾攻打过长沙的彭德怀[28]比毛泽东更赞同李立三攻打城市的观点。一份反对意见的材料暗示，毛泽东极其愿意让彭德怀的部队进行这项重大任务。有一份共产国际的材料的确指出过，彭德怀没有得到其他红军部队的适当增援。所有材料都一致认为，攻打长沙的一个积极的结果是为红军夺得了大量武器、弹药、军需品和“三千名工人”新兵。[29] 183
由此，从苏区角度看，这次进攻意味着一个净增长。因此，可以想象，获得这些迫切需要的军需品本身就是一个导致苏区领导人遵照了李立三指令的因素。游击队为获取军需品和新成员而攻打小城市，这在苏区不是不为人知的现象。由此，在有关 1930 年 11 月攻打吉安城的一份报告中，瞿秋白抱怨说，进攻部队仅局限于“招募新兵”[30]。

184 然而，无论事实如何，毛泽东本人的记述以及其他材料都认为，他与李立三当权派之间的总的关系，或许可以用李昂所使用的一句中国成语“阳奉阴违”[31]最简洁地表述。毛泽东并不公开地违反中央委员会的指令，但是他尽一切可能阻止中央委员会使苏维埃运动偏离在井冈山实行的主要战略路线。

正如已经指出的，共产国际执行委员会 11 月 16 日来信及六届四中全会标志了这个战略的胜利。在 1930 年间，苏区明显扩大，结果是克里姆林宫立即采取了对苏区军事事务不干涉的政策。工人和农民斗争的不均衡发展因此将通过促使无产阶级斗争与农民斗争并肩发展得以解决。

然而，正如已经指出的那样，虽然苏区在战略问题上赢得了胜利，但是权力问题依然如故。没有理由相信，克里姆林宫倾向于将中国共产主义运动的最高权力拱手交给毛泽东和红军的领导人。由忠诚的“二十八个布尔什维克”掌握的新的中央委员会，仍然在上海行使最高领导权。虽然苏维埃政府将尽快建立，但有充分的理由可以认为，苏维埃政府机构与党的机构之间的关系将建立在苏联模式基础上。

然而，中国形势的现实显示了完全不同的趋向，苏区领导人实际权力的日益巩固与上海中央委员会名义上的权力的日益瓦解之间，对比变得如此明显，以至于它不久必定影响事态的进程。

虽然李立三曾经在苏区施加了压力，但是新中央委员会的年轻人与苏区很少有联系。毛泽东没有理由遵从这些年幼的布尔什维克的领导。然而，更重要的事实是，中央委员会在财政上越来越依赖苏区。党员人数的急剧下降以及城市群众基础的丧失，导致了党的经费来源大大减少。埃德加·斯诺报告说，1932 年纽伦斯审判中透露出，当时深深卷入了中国国内事务的苏联拿出了总数大约为 1.5

万美元的资金用于它在东方的所有活动。[32]李昂补充说，提供给中国的资金大部分被指定用于工会活动。其他唯一稳定的资金来源是苏区的税收。据李昂说："党的活动经费大部分由苏区供给。"[33]

另一个导致中央委员会权力被削弱的因素是1931年国民政府再次发动的大规模的"白色恐怖"行动。苏维埃运动的日益强大彻底引起了国民政府的恐慌，后者于1930年11月发动了第一次"围剿"，结果失败。1931年4月又发动了第二次"围剿"。考虑到共产党领导的大本营在上海，国民政府警察在1931年开始大规模行动，侦察在上海的共产党员。

在1931年春季，李立三最为惧怕的特务组织（GPU）的主要负责人、在新一轮领导下设法保持了自己地位的顾顺章去武汉执行特殊任务但被国民党警察逮捕。他被捕后自愿地成了叛徒，并向国民党警察提供了大部分中央委员会重要领导人的地址。虽然大多数领导人得到了及时的警告，但中央委员会的"傀儡"主席向忠发还 *185*
是在家中被捕，并于1931年6月21日被枪杀。[34]（在他死后，中央委员会实际上的领导者王明也就名副其实地成了真正的领导者。[35]）这次事件之后，中央委员会的工作环境越来越不安全。

最终于1931年11月7日在苏区新首府瑞金召开的旨在建立"中华苏维埃共和国临时中央政府"[36]的第一届中华全国苏维埃大会，使瑞金苏维埃政府领导人的实际权力与中央委员会领导人的名义上的权力之间的差别显得更清楚。虽然所有中央委员会的领导人都成为了新苏维埃政府中央执行委员会的成员，但是他们是与许多不知名的党员分享这一荣誉的。实际权力仍然集中在苏区领导人手里。

中国共产主义运动中朱、毛的领导取得完全胜利，可以说是在1932年至1933年期间中央委员会最终不得不将总部从上海转移到瑞金时实现的。[37]

根据李昂更为详尽的记述来看，这次转移直接源于来自苏区的压力。李昂说临时政府建立后，毛泽东感到他有能力领导整个中国共产主义运动。于是，毛泽东决定采取他喜欢的小说《三国演义》

中曹操的战略，即“擒贼先擒王”的战略。[38]由于上海存在着“白色恐怖”的危险；由于需要召开前敌委员会可能参加的六届四中全会；由于苏维埃政府缺少有能力的领导干部[39]，毛泽东给中央委员会发出了一连串电报，敦促它将总部转移到瑞金。李昂补充说，中央委员会并没有表现出顺应这些建议的倾向。在这些礼貌的建议未能得到响应之后，毛泽东发了一份电报，暗示由于联系的困难，苏区不可能再提供资金。[40]李昂声称，这种威胁，加之在上海日益不安全的处境，最终迫使中央委员会迁往瑞金。[41]其他表达反对意见
186 的材料支持这种说法。当然，没有来自苏区的压力，“白色恐怖”和中央委员会对于指挥失效的自我感觉本身足以促成这一转移行动也是可能的。[42]然而，直到向忠发被杀后几个月中央委员会才离开上海的事实，表明除了纯粹的恐怖因素之外，还与某种因素直接相关。

无论事实如何，随着中央委员会移往瑞金，它开始完全服从于苏维埃政府的领导。“二十八个布尔什维克”中的一些人，如沈泽民、秦邦宪、张闻天、杨尚昆及其他人的确在苏维埃政府机构[43]中赢得了体面的职位。同时，与苏区早有联系的周恩来成为了苏区中央局书记[44]，再一次显示了他惊人的适应能力。然而，重要的是，昔日的中央负责人王明，在新政府中没有为自己赢得任何职位。取而代之的是，他作为中国共产国际代表被打发回了莫斯科。[45]

在1932年王明回到莫斯科后[46]，还有一些人坚持认为，王明仍将是中国共产主义运动的领导力量。毕竟他曾担任被认为是共产党内最高级别的职务，而他的离任明显地不是因为失去了莫斯科的支持。我们没有发现费尽心机企图组织“反王明路线”的证据。此外，在他返回莫斯科之后，作为中国事务的翻译以及共产国际第七次代表大会上“联合阵线”政策的非常引人注目的策划者之一，王明还是在国际共产主义运动中赢得了世界声誉。[47]

虽然如此，我认为尽管王明从未失去莫斯科的支持，可是他的返回莫斯科与其说是爬到了一个新的权力高峰，不如说是等于从中国共产主义运动权力中心被驱逐了出去。瞿秋白不也是在中国共产

主义运动中失去权力后成为了共产国际的代表，并在共产主义世界 187
赢得了“理论家”的声誉吗？必须再次强调的是，1931 年后，中国共产党领导人的权力并不仅仅来自莫斯科的命令，而是建立在掌握了一支军队、一块根据地和一个统治机构的坚实基础上。住在莫斯科豪华宾馆中的王明是接触不到这一“实权”的。

考察 1935 年王明在建立“联合阵线”中的实际作用将超出本书论述的范围。然而，我认为，依然能够指出的是，自从他在 1938 年返回中国后，他就再没有在中国共产主义运动中担任重要职务，他甚至不在莫斯科遴选幕后强有力的实际掌权者的各种考虑之内。由此，有充分理由认为，他于 1932 年回到莫斯科，标志了他在中国共产运动中真正永久地失去了权力。

那么，在毛泽东领导权的建立过程中，莫斯科扮演了什么角色呢？这里，不能以武断的语气下结论。在克里姆林宫的档案中可能存在着秘密文件，确定无疑地证明莫斯科直接授予毛泽东领导者的重任。[48]然而，在可利用的文件基础上，我们只能得出这样的结论，即毛泽东是凭借着以自己成功的战略造就的实实在在的军力、财力和人力赢得了在中国共产主义运动中的领导地位，权力转移到毛泽东和朱德手中是中国共产主义运动中环境和权力关系的结果，而不是莫斯科做出的任何决定的结果。我们的确试图证明，主动将运动领导权给予十分乐于看到中国共产主义运动与运动所假定的城市无产阶级基础完全分离的人，对莫斯科来说是极其困难的。因此，我们只能推断，莫斯科承认毛泽东的领导权基本上类似于一种对既成事实的默认。

用李昂的贴切的话来说，“莫斯科用毛泽东为自己挽回了‘面 188
子’”[49]。在斯大林主义旗帜下，一个充满活力的苏维埃政权的存在是一种无论付出什么意识形态的代价莫斯科都不可能放弃的宣传财富。

至 1933 年瑞金召开的六届五中全会，毛泽东主义战略成为了中国共产主义运动的战略。

第十三章

毛泽东主义战略的基本特征

189 本书的目的不是论述苏维埃时期的历史或随后的新民主主义时期的历史，如果在这里我仍然冒昧探讨毛泽东主义的基本特征，那是因为我确信，这些特征不存在于理论层面，而存在于战略层面；同时，我确信这个战略的基本要素，在毛泽东获得中国共产主义运动的领导地位时就已经形成了。虽然这个战略的确对马克思列宁主义学说具有深远的含义，但是它们是在理论上从未被明确化的含义。相反，这些含义在理论层面上被竭尽全力地掩盖。

毛泽东主义战略

毛泽东主义战略本质上是将一个按照列宁主义原则组织起来、由于信仰马克思列宁主义的一些基本信条而充满活力的政党建立在一个主要由农民组成的群众基础上。

虽然这是毛泽东主义战略的核心，1926 年至 1927 年期间在湖南以及“秋收起义”的经历过程中却逐步形成了更多的特征。然而，可以说，毛泽东主义战略的基本特征早在 1928 年毛泽东写的报告中就已经出现了。在《井冈山前敌委员会给中央委员会的报告》中[1]，毛泽东列举了保持和发展“工农武装割据”的必要条件：第一个条件是“一个强大的群众基础”的存在，尽管报告没有指明，但是这个群众基础当然是一个由农民构成的群众基础。可以通过实行旨在消除苏区大部分农民的基本不满情绪的土地改革大纲而赢得这些农民群众；第二个条件是一个强大的党的存在，即按照 190
列宁指示的路线组织起来的党的领导的存在；第三个条件是一支强大的红军的存在，因为在一个军事力量决定一切的环境中，一个苏维埃政权只有拥有自己的军队才能生存；第四个条件是控制一片具有战略地位的根据地；第五个条件是该区域应充分自给自足以保持其人口。回想起在“秋收起义”中的经历，毛泽东特别强调要占有一个“中心的稳固的根据地”，并且，他否认了中央委员会有关强调保持这样的一个根据地是一种“保守主义”的表现的指责。[2]

报告中提到的毛泽东主义战略的另一个独特特征是优先选择“边界地区”作为根据地，即可能“影响两个省”的根据地。[3]“红军必须在边界这等地方，下斗争的决心，有耐战的勇气，才能增加武器，练出好兵。边界的红旗子，业已打了一年，虽然一方面引起了湘鄂赣三省乃至全国豪绅阶级的痛恨，另一方面却渐渐引起了附近省份工农士兵群众的希望……边界红旗子始终不倒，不但表示了共产党的力量，而且表示了统治阶级的破产，在全国政治上有重大的意义。”[4]

由此我们看到，毛泽东主义战略不仅建立在对农民阶级革命潜能深入了解的基础上，而且还建立在这样一种认识基础上，即在一个中央集权已经被破坏，而只有不稳定的重建政权的国家里，国家权力在广大的沼泽一样的农村，在那些最远离行政和军事权力中心的地区是最微弱的。

毛泽东在会见埃德加·斯诺时，就这个战略背景下红军的主要任务作了简明的概述，他说：“红军的主要任务是招募新的队伍，扩大苏区范围，尤其重要的是，在完全苏维埃政权下使红军已经控制的这些地区得到巩固。”[5]

我认为，这些就是与有利的外部环境结合在一起的最终将中国共产主义运动引向胜利的毛泽东主义战略的概要。

那么，这一战略对马列主义信条来说有什么含义呢？

毛泽东主义战略与马克思列宁主义信条

191 当然，在整个苏维埃时期，在共产国际执行委员会11月16日来信以及六届四中全会决议中确定的共产国际路线与中国共产主义运动的理论路线之间的确没有正式的决裂。然而，实际上，权力转移到苏区标志着中国共产党与它假定的城市无产阶级基础几乎完全分离。它是一种行动上的异端的开始，这种异端从未在理论上明确化。中国共产主义中毛泽东主义的发展证明，事实上，一个按照列宁主义路线组织起来的、对马克思列宁主义的一些基本信条充满真诚信仰的共产党，可以不与工人阶级有组织联系而存在。由此，中国共产主义的经历对涉及党与阶级之间关系的整个概念体系提出了质疑。

然而，这是一个中国共产主义运动和克里姆林宫都不能容忍的质疑，共产党获取的权力以及它所认为的自身正确之所以是完全合理的，是因为共产党是一个以历史地注定要主宰世界和掌握终极绝对真理的阶级——无产阶级为躯体的社会组织的大脑。用匈牙利共产主义理论家卢卡奇的话说，共产党的活动“不是代表阶级活动，而是阶级本身活动的集中体现”[6]。他还说共产党员是“是明显化的无产阶级的阶级意识”[7]。然而，通常认为，在与实实在在的工人阶级的某种具体的关系中，阶级意识最低限度地保证了一个共产主义政党的特性。否则，它可能容易失去它的作为一个共产主义政党的特性。事实上，很多共产主义的文献认为，共产党是一个即使在它的无产阶级基础牢固时，也较易受到非无产阶级影响的特别敏感的组织。脱离工人阶级的共产党会失去它的真正特性，这个含义是清楚的。

192 如果共产党与其无产阶级基础之间的关系不牢固，那么党的首要的也是最高的职责就是加强这些关系以免党失去其存在的基础。在列宁的全部著作中，我们没有发现任何关于共产党可以没有它的无产阶级基础而作为一个实体存在的暗示。

由此我们发现，1931 年后，用所有可能的策略避免中国共产党与其无产阶级基础之间实际的分离，成为克里姆林宫和中国共产党的首要事情之一。

这种策略的进程实际上在毛泽东最终胜利之前就已经开始了。当共产国际和中国领导人尽一切努力，重新赢得城市工人阶级时，城市运动与农村运动之间的“反差”，当然已经在毛泽东最终胜利很久之前就是事实了。在六届三中全会的报告中，周恩来不得不承认党只有不到两万名的无产阶级党员[8]（可能是一个夸张的数字），抓住这个事实——无视共产国际的意向——托洛茨基早在 1928 年就开始因几个所谓的共产主义分子在脱离城市工人阶级的纯农民的环境中进行活动这种异常现象而指责共产国际。[9]在中国陈独秀继续附和。我们已经看到，对于事情的这一发展状态，共产国际和中国领导人是多么不高兴。无论如何，他们不能对托洛茨基的谴责听之任之。由此，我们看到曼努意斯基在苏联共产党第十六次代表大会上指出：“中国革命的第三个特性是，中国革命在工人阶级最终胜利之前掌握了一支红军，占有了相当大的区域。正是这个时候，它在这个区域内建立了以共产主义者为主体的工农苏维埃政权。这种状况使工人阶级不仅在思想上而且在政府中实现了对农民阶级的领导权。”[10]作为对指责中国共产主义运动缺乏无产阶级基础的一种辩护，这段话在随后的中国共产主义文献中被一再重复。

这段话本质上是什么意思？它仅意味着，由于苏区的领导人是 193
令人信任的共产党员，由于苏区是在共产党领导下，因此，那本身就是无产阶级领导权的保证。托洛茨基从坚定的正统主义立场出发极其尖刻地回复了这个说法。他问：“当工人阶级还没有掌握国家权力时，它以什么方式在政府中实现对农民阶级的领导权，这是绝对不可能理解的。孤立的共产主义者群体在农民战争中的领导作用并不决定权力问题，是阶级而非政党决定。”[11]这是问题的症结。曼努意斯基的话认为：以共同信仰聚集在一起的、组织成为一个共产党的政治团体能够开始根本性的历史转变。这个主张切中了即使最

"成熟"的马克思列宁主义观点的实质。这不是区分马克思与乌托邦社会主义者的标准之一吗？不仅是乌托邦社会主义者认为，社会主义在客观条件不成熟情况下也可以实现，而且是他们相信具有仁爱主张的小的团体在实际上只有居经济主导地位的阶级能够充当历史的工具的情况下也可以实现这些主张。马克思和列宁理所当然地都不能否认，非无产阶级出身的善意的人，能够与工人阶级密切结合，但是马克思、列宁都极力否认他们能够仅仅通过一种与工人阶级没有任何实际关系的信仰行为就可以密切结合，相信"无产阶级先锋队"没有身后的主力部队也可以存在，是承认了马列主义所不可能承认的人类历史中政治权力的作用。

尼姆·威尔斯在她的《红色中国内幕》一书中讨论这个问题时说："中国的共产主义者似乎认为他们的党本身是直接由工人阶级构成的。"[12]当然，这是曼努意斯基表述的另一种说法。中国共产主义领导人相信他们是工人阶级的真正代表者，就充分证明他们的说法从马克思列宁主义学说角度讲是正确的吗？那么，共产主义者的主观信念如何与那些社会民主党人或工会主义者的信念比较呢？对
194 于那些非马克思列宁主义信仰的人来说，似乎它只是这样一个存在于共产主义者所有信仰中心的主观信念（或伪称）。然而，马克思列宁主义者不可能承认这个。理论上，他必须能够证明共产党与城市工人阶级之间至少最低程度存在关系，必须始终竭尽全力加强这种关系。

然而，曼努意斯基的话不是用于掩饰真实事态的唯一掩盖策略。另一个通用策略是将"乡村无产阶级"等同于真正的无产阶级。已经指出的是，虽然列宁和托洛茨基提出吸收"贫苦的农民"加入共产党，但是他们只是在"贫苦的农民"与强大的以城市为基础的政党相联系的情况下才提出的。列宁强调："只有共产党所领导的城市工业无产阶级，才能使农村劳动群众摆脱资本的压迫。"[13]脱离城市无产阶级的"乡村无产阶级"本质上是"小资产阶级"思想，他们憎恨那些土地所有者，极其渴望获得自身的立锥之地。

在 1931 年 11 月中华全国苏维埃大会上草拟的苏维埃政府宪法

给人印象深刻的是一系列劳动法，包括有关劳动时间、妇女儿童的劳动等等法令。[14]这些法律中，许多明显是为产业工人阶级设立的，在苏区环境下，它们只具有制造并不存在的无产阶级基础这一印象的宣传价值。

苏维埃政府的确做出了巨大的努力以建立直接以“乡村无产阶级”为基础的工人工会。事实上，苏维埃时期提到的工人工会是指这样的工会。在1932年11月15日的《红旗》上刊载的《总工会常务委员会文件》中[15]，生动地描述了这些工会面临的特殊困难。文件基本上是攻击倾向于设置过于严格的成员资格条件的地方工会组织者。这些组织者中的许多人曾经是产业工人的组织者，他们发现 195
难以按照马克思列宁主义的箴言将大批“贫困的农民”归入真正的无产阶级。[16]这些“贫苦的农民”中有许多人有自己的工具，而按马克思主义的定义，无产阶级的主要标志之一是他与生产工具相分离。此外，大多数“乡村无产阶级”以个人劳动的方式在不同时候受雇于不同的雇主，而在工会组织者看来，“独立劳动者和沿门卖工的个人劳动者，都没有资格加入工会”[17]。更为严重的是，正是这个由苏维埃政府实行的土地改革使许多贫苦的农民“非无产阶级化”。文件本身承认，在湖南、湖北90%的工人是拥有土地的农民。他们利用闲暇时间当工人。[18]

然而，总工会常务委员会并不想就这么放弃自己的理由，它抱怨说，“各苏区工会曾提出以下的具体的条件来限制和驱逐苏区的无产阶级和半无产阶级的工人雇员等于工会之外”[19]。仅仅占有工具不应该失去会员资格，因为他们使用工具并不是为自己劳动而是为他人劳动。（按马克思观点，劳动力受他人剥削的有工具生产者实际上是典型的资本主义生产方式。）虽然他们的劳动是独立地分散于几个雇主之间，但是他仍然受人剥削。（按马克思观点，所有前社会主义的制度——当然除了原始共产主义之外——都是以剥削为特征。）最终，工人不能因为有自己的一小块土地被排除在外，土地仅仅用来衡量他们对革命的忠诚。[20]

尽管工人工会的形式是全世界都采用的，而非马克思主义意义上的严格的无产阶级行业形式，但是在中国共产主义文献中，苏区存在的工人工会经常被引用来作为这些地区存在真正无产阶级的证据。在这个“文件”中列举的事实材料非常清楚地证明，经济地位不稳定、不明确的“乡村工人”很少具有马克思主义体系中视为无产阶级革命潜能的那些品质。

在苏维埃时期，另一个经常使用的掩盖策略是不断强调“苏维埃”是一个真正的无产阶级的政治机构。在新民主主义时期放弃了
196 苏维埃形式之后，这种对苏维埃的早期狂热被证明是困窘的一个根源。然而，当时它被用作苏区是“无产阶级政权”的另一个证据。人们认为，苏维埃政府是在苏维埃制度下运转的，正是这个事实恰是无产阶级政权的明显标志，因为，苏联的那个制度所发挥的作用以及无产阶级专政的地域，证明它基本上是无产阶级性质的。《中国的苏维埃》一书序言中写道：“同一个苏维埃形式，对中国工人阶级来说是外来物。”[21]通过将中国共产主义运动的历史集中在苏维埃机构上，就有可能从一个著名的无产阶级创造的奇迹广州公社开始，然后缓慢地过渡到1931年至1935年时期纯粹由农民组成的苏维埃，由此给所发生的真正转变蒙上一层迷雾。由此，我们在《中国的苏维埃》一书序言中看到：“1927年12月广州的苏维埃政权，海陆丰的苏维埃共和国，醴陵地区的苏维埃以及在南方和华中重要省份苏维埃运动接连的胜利，都是由共产主义者组织和领导的。”[22]

当然，实际上，列宁并不总是把苏维埃看作是一个明显的无产阶级机构。在1917年7月，他甚至想放弃苏维埃。他断言：“此后，只有武装起义才能够攫取权力，在这样的行动中，我们明显地不要依靠被妥协分子搞坏的苏维埃，而要依靠工厂委员会。”只有在布尔什维克赢得了对苏维埃的控制之后，苏维埃才展现出神圣的“无产阶级”特性。然而，我们知道，即使在革命之后，列宁也曾经设想过将苏维埃的形式用于工人阶级被认为根本不存在的亚洲“落后”国家的可能性。[23]他感到苏维埃是一种形式，能够适应落后的农民阶层的心理。有些奇怪的是，在共产国际执行委员会第八次全体会议上，斯大林在与托洛茨基的辩论中使用了列宁这段话，试

图相当巧辩地证明中国不需要建立苏维埃。斯大林说："列宁不是说的中国或印度已有相当的最少限度的工业无产阶级的国家——而是说的其他比较落后的，如波斯一类的国家。"[24]由此，清楚的是， 197
在共产主义者的传统中没有证据证明苏维埃形式本身就是"无产阶级政权"。当然，在放弃了苏维埃形式之后，中国共产主义者自己将极力证明苏维埃形式不是无产阶级政权的必要手段了。

从诉诸情感的角度看，最有效的策略之一是使用列宁进攻的而不是防御的辩论术。提出中国共产党缺少无产阶级基础这一难题的托洛茨基主义者、社会民主党人以及其他人这样做被认为只是为了将中国拱手交给资产阶级，"因为他们希望将世界工人阶级与中国工人阶级分裂开，他们希望欧洲无产阶级看不到中国工人阶级在民族解放运动中为争取领导权而斗争的英勇历史"[25]。

无论托洛茨基主义者和社会民主党人的动机多么险恶，他们提出的问题仍然没有得到答复。中国共产党在湖南和江西的偏僻地区，以及后来在西北地区这些极端不利条件下进行的真正英勇斗争，可以证明党的领导人的英勇品质，但却并没有证明党拥有城市无产阶级基础。

当然，中国共产党当时能够再次声称拥有无产阶级基础，它再次与城市产业工人相联系。然而，共产党最终取得政权的真实环境说明了那段时期城市工人阶级与中国共产党之间关系没有那么紧密，中国城市工人阶级——无论它的同情心是什么——消极地等待农民队伍占领城市。它当然比不上学生所起的积极作用。

中国共产党在与城市工人阶级不发生任何重大联系的情况下， 198
存在了大约20年时间，以及产业工人阶级在完成革命过程中没有起到实质的作用，这是不能被大脑与躯体过时的重新结合所抹去的事实。已经证明的是，一个共产党的存在可以完全不与城市工人阶级有任何事实上的联系。

如果克里姆林宫和中国共产党所使用的掩盖策略经不起仔细审查，那么，托洛茨基主义对中国共产主义发展的解释又作何评价呢？毫无疑问，从马克思列宁主义的正统观点看，托洛茨基主义的立场是无可指责的。由于同城市无产阶级基础相分离而与农民相联系，中国共产党不再是一个工人阶级政党，因为一个政党是不可能有它自己独立的生命的。用艾萨克斯的话说："共产党试图使工人阶级换做自己的阶级基础，然而在这个过程中，它转变成了一个农民党。"[26]

然而，这个断言多大程度上与事实相符合？从托洛茨基、艾萨克斯和陈独秀使用那个词的意义上说，中国共产党真的成为了一个农民政党了吗？我认为，这种观点对于事实的歪曲不亚于官方路线的掩饰。没有证据表明，共产党领导人的愿望和目标在任何时候受到了马克思列宁主义者认为是农民思想的那些东西的局限，或者他们随时渴望实现被认为是农民政党真正原型的俄国民粹派提出的"农民社会主义"。

我认为，在马克思列宁主义前提的狭窄框架内不可能完全理解中国共产主义中毛泽东主义的形成，官方的和托洛茨基主义的解释模糊了而不是明确了从 1931 年开始的运动的性质。在毛泽东领导下的中国共产党，就马克思列宁主义的意义而言，最初不仅仅是产业工人阶级组成的政党，也不仅仅是农民阶级组成的政党。更确切地说，它是一个由政治上分明的领导者组成的精英集团。这一集团从中国社会各阶层吸收成员，并按照列宁主义路线组织起来。在对
199 新民主主义时期的 70 名中国共产党领导者的背景研究中，尼姆·威尔斯发现，只有 17%的人是无产者。这个比例可能还是超出了马克思主义正统范围的"无产阶级"一词的含义才得出的。她还发现，这些领导者的背景，70%是学生或"来自小农场主、职员、商人家庭，甚至来自官僚权贵家庭的学生"[27]。在毛泽东的领导下，这个精英集团不顾马克思列宁主义的教条，开始认识到农民阶级本身能够成为一场革命性变革的群众基础和推动力量。这个认识可能很大程度上是由于诸如毛泽东这样的领导人的农民出身。但是，如果认为，一旦取得了权力，共产党领导人的愿望或目的必然取决于他们的农民出身或农民阶级的利益则是严重错误的。相反，我们有充分的理由相信，这些人即使环境迫使他们隐蔽在偏僻地区，也完

全汲取了列宁主义对“落后性”的憎恶以及马克思列宁主义对工业化潜力的过分信仰。中国共产主义中毛泽东主义的形成只有当——修改了托洛茨基的说法——我们认识到党和阶级共同决定权力时，才能够理解。

毛泽东主义战略与党的路线

我们决定将马克思列宁主义的重要核心的假说与变化着的党的路线的暂时而表面的要素区分开来。先前已经提到，对于这样一个重要的假说而言，毛泽东主义战略意味着一个行动上的异端。现在，我们想简要地考虑这个战略与1931年后变化了的党的路线之间的关系。

权力中心从上海转移到了瑞金并没有伴随着克里姆林宫在党的路线上的任何变化。相反，克里姆林宫最急于做的是去遮掩所发生的变化，尽一切可能保持一种平稳持续的外观。另一方面，毛泽东 200
的领导集团似乎非常满足于在六届四中全会上所表述的理论路线框架内持续它的战略。这个时候，我们几乎没有发现毛泽东渴望对马克思列宁主义信仰进行理论创新的任何迹象。

结果自然是理论和实践的完全脱离。也许，在整个苏维埃时期，资产阶级民主革命的政治形式仍然是“工农民主专政”。我们已经注意到，早在1928年决定工人阶级——也就是共产党——在专政内行使全部的政治领导权，而农民阶级将没有自己的政党[28]来代表他们时，这个形式就已经失去了它的大部分意义。随着苏维埃临时政府的建立，“工农民主专政”的形式完全失去了意义。我们所知道的苏维埃共和国是一个农民阶级无法进行自身的政治表达、工人阶级政党没有自己的群众基础的“工农民主专政”。

尽管考察新民主主义时期党的路线将超出本书的范围，仍然应该指出的是，向新民主主义路线的转变并不涉及上面概括的毛泽东主义基本战略的变化。我认为，1935年实际的战略性转变与其说是基本战略上的转变，不如说是类似“外交政策”上的转变。我们发现，在新民主主义时期的任何时候，延安的领导都没有倾向于放弃它的大片根据地、它对武装部队的实际控制或向“边界地区”发展的趋向。土地政策上的变化与这个主张并不矛盾，因为任何地方都不曾揭示一个固定的土地政策是毛泽东主义战略的一个基本特征。从苏维埃到有其他党派参加的“代表大会”的变化，由于根本的政策决定既不是由“苏维埃”也不是由“代表大会”做出，而是由共产党本身做出这一基本事实而被忽视。新民主主义时期以政治的眼
201 光注意地方能动性，以及在使用武力作为实施政策手段上的明显下降的事实意味着战略上的改进而不是根本的改变。

虽然新民主主义阶段的毛泽东主义基本战略并没有变化，但是，它的确增添了许多新的重大特点。由于在抗日战争中的作用，中国共产党最终能够将民族主义情绪用于它自己的事业。这一时期，在共产党领导人的心理方面还产生了一种复杂的变化，这种变化本身很大程度上来自于民族主义情绪。20 世纪 30 年代在战略领域实现创新、在新民主主义时期行使了实际的国家权力并且领导共产主义运动经历了长征的沧桑之后，毛泽东当时有充分的自信在理论的表述上进行创新，他不再满足于按照莫斯科宣布的“联合阵线”的一般理论来解释他的战略，而是热衷于证明中国的发展变化意味着人类历史进程中一个独特的创造性的发展。他本人是马克思、列宁、斯大林路线的一个理论发明者。我认为，这里正是我们需要寻找的全部“新民主主义”理论的独特的重要意义。至少，在这一点上，毛泽东也曾经得到了莫斯科的默认。

马克思列宁主义的永恒原理

以某种信仰为基础的历史运动在多大程度上可以偏离最初的基本前提而仍然保持它的特性？这当然是人类思想史上最复杂的问题之一。在某种程度上，这可能是一个语义学的问题，因为我们最终的判断很大程度上取决于我们对运动开始时各种前提的相对重要性的评价。例如：早期马克思主义的基本前提是什么？在多大程度上

列宁仍然是一个真正的马克思主义者？在多大程度上毛泽东曾经是一个忠实的斯大林主义者？我们对每个问题的回答当然取决于我们所关注的那些马克思主义—列宁主义—斯大林主义各自的重要原理。构成这个研究的总的观点是，列宁主义形式的马克思主义，其总的趋势是走向分裂，而不是像它的正统支持者使我们相信的那样是“丰富”和“深化”。由此，我们主张，在党与阶级的关系问题 202
上，毛泽东主义在行动上的异端意味着这个分类过程中的另一个重大举措。然而，尽管这个趋势是朝向分裂，我们依然主张马克思列宁主义的其他核心原理仍然是中国共产主义的完整生动的原理。

第一，我们一定不要忽视中国共产主义者自身始终确信他们是坚定的马克思列宁主义者。正如列宁曾经认为自己是一个言行一致的马克思主义者一样，中国共产主义者也确信他们是言行一致的马克思列宁主义者。这样的一个主观信念不是反对行动上的异端的保证，而是必须予以重视的一般历史力量，因为信仰休戚相关的感觉是不应低估的力量。然而，与此同时，从长远来看，这种信仰的休戚相关是否与某些相反的因素一样重要，这是有待怀疑的。

第二，所有迹象表明，作为马克思列宁主义基础和动力的黑格尔哲学基本信仰全部被中国共产主义者吸收——黑格尔—马克思主义信仰一个历史性的拯救过程，列宁主义信仰共产党本身是历史性拯救的唯一力量。无论怎样怀疑党作为一个工人阶级的政党的资格，中国共产党的文献里都真实地充满了这个信仰。尽管他们是如此置身于一个农民的环境，党的领导人却从来没有怀疑他们是历史眷顾的负有使命的人，他们注定要领导中国走上工业化社会主义的道路。尽管自从斯大林决定宣布苏联是社会主义以来，“社会主义”的概念经历了奇特的变化，尽管它在中国可能还会经历更奇特的变异，但是这个信仰确实排除了党成为“一个农民政党”的可能，并且使它执著于——无论什么样的——工业化强国的理想。在黑暗年代里它无疑保持了党性。

第三，正如已经指出的，党是实现历史性拯救的力量。由此，列宁主义的党的组织理论和实践是在变化中保持不变的坚实核心。 203

一个组织严密的精英集团，它的列宁主义的基本形式——组织严密的精英集团通过自身与群众的不满情绪和迫切需要[29]所产生的动力密切结合而争取权力——毫无疑问，充分说明了中国共产主义的成功。

第四，集权主义是列宁主义党的概念中的一种固有倾向。作为一个同样的历史性进程的唯一力量，党必须在人民生活的每个领域成为最终决定者。马克思列宁主义中这一固有的倾向被苏联本身的具体实例强化到极点。我认为，毛泽东的著述以及“关于正确倾向的文件”都表明，这个集权的倾向是中国共产主义重要核心的一部分，它只受外部环境力量的影响，直到新近由于党的慎重使用武力才有所减弱。尽管中国共产党还没有宣布实现社会主义，但这已是事实。即使在这个前社会主义时代，通过强调“工人阶级的领导权”，中国共产党就能够使自己保持对人民活动的每个领域的最终决定权。

第五，在五四运动时期如此强烈地吸引着中国共产党的创立者的列宁主义的帝国主义学说，在中国共产主义中仍然起了重要作用。在这个研究的开始，就已经提出了，正是这个重要因素最先使马克思列宁主义与中国知识分子自身所处的形势紧密联系起来的。不论列宁对帝国主义的解释正确与否，他有一套帝国主义的理论，
204 他将注意力转向由 19 世纪和 20 世纪的西方帝国主义引起的仇恨和不满，并且将它们纳入他考虑的一个因素，都使他与仍然自以为是地相信所有人类的重大问题都将在西方并由西方解决的西方马克思主义者和自由主义者明显区分开来。这个政治洞察力本身与其说归功于他的马克思主义背景，不如说归功于他的俄国出身。它本身可能反映了列宁与他视为自鸣得意的以自我为中心的西方的一种暧昧关系。然而，无论事实如何，这个政治洞察力使他有可能与政治上分明的亚洲知识分子建立密切关系。列宁主义的帝国主义理论由此成为了连接马克思列宁主义与亚洲怨恨情绪的纽带。例如，在中国，列宁主义的帝国主义理论，即使在与共产党关系疏远的圈子里也被如此广泛地接受，以至于凡是讨论帝国主义的话题，列宁主义

的理论就成为理所当然的解释。

活生生的经验是否将教会中国共产主义者质疑列宁主义关于帝国主义是资本主义一定阶段的特有现象的理论，这是一个取决于未来以及他们自身利益的问题。

总之，尽管中国共产主义者的确确定无疑地证明了，共产党与产业工人阶级之间事实上缺少紧密的联系，这一运动却仍然保有马克思列宁主义信仰的某些基本原理。

附录一

德性统治："文化大革命"中领袖与党的宏观透视[1]

本杰明·I·史华慈

孟德斯鸠说："社会诞生时是领袖创设制度，此后便是由制度来产生领袖了。"

可以这样说，敢于为一国人民进行创制的人，必须自己觉得有把握能够改变人性，能够把每个自身都是一个完整而孤立的整体的个人转化为一个更大的整体的一部分，这个个人就以一定的方式从整体里获得自己的生命与存在；能够改变人的素质，使之得到加强；能够以作为全体一部分的有道德的生命来代替我们人人得之于自然界的生理上的独立的生命。

——卢梭：《社会契约论》，第2卷，第7章

无产阶级"文化大革命"最引人注目的方面之一，是"文化大革命"极左派与中国共产党的对立。涉及这一事件的全貌，的确存在着一个模糊不清的领域。"文化大革命"极左派是否已把一个作为整体的共产党当成攻击的对象了呢？进而，"整体的党"本身的确定含义又是什么呢？党可以被理解为其实际成员的总和，亦即其全体成员的构成；就其组织结构而言，党也可以被理解为其章程、规则以及运行机制。当然对于任何一个真正的（genuine）马克思、

列宁主义者来说，党当然要大于它的基层组织和各组成部分，一种整体大于其部分之总和的“本体论”意义上的有机体。这个有机体的“灵魂”是马克思赋予工业无产阶级的全部智力上与道德上的能量。

现在，可以毫无疑问地说，在人员构成方面，“文化大革命”极左派已从正面对党的组织之上层、中层，甚至基层都展开了攻击，至少在城市是如此。也有相当多的证据表明，党的结构和机制处于混乱之中，即使有些组织机构幸存下来，像残缺不全的中央委员会和军队中党的组织，也都已经失去了决策工具的重要作用了。1967 年底到 1968 年初所有关于“党建”这一著名主题的讨论，说明了党有增无减地极度受损的程度。作为一个宏观的整体范畴，“无产阶级的全部知识和美德”这个模糊的领域，是党不可接触的禁区（the third miasmic area)。总体上讲，无论其党员的个人命运如何，“无产阶级的全部知识和美德”都可能存在。在这个领域里，看来“文化大革命”极左派并不愿放弃其神圣的标签。

令人感兴趣的是，被模糊不清地称为共产主义世界的另一个战场上，消除党的作用的可能性已经出现。在瑞金斯·戴伯锐(Regis Debray）那本被看成是卡斯特罗意识形态教科书的《革命中的革命?》一书中，我们看到了如下引人注目的断言：

> “费德尔（Fidel Castro）简要地说，不存在没有先锋队的革命，然而这个先锋队并不一定必然是马列主义党”。“一个从事武装斗争的有效的领导体制，需要一种新的领导风格，一种新的程序或组织”。“任何政党除了是阶级斗争的工具外，什么也不是。如果这个工具不再为其目的服务了，阶级斗争是不是就停止了，或者被新的工具锻造出来?”“在省、地、县的所有各级组织中，取消那些过剩且多余的委员会、书记处、代表大会、讨论会，以及大量的会议、会面和集会。当国家面临紧急状态或遭到敌军入侵时，从最好的方面讲，这样的一种组织机制将陷于瘫痪，从最坏的方面说，它将造成大灾难”。“不存在

排外独尊的（exclusive）革命领导权”。“最终，未来的人民军队将使党成为理论意义上的工具。在本质上，党就是军队”。[2]

显然，戴伯锐是在谈论革命斗争的周期性问题，他的定论与共产主义类型的党在胜利以后可能建立的观点，并不是不可调和的。然而，在某种意义上，戴伯锐先生的定论看来更适合于中国的“文化大革命”。“文化大革命”极左派坚持认为，中国是一个永远存在革命的阶级斗争的国家，并且党在人员构成和自身结构两个方面都已从根本上误入歧途。

然而，人们必须注意这样的事实：共产主义政党的概念是中国共产党神圣历史的现在部分；在以其神圣的革命经验为第三世界树立独特模式的过程中，中国不可避免地必定要强调党在革命斗争中的作用。确实，在拉丁美洲，这使中共与“卡斯特罗—戴伯锐”路线发生直接的冲突，后者对拉丁美洲的“亲华”集团表示出故意的轻蔑倾向。“文化大革命”极左派基于自身的历史，只能抵制戴伯锐关于在革命斗争中取消党的观点。

有必要驳斥苏联在中国事务上的现行路线。苏联人在其辩论中直截了当地断言“文化大革命”极左派就是存心要毁灭中国共产党。[3]

不错，我们知道，中国共产党一直存有不足之处，它建立在无产阶级先天弱小的基础之上，但是它却是在十月革命的精神鼓舞下诞生的，而且多年来受共产国际指示的引导。甚至在1949年以后，中共仍得到大量来自莫斯科的指示。不幸的是，具有小资产阶级性质的“文化大革命”极左派是有能力建立自己的优势的，但是目前他们却在摧毁这一优势。然而，人们可能仍然期望，目前仍处于对立面的党的众多领导人，将最终能恢复其在党内的合法地位，同时也希望他们将认识到莫斯科精神上的霸权。在探讨“文化大革命”问题时，他们也已在很大程度上历数“文化大革命”极左派以对党规党纪的侵犯了。

在苏联试图证明自己与“合法的”中共传统相一致的情况下，

"文化大革命"极左派必须对莫斯科的声音予以否定。在一个属于"斯大林集团"，即一个苏联革命组织的声明中，我们发现了下面一段文字：

> 苏联修正主义者诽谤中国的无产阶级"文化大革命"是"直接地反对中国共产党"……最广大的人民群众与党一起参加"文化大革命"的事实，一点没有损害中国共产党的威望。[4]

更有甚者，与卡斯特罗不同，"文化大革命"极左派（包括陈伯达和康生这样一些人），必然会深深地意识到，自 1917 年以来，"共产主义"的概念就在马列主义历史上享有重要的地位。这绝不是一个可有可无的要素，而是列宁主义的核心内容。1917 年以后，正是列宁坚持认为，只有马克思列宁主义的政党，才能充当无产阶级的先锋队。正是列宁坚持认为，党的组织结构应被强加于所有国外的"先锋队"之中。正是列宁坚持认为，除非有共产主义政党的领导，否则没有任何革命能被称之为社会主义的，而且正是列宁在世期间，国际共产主义运动的最高权威变成了共产主义政党组织内在逻辑基础的一个中心。"文化大革命"极左派在为自己争夺放之四海而皆准的马克思列宁主义的权威，而且假如他们放弃了真正的马克思列宁主义的政党思想，就会很难知道他们将如何行事了。然而，当前这种对中国党组织的不确定的态度，可以用比利时和法国的毛泽东主义的追随者们与北京不确定的关系来精确地加以说明。在比利时，所谓"里滕伯格事件"（Rittenberg case）已向一些卷进去的争端注入了一束耀眼的光芒。[5]西德尼·里滕伯格（Sidney Rittenberg），一个长期站在北京立场的美国毛泽东主义者，于 1967 年夏写了一本小册子，痛骂被认为是比利时毛泽东主义者领袖的格瑞帕（Jacques Grippa），因为格瑞帕捍卫刘少奇的"如何做一个好党员"的观点。同样，格瑞帕也猛烈地攻击里滕伯格以及附和他的任何人，因为他们以"领袖崇拜和神化"的名义攻击列宁主义政党组织的原则。[6]

对党来说，格瑞帕（一位从前的斯大林主义者）赋予党的不仅是道德实体，而且还有列宁主义的组织结构。他有能力摘录许多列宁关于强调组织原则和党的规则的重要性语录的能力。这些观点的要点是要说明党组织的形式是党的实质的一部分。人们可以推测格瑞帕的北京立场，现在是非常地失宠了。

在法国，至少有三派“毛泽东主义”团体，其中只有一派按照马克思—列宁主义常规类型组织构成。而在另外的团体中，至少有一派已拒绝承认旧有的党的结构具有任何长久的效用。至于这些派别谁明显地受到北京官方的支持，显然是不清楚的。但是，对所有这些组织来讲，问题不是“党”这一词是否继续使用，而是旧的结构是否应该保存下来，或者是这种结构是否应在毛泽东主义政治宇宙观中起中心作用。

当我们把注意力转回到通过“文化大革命”为朦胧媒介所反映出的近期中国的自身发展时，我们注意到1967年底至1968年初出现了大量关于“党建”的文稿。更重要的是，这些文稿暗示党将以某种方式重建。同时，我们也注意到，关于召开党的“九大”所进行的若干讨论中，一项可能再次给党在任何国家事务以“合法性”地位的规定，可能会在此次会议上通过。11月11日周恩来曾问过广州的无产阶级革命派代表团：“你们讨论了明年‘九大’的主题了吗？”[7]

人们可能会想，这个问题预示着，在占优势的条件下，周恩来至少尽可能使组织程序正常化。

“文化大革命”极左派本身对在一些形式或其他方式上重建党的组织感兴趣[8]，而不会像其他人那样对恢复大批以前成员的权力，重建与以前完全一样的机制，甚至在政治形态方面恢复其核心地位感兴趣。所以，问题的确不是党是否应当重建，而是怎样使党重建。当然，人们可能会认为，如何使党重建绝不仅仅是一个理论问题。毋庸置疑，它与严酷的权力斗争纠缠在一起。人们可能认为，以前的干部们会竭力坚持“党的合法性”和党的结构的神圣性；而“文化大革命”极左派则可能最大限度地减少党的“制度性神圣权威”(institutional Charisma)。《红旗》杂志1967年7月9日发表的社论[9]，试图驳斥“文化大革命”极左派并不“渴望党的领导”的指责。显然，无论党拥有怎样的神授权威，都只是从毛泽东个人及其思想中派生出来的。十分清楚，党的合法性来源于毛泽东，而不是反过来。在我个人看来，凡是认为毛泽东必须通过现在的党的程序以使其“文化革命”具有合法性的，都是在没有正确阅读“文化革命”的教义的基础之上得出的。毛泽东本人就是合法性的源泉，只要“文化大革命”极左派多少还在把掌舵柄，他就能使任何结构具有合法性。

最近几个月关于党建的讨论已经再次减弱，并且给人的感觉是，围绕整个问题的各种冲突并没有得到消解。取而代之的是一次打击企图“翻案”和“右倾”的新高潮。作为毛泽东所选择的“无产阶级专政”的工具，以前被当成临时机构的“革命委员会”似乎越来越多(无论它们的实际状况如何)。如果当下的这种倾向持续下去，那么他们自身就可能会成为党的重建过程中的权力单位。具体地讲，这或许意味着中国人民解放军和受过考验的非党“无产阶级革命派”，可能在重新设立的党的核心当中起到决定性的作用。

在讨论这些问题时，我们发现自己已进入到这些事件当中，而且要想预测未来是无意义的。这些问题的难点并不在于党是否会以一定的形式存在下去，而在于它是否能重新获得其处于核心地位的神圣性质。“文化革命”的所有冲击已经使党的重要性(significance)贬值并受到削弱。“无产阶级专政”一语从来没有被如此广泛地使用过，但“无产阶级专政”与共产党是不可相互替换的术语，确被极其清晰地显示出来。正如“无产阶级专政”一词已长期与产业工人的真实范围分离开来一样，“文化大革命”业已证明，那具有代表性的特殊的“整体意志”与众所周知的共产党的特殊组织也相去甚远。现在我们知道了，近两年以来，无产阶级专政在红卫兵、中国人民解放军(它是“无产阶级专政的坚强柱石”)和所有各式各样的非党“无产阶级革命派”中诞生了，我们还知道了“无产阶级专政”与“资产阶级专政”发生在每个人的灵魂深处。在以往被认为是自我净化和自我更新源泉的党，已不具有这种内在动力，我们发现，党必须被“再次无产阶级化”的动力来自党外，在其上站着毛泽东，在其下站着“革命群众”。

人民解放军已成为“无产阶级专政”的“坚强柱石”的事实，当然可以用相当世俗的措辞来解释。在对党的问题上，毛泽东和他的支持者已经被迫求助于军队。但是，作为一个整体的军队，它究竟是毛泽东所期望的那种“坚强的柱石”，还是完全充满着无产阶级的美德，这一点我们还一点也不清楚。诸如许多此类声明所断言的军队的无产阶级美德，并不能反映如此复杂的现实。作为规范的实在，它则表示事情“应当是”或在适当的时候“变成是”一个什么样子。但无论如何军队实际上扮演着权力的角色，关于军队是无产阶级美德之承担者的信念，肯定先于“文化革命”。20 世纪 60 年代初期，军队被转变成为毛泽东主义行为的楷模。的确，自 30 年代初期军队就在中共党史中扮演着中心的角色。从 60 年代后期占优势的观点看，毛泽东可能无保留地把人民解放军看作比党本身具有更多的无产阶级美德。被分割开来的游击战士为人民不惜牺牲自己的生命，这就已经表明了像努力工作的干部一样，是高尚品德缩影。

当然，毛泽东的让位或者“文化大革命”极左派命运的逆转也是完全可能的。其结果将是恢复党在中国政治生活中的中心地位，并重建其所有神圣的组织形式。正如前面所说，诸如像周恩来这样的人可能深深地意识到了党在马列主义的共产主义运动中的作用。事实表明，“文化大革命”暴露了许多很难让人忘记的真实情况，尤其是那些参加最近事件的年轻人更不易忘记。党可能并没有红卫兵报纸所指责他们的极端可恶的官僚作风，但是，“文化大革命”极左派显然认为，正如另一种缺乏任何内在自我完善的无产阶级优点的、权威官僚主义的组织一样，党并不圣洁的本性，现在都显示出来了。

关于西方和中国的一些历史透视

为了避免对不可预测的未来进行判断，在这篇文章中，我将尽力考察哪些是被“文化大革命”极左派攻击中国共产党以及总体上被“文化大革命”所掩盖的理论要点。在一定程度的透视和思想背景的角度上，这些理论要点是相互联系着的。如果我们探讨的是一种许多人都认为的疯狂现象，那么，这种疯狂是政治领袖所独有的呢，还是它通过什么途径与中、西思想史有某种更加广阔的联系呢？它究竟是西方的或是中国的，还是同时吸收了这两种文化传统呢？

我们把重心放在思想及其体系上，并不意味着暗示“文化大革命”或者党和领袖之间的冲突只是毛泽东的思想占统治地位的结果，或者否定权力斗争、心理动机或“客观因素”。毛泽东从1959年起，退到权力的“第二线”，可能是自愿的，也可能不是自愿的，或者部分是自愿的。即便它是完全自愿的（我倾向于这种观点），事实上，毛泽东认为，处于“一线”上的领导人，犯了方向上的根本错误。当然，它不仅仅触犯了毛泽东自己对于中国未来的看法，而且异常巨大的自尊意识使得他被这种看法持久地束缚住了。这种观点可能不是所有复杂原因的唯一组成部分，但它是关键的组成部分。为此，我们可以集中注意力在这个问题上。

当时毛泽东认为，中国共产党无论是在人员构成上还是在组织结构上，至少都不能体现“无产阶级专政”的实质。这个“无产阶级专政”的实质，可能是指具有美德并拥有资格的“社会承担者”(Social-bearer)。目前，在毛泽东观念中，这种美德是指具有全心全意为人民服务、无私奉献、艰苦朴素、目标远大和疾恶如仇等品德的集合。实际上，谁是这种“公意”(general will)[10]的实际承担者，已经成为“文化大革命”最紧要的问题了。

为了寻求这些思想的起源，我首先集中探讨可能来自西方的根源，因为恰恰是西方某些“实用的”学者倾向于把毛泽东的道德的豪言壮语仅仅看成是一种中国独有的现象。进一步讲，我们也不再把西方渊源限定在马克思—列宁主义思想体系的特性上。当马克思—列宁主义思想体系进入了一个不完整的发展时期时，人们越发意识到一些十分普遍的看法，那些看法以马克思—列宁主义为隐蔽，用特殊的方式来体现马克思—列宁主义的复杂性（就像其他思想体系一样），但它们的起源至少可以追溯到启蒙运动。事实证明，这些一般的看法确实比那些特殊的思想体系具有更加长久的生命力。这样，这些思想就已找到了它们的源头。实际上，我们这里特别的探讨将会追溯到那位内涵丰富且雄心勃勃的思想家卢梭和雅各宾派的学说。

毛泽东是否是卢梭以及雅各宾主义的一个造诣很深的学生，已经不成其为问题了。毋庸置疑，在青年时代毛泽东读过这两个人的作品，但这并不表明他们有任何紧密的联系。卢梭在这里的重要性表现在，他为极普通的倾向提供了一个极其生动的解说，不需要与伟大的思想家本人直接接触，这些倾向可以自行其路。对于毛来说，一个能够确实坚持马克思—列宁主义的人自身，就已经成了我们所提及的这个思想体系的承担者。

回到卢梭，我们发现，正如伯克（Burk）所说，“卢梭只是一个道德主义者”。他的许多同时代的人，诸如杜尔哥（Turgot）、达朗伯（Dalembert）、伏尔泰（Voltair）和狄德罗（Diderot）都十分关注“技术和科学”的进步，并且认为道德的进步只是人类知识积累的副产品。与这些人相反，卢梭首先全身心地关心如何建立社会的美德和正义的问题。在开明贵族和新型知识分子们之间，卢梭感到自己具有那种一个人本质上的清白品质和日内瓦公民的坚强美德。另外一些社会工程师只关心技术和科学怎样能够灵活地再现社会幸福。他却竭力关心社会的道德进程；在《关于技术和科学的讲演》以及《关于人类不平等的起源的讲演》中，他实际上已发现，当技术和科学（技术—经济的进步）发展到他的时代时，事实上已经与道德进步相违背并导致了一系列的社会堕落。他自己的“公民道德”不是一种“新道德”，而是基于一种罗马和斯巴达的普鲁塔克人（Plutorchian）的道德提升。他的美好社会，是由为了公众的利益而放弃他们自己利益、总是被一种对祖国的责任感所鼓舞、毫不吝惜地牺牲自己的生命、生活简单朴素的人们所组成。有趣的是，作为现代民族主义精神的创始人（虽然“古时的”事例在这里具有压倒一切的重要性），卢梭推崇尚武精神，甚至赞美对民族敌人的仇恨是一种最高的人民意愿统一体的黏合剂。

卢梭新式的革命道德学说的形成依据，来自于他对以个人力量实现美德之可能性，亦即通过个人的努力以及将道德学说与政治学说永久相连的意向，缺乏信任。在他自己的私人生活中，他看出，在一个败坏的社会里，对于一个好人来说，想要实现其道德的潜在性是多么的不可能。他在《忏悔录》中这样写道：“我看到每件事情基本上都是靠政治学，而且无论一个人怎样考虑问题，每一人都正是其政府所造就的人。”个人想要实现其道德潜在性，只能通过把自己淹没在那个巨大的“道德统一体”，即人民之中。人民作为一个集合体不仅仅是所有统治权力的渊源，而且也是所有美德的渊源。只有当个人的意愿通过某种途径融入“公意”时，个人自己的道德潜在性才能得以实现。用具体的政治语言说，怎样实现“公意”向个人意愿的转化的问题，是卢梭政治思想的核心迷津之一，并且已经成为大量文学作品的主题。当涉及现代社会学的观点，即个人的“美德”来源于“社会”时，当然它就更具主动性与政治性。通过某种方式，政府是或者应该是人类社会的道德机构，这一点就是它的证据。卢梭的含义是比较清楚的：在适合于一个理想化的古代罗马和斯巴达的时代，那里，公民可以在面对面的初选大会上表述他们的“公意”，而且在卢梭看来，大多数的决定，实际上是受美德所驱使的。甚至在这里，他被迫以那个 18 世纪的手段，即全面“立法者”的形式，介绍了一种超常的要素。是利库尔戈斯（Lycurgus）创立了一个全面的宪法和符合斯巴达美德的法律系统。卢梭告诉我们，“人们总是愿意自己幸福，但人们并不总是能看清楚幸福”[11]。当然，当把这种看法应用于现代民主政府时，很多谜团便出现了。在这些巨大的社会里，如何使人民的美德得以实现的问题，被卢梭极草率地对待了，而且他确实经常对在这种规模的社会里社会的美德是否可以实现，表示怀疑。

尽管卢梭思想本身有些含糊不清，但是作为一种把人民组织起来粉碎一切自私自利、结党营私的图谋，建立一个使每个社会成员都充满公共德性的社会概念，而把公共美德灌输给其每一个成员，已经证明是实现这一社会的最有力的途径。试图在现代民族—国家的框架中实现这种理想，自然就要涉及罗伯斯庇尔、圣西门和巴贝夫了。在他们看来，仅仅消灭作为体现旧有的秩序的既得利益和特权，并不能自动地实现“公意”。而且，作为“公意”的立法者，他们很快就发现，卢梭关于把只去创立一个好政府的一般法律但自己并不去实施它的“立法者”，与只拥有“行政权力”（executive poieer）的实施者区分开来的思想，在政治实践中被证明是完全不适用的。人们在开始制定良法之前，有必须先要消灭个人、群众和宗派的利己主义现象，还要抑制对建立善法制度有干扰的、自负知识分子的冷嘲热讽和诡辩术。

在本质上，罗伯斯庇尔自己变成了一个既是“立法者”又是“执政官”的“公意”化身。正是罗伯斯庇尔本人扮演了这种双重角色，而非雅各宾社会自身敏感地转向到了自私的宗派主义活动。其实这并不偶然，毕竟卢梭“社会契约”的超常要素之“大立法者”，不是一套制度而是某个个人。正是这位个人凭借像神一样的“伟大灵魂”，以体现不可分割的“公共精神”（Public Spirit）。由众多独立个体所构成的制度是很难做到不可分割的，而且很容易变成“部分利益”（partial interests）的体现。在卢梭那里，社会历史的各种动力之间并没有得到适当协调，这种社会历史的动力赋予制度以一种它自身固有的生命能源。卢梭必须接受孟德斯鸠关于“领袖产生制度”的观点。雅各宾派从没有发展出后来那种共产党所独有的那种“特殊材料人格说”，罗伯斯庇尔不断强调，他的公众安全委员会很欣赏自己的权威性，因为与其说是这个委员会的成员纯洁和不受腐蚀，不如说个委员会本身是一个有组织的统一整体。

正如我们所知，美德的统治并不是由法国革命才建立起来的。

为什么它没有被建立起来的问题，使得包括青年黑格尔和青年马克思在内的整整一代青年思想家焦虑不安。黑格尔和马克思都认为，卢梭的“人民”只不过是追求私利的个人和集团杂凑而成的集合体，根本无法体现被他赋予了不可分割性的“公意”。当然，黑格尔最终发现了在现代国家中人类较高社会美德的实现。[12] 与此同时，马克思也找到了整体美德的社会承担者，现代社会的特殊组成部分——工业无产阶级。首先是无产阶级的经济起源问题，它使马克思把注意力转到了隐藏在这个阶级背后的整个经济过程方面去了。但是，马克思在 19 世纪 40 年代对技术—经济进程兴趣的增加，并不完全是为了解释无产阶级存在的这个先决条件。在他美好的理想社会中，已不再只是卢梭的公民美德的理想了。在马克思看来，他真正欣赏的美好社会，物质进步的价值是文化丰富的先决条件。他的“新人”在全社会中将是善良的，在享受物质生活的同时，也能欣赏莎士比亚的戏剧和荷马史诗。无产阶级不只是卢梭的公共美德的继承人，而且也是一个沉浸在技术生活中的阶层，它也将是实现圣西门的工业科学目标的精华。因此，马克思的生产方式的概念，可以说是把不确定的、复杂的技术经济同道德进步的理念融合在一起了。

当然，在马克思的阶级概念中隐含着与卢梭主义关于阶级“公意”概念类似的东西。但他并不想陷入无产阶级“公意”是如何实现的问题之中。与卢梭不同，马克思可以产生一种新的有力的原则，即非个人的历史力量。资本主义生产方式的发展过程，导致了它完成了其实现道德目标和实现技术经济这两方面的双重历史使命。正是以这种方式，后来的马克思回避了阶级组织问题，也就是政治本身的问题。

但是，对于虔诚地接受了马克思关于无产阶级历史使命观点的列宁，政治问题则又是回到了论题的中心。如何实现“无产阶级的公意”，已经成为一个政治行动的紧迫问题。按照列宁的观点，俄国和国外的无产阶级都已证明，他们潜在美德和能力要多于其显现的部分。而且历史的非人格力量也已证明，带领无产阶级沿着其命定道路的发展中并非总是勇往直前。无产者也需要它的“议员”或它具有立法权的先锋队，以领导他们在命定道路上前行。列宁大概从来没有把自己看成是无产阶级意志的活化身。确实，他相当真诚地努力去创立一个可以起到这种作用的组织。与雅各宾派的社会不同，布尔什维克党[13]是一个紧密结合的组织，它有一种它自己的别具特色的共同生活。格瑞帕说得相当正确。对列宁来讲，党的秘密并不仅在于其成员的美德，而且也在于其组织的效率。现在，当人们仔细阅读列宁关于党的组织的著作时，会被他为捍卫党组织之形式和规则的完整性，反对各种“形式主义”的破坏者，而所做出激烈辩护所震惊。[14]人们进一步感到震惊的是，当论及“职业革命家”应该体现所有的无产阶级美德时，列宁并没有像详细描述他们的职业特性和专长那样去谈论他们的美德。在列宁的思想中，首先是革命的科学，其次是在革命以后作为社会的技术管理精英。列宁已从“自发性”（spontaneity）转变为“自觉性”（consciousness）。正像马克思一样，卢梭和圣西门的影响都在列宁的观点中出现过。

然而，列宁集中创立一个有其自身制度魅力（institutional Charisma）的党时，在他的有生之年里，事实上不是党，而正是他本人体现了无产阶级的共同意志。列宁不断地批评他自己的党，发现它的缺陷。党的机构已经很难再替代领袖的位置了。

当我们把目光转向斯大林时发现，他是通过操纵党的行政机构而获得权力的。因此，他看起来倒像提供了一个“机构产生领袖”（institution producing the leader）的实例。即便如此，领袖和党之间的问题，也像以往一样地存在着。就斯大林而言，由于他对权力的极度贪婪，在这里人们很容易看到暴君与其官僚系统之间普遍斗争的一个特例。当然，在马克思—列宁主义的语境中，也包括了极不情愿同任何个人或任何团体分享那些巨大而不可分割的道德与知性，因为这些都是属于党的品行。

在以上回顾中人们已看到，斯大林事实上使党的组织走下坡路，不仅仅由于他自己对权力的贪婪和不信任，而且也因为党不能完成斯大林认为时代所要求的任务。十分强调专家统治资格的“社会主义建设”（building of socialism），自然而然地把斯大林引向了强调党的作用的“社会功能”而不是它的道德方面。实际上，党的官僚统治证明它不适合执行这种功能。如果说，毛泽东认为党不够“红”，那么，斯大林则批评党不够“专”。

不过，当斯大林削弱党的实际作用，当他使之成为一架个人机器的时候，从理性水平上讲，他从来没有丝毫改变过列宁主义的党的中心地位的观念。尽管实际上斯大林对党并不尊重，但他还是要求从党的机构获得自己的合法性，而且，他使党的组织在形式上保持其完整性。像列宁一样，他坚持认为，是机构而不是领袖来体现无产阶级的“公意”。不像卢梭的立法者那样为世世代代提供一种固定不变的善法，列宁的党被要求在历史洪流中提供新的、可靠的指导，以便通过世界上所有变化着的浅滩和漩涡。党的突出能力只靠伟大领袖的来实现，实际上是很危险的。但斯大林和列宁则都赞赏这一观点。

最后，回到毛泽东的“文化大革命”时期。我们发现，第一是在领袖与组织之间，完全是一种新的比例关系，第二是卢梭主义者对道德的强调，再次占据了明显的优势。

马克思列宁主义的党的制度（作为一种世界性的运动）已经存在了半个多世纪了。但目前在中国，中国共产党不谈无产阶级具有怎样的超凡魅力，而是反反复复地重申完全信靠其领袖本人和领袖的思想。至于无产阶级专政的性质，溯其源头，在毛泽东那里或许也包括党外的团体、机构和个人。的确，当这样的党背离了毛泽东和他的思想时，就可能会完全堕落，并且成为卢梭主义意义上的另一种“部分利益”。共产主义的未来不是由党的存在而是由“毛泽东思想”来保证的。不是由于党的存在，而是由于毛泽东思想的内在性，将实现这种整体的美德。

如上所述，当我们转回到毛泽东思想本身（它对“文化大革命”的解释）时，不禁为社会伦理在其中所占的绝对优势地位感到震惊。在透视西方时必须说明，卢梭主义的要素已经把圣西门的技术统治成分推到了幕后。晚年毛泽东致力于实现他所理解的美德统治的地位，并且仍旧不准备接受任何不基于美德之上的“科学技术”进步。必须再次强调，这并不意味着毛泽东反对现代化。相反，“大跃进”期间他曾强烈地希望有组织美德活力（energy）本身可以刺激经济发展。可以说，毛泽东主义者的德性论试图扮演了一种集体主义的新教伦理的角色。然而，与韦伯把加尔文新教伦理观看成是其达到经济极限的简一途径相比，我们都没有任何理由相信，毛泽东的这种伦理观，无论在“大跃进”时期还是在现在，会是走向现代化的唯一途径。

但是，不管卢梭主义—雅各宾派成分在后来的毛泽东主义中占有什么地位，但其语言的核心要素中却仍保持了马克思列宁主义的性质。“无产阶级”、“资产阶级”、“阶级斗争”、“无产阶级专政”等术语在使人反复申说。毛泽东主义的美德并不单纯来自人民或群众，还保持了“无产阶级”的性质。但无论群众无产阶级化的能力有多大，对于“无产阶级革命者”来说联系群众还是非常必要的。在这样的视角下，就像“资产阶级”一词是指世界范围内的自我中心主义（egotism）势力一样，无产阶级美德的源泉处于群众之外和群众之上。“无产阶级”一词也仍然是指那些不确定的、跨民族的、和超验的历史能量。在中国人民和世界面前，毛泽东正是这种历史能量的化身。“文化大革命”极左派试图以北京为中心重建一个崭新共产主义世界的想法，仍然与上述思想保持着不可拆解的联系。

我们已经在西方的视角下讨论了毛泽东主义。“文化大革命”的许多主导思想似乎说明，中国传统文化的看法发挥着比西方思想更加有力的作用（尽管“文化大革命”极左派表面上采取了明显的反传统的姿态）。如果采取拟人的说法，那么，我们能不能说孟子未必就比卢梭更贴切呢？

让人感兴趣的是，明治初期的日本与20世纪初期的中国，在经常引用孟子与卢梭方面呈现出许多类似之处。在18世纪的政治哲学家和中国古代圣贤之间作意味深长的比较，事实上是可能的吗？大多数主流历史学家和社会科学理论将对这种可能性持排斥态度。但在我看来，对这二者进行比较（包括差别与共性）是可能的。探讨这种比较为什么是可能的，将会把我们带入更为深远的领域。附带说一句，古代周朝的思想家与18世纪的哲学家竟从同一个视角面对着人类的处境，这足以让人感到惊奇。这是政治家们（Vicarious Statesmen）对于作为一个整体的“社会”所做的多角度描述。

涉及政治领域，人们立即就会被其中伦理关系方面的诸多相似性所震惊。在卢梭路径的这一视角下，孟子时代的大多数人存有“善之潜能”（他们仍有善良的本性）；但是似乎通过他们自己的努力，这种“善之潜能”并不能得以实现。在卢梭与孟子这两种理路中，不良的社会环境都否定了实现这种“善之潜能”的可能性，而人民的“善之潜能”只能通过政治中介的协调才能得以实现。但孟子却没法避免出现卢梭关于人民“公意”抽象观念的许多难题。他的社会道德力量明显是一群道德精英，这群精英的优势就在于能够通过自己的努力以实现自身的“善之潜能”。[15]与庶民大众不同，这些“君子”可以通过“追随自身伟大的部分”来实现其自身的潜在性。他们可以通过榜样的力量、教育以及正确的政策来超越自身的环境，并改造在其之下的人民。这样，孟子就乐观且毫不犹豫地接受了等级制度的律令。

与孟子不同的是，卢梭则抵制等级制度。他的理想社会是全体公民都像理想的古罗马模式之“自由”、平等的公民一样地参与社会。但由于各种各样的灾难性困境，他们的这种理想立即就陷入进众多的疑惑之中。孟子本人可能已经意识到了这种困境，也就是卢梭说的那种“那些由于不知道什么对自己有利，从而不知道自己需要什么的大众，怎样才能完成像制定法律制度一样如此广大和艰巨的事实呢?”[16]但卢梭清楚地意识到，君主、地方官以及一切统治者（“执行者”）与人民一样都是凡俗肉身。为了解决这种困境，卢梭引进了在紧要关头出现的非凡之“大立法者”。因为罕见的天才能够制定一套教育人民趋善从良之系统的基本法律。卢梭毕竟是西方条文主义的继承者，并且最终相信法制（the rule of law）。正是

“法”自身在形成“公意”的过程中发挥着决定性的作用。[17]

但在雅各宾党人那里，“立法者”和“执政者”之间尖锐的差异被打破了，罗伯斯庇尔必须代表既是“立法”又是“行政”的“公意”。到了列宁主义那里，党的守宪性和法制性（constitutionality and legality）还保留着微弱的形式。然而，在这里我们察觉到了，卢梭的思想原本意图与运用其学说所产生之意外结果之间，创造出巨大的矛盾。这使卢梭的学说已经走向了它的反面。

当转到孟子所描绘的著名圣王尧、舜、禹上时，我们发现在“立法者”与“君主”之间并不存在差别。在创造或昭示神圣社会制度形式的意义上，这些神话人物是“立法者”，但是他们同时又是高居于其所创立的体制之上的积极的社会统治者。这里的机构体制，只不过是他们扩展其“精神—道德”影响的简单渠道而已。按照孟子的阐释，儒家传统基本上不具有反体制主义的性质。甚至在孟子看来，圣王和君子的美德必须凭借制度机构才能得以传播，只有在礼制（the rules of propriety）的框架中才能实现其客观的表达。这样，在孟子那里并不是制度机构铸造了圣王和人们的德性，而是圣王和君子通过机构彰显出他们道德力量的光辉。

当人们检视“文化大革命”的“怪事”（idiom）时，当人们感觉那个平静的毛泽东形象怎么会作为一切道德的源泉，并高高耸立时，或许就得更多地归因于中国文化的观念，而不是任何西方思想的精神了。人们也能感到对像雷锋、门合这些典范人物的大力宣传，这些人物也许是作为人民的人，但是他们一定是能在道德上自我超越、具有英雄行为的人。而且，他们之所以能够具有如此之行为的能力，只是因为他们从神圣统治者身上获得了激励和鼓舞。

人们也可以由此进一步设想，甚至晚年毛泽东的反形式主义和反制度主义可能在中国英雄（禹——夏）传统的异端诗歌中有其本土性根源，而这些在史诗性小说中被活灵活现表达出来的东西，是毛泽东儿童时代最爱读的文本。这里我们发现，英雄般的一帮结义兄弟们在其公认的具有领导才能之“大哥”带领下，为了自己的利益而进行斗争。这里的联系纽带并不是腐朽传统制度意义上的形式，而是平均观点的道德黏合剂。这些文学想象一定会与在湖南、江西和延安的实践经验一起，融会在毛泽东的思想之中。

关于所有这些中国式的视角可以说明更多的问题，而这则是纯粹的西方视角所做不到的方面。然而在一些领域中，特殊的中国视角和特殊的西方视角非但不是相互排斥的，反而被证明是彼此支持的。也有一些领域只有在西方的视角下才能够充分说出新内容。作为在整个政治进程中最为积极和完全参加者的“群众”概念（无论其实际地位如何），自然已经成为“毛泽东思想”之本质的一部分。在“卢梭问题”的意义上讲，毛泽东的“群众”并不是现实中“必然所是”的这种群众，而是他们“应当所是”的那种群众。换言之，这类“群众”毫无疑问是领袖心目中所渴望把他们塑造成的那种形象的、“应当所是”的那种人群。这种“应当所是”的“群众”将被大公无私的精神所造就，他们的美德绝不是被动和消极的，而是充满活力和富有生机的。他们在民族事业的发展中将成为一种持久坚固的道德能量。更深一步看，这种道德能量将被统一在一场反对一切恶势力的、积极的、敢作敢为的战斗之中。在这里，卢梭的民族主义基调与马克思列宁主义国际化想象被统一在一起了。

我们可以继续进行这种西方和中国视角的详尽讨论。可能比文化起源更具相关性的问题是，这里我们现在正在处理一个涉及跨文化意义的议题。站在这种跨文化研究的角度上，西方学者们面对“文化大革命”的毛泽东，承认并不满意自己所给出的答案。一方面，他们的回应的是毛泽东主义者的反制度化和反形式主义；另一方面他们回应的也是在社会进步的理论中，卢梭主义者强调道德性的思想对主流科技观点所产生的作用。这样，当正在回应毛泽东的观点时，他们其实也正在整理自己以往的文化要素。

附录二

卢梭在当代世界的回响[1]

本杰明·I·史华慈

我至今还记得，在我的童年，一个十分淳朴的场景深深地打动了我，随着时间的流逝和阅历的增长，这一场景在我的脑海中却始终没有褪色。圣萨瓦军团结束了他们的操练，像往常一样聚在一起进餐。晚饭后，他们中的大多数人都聚集在圣萨瓦广场上，军官和士兵们围着喷泉起舞，有人击鼓，有人吹笛，还有人手持火炬……夜深了，本已安睡的妇女们从床上起来，加入到他们中间，女仆们端上了香槟……连孩子都被欢闹声惊醒，衣衫不整地就冲出门来，加入到爸爸妈妈中间……所有这些汇在一起，创造出一种其乐融融的氛围，这种氛围我无法形诸笔墨，但这是一种只有在自己最亲爱的人中间才能感受到的十分快乐、十分自然的温馨感受。爸爸抱着我，突然，一阵震颤从爸爸身上传过来，这种震颤我至今记忆犹新。“卢梭，”爸爸说，“爱你的祖国吧！你看看这些善良的日内瓦人，他们亲如兄弟、情同手足，快乐、和谐长驻在他们中间。你是一个日内瓦人，有朝一日，你会碰到其他国家的人们，然而，即使当你像爸爸一样周游万里，你再也不会找到像他们那样的人了。”

——卢梭：《致达朗贝尔》

几乎没有人会否认以技术的或工程的方法来处理人类社会问题的倾向在所谓的现代性的洪流中所具有的中心地位。人类的关键问题在很大程度上可以通过设计一部社会—经济—政治秩序的机器而得以解决，这一思想尽管在培根、霍布斯和其他杰出的先驱者那里早已萌芽，但直到 18 世纪启蒙时期，它才成为主旋律。一如教科书所言，笛卡尔—牛顿的机械自然模型对这一趋势的发展起了很大的促进作用。就像牛顿的方法许诺在物质技术方面的无限发展一样，将技术的或工程的方法应用于作为“第二自然”的人类社会同样也可以在社会技术领域取得成功。的确，一架设计良好的社会机器自己就会孕育出物质技术的加速发展。可以肯定的是，人类对于复杂社会的很多问题都可以归结为技术性问题的朦胧认识就像文明发展的历史一样古老。从闪族人、古埃及和中国的商朝开始，人类就对“社会工程”进行了大量的探索，以应对他们在行政管理、军事组织、财政政策、城市管理等方面所面临的问题。启蒙思想的新颖之处在于，人们不仅高度自觉地采用工程—技术取向，而且将其置于核心地位。人们越来越相信，只有那些真正属于人的问题（only real problems of men）才正好适于按照工程—技术方法[2]来加以处理。

应用于物质技术的笛卡尔模式是清晰而毫不含糊的。技术专家就是理性（the intellect—the“cogito”）的化身，广袤的物质世界为其提供原料，当这一模式被应用于作为“第二自然”的社会时，事情变得有点不妙。社会的原料是人，而人都是物质与精神的结合体。那么，人的哪部分属于工程师，哪部分属于自己的原料呢？一个可能的回答是：大部分的人属于原料领域。这一回答在当时即已出现，并以修正的形式进入到当代世界。心理学的感觉论者提供了一个“消极人”的模式，在这一模式中，人是一个消极的个体，其最基本的需求完全是由其所处的物质环境和社会环境来型塑的。就像工程师要求基本的原材料成为适于其目的的道具一样，工程—技术取向在处理复杂的人类社会问题时也依赖于高度的简化，将人

（或者说大多数的人）塞进一个可预测的模式，它强调人对安全的需求和生理需求——趋乐避苦——的满足。由于这一模式的流行，古老的道德观念——人是一种在其所当是的应然（“ought” to be）与其所是的实然（actually is）之间挣扎的造物——从人们的视野中轻飘地消逝了。人类的个体就只是其所是，一旦发现这点，社会工程师可以利用其原料开始工作了。但问题并没有解决，毕竟，谁是理性的化身？在18世纪，答案可能是，人类社会存在着一个先进的集团，（该集团）以其超自然的科学智慧体现了笛卡尔的理性，这些人是“教育者”和“立法者”，具有超越其社会环境的能力。这种意义上的“立法者”就是我们所说的专家或社会工程师。有人可能会适时地问，这种类推可否适用于最能充分体现18世纪那些思想倾向的古典经济学？事实上，那些经济学家们被驱策着不仅要主动地操作社会机器，而且要消除一切障碍，以便让社会这架可以自我运转的“天然”机器自由运作。然而，事实上，经济学家们自己最关心的是构造一套适当的法律—政治框架，将经济力量释放出来，可以自我运转。社会工程师们自己可不是那些醉心于死板黏土的陶工，他们知道如何控制那些支配着自然力的生机勃勃的规律，那些无拘无束的金融家、银行家和工厂主们自身只能充当新社会的技师。

当然，我们也不能忽视这种工程—技术取向与18世纪欧洲社会其他趋势之间的关联。其中之一是为法国和英美社会这两种相当不同的文化背景所锻造的。在其攻击艺术与科学进步的第二论文中，卢梭所使用的“艺术”（arts）一词不仅指在宽泛意义上的古代的各种实践技艺（practical arts），而且指现代审美意义上的艺术（modern aesthetic sense）。[3]在卢梭看来，伏尔泰、百科全书派以及其他的一些人是我所说的工程—技术取向的代表，他们基本上都满腔热情地投身于美术和纯文学的创作中。在他们对于乐趣的构想中，既包含通俗创作的乐趣（grosser pleasures）[4]，也包括对优雅的视觉艺术和诗歌、戏剧等纯文学的欣赏与玩味。他们上承17世纪贵族文化的遗泽，他们在科学上的博学加上对文学典故的稔熟使他们在贵族沙龙中谈吐幽默、才华横溢。这正证明了卢梭的论断："科学、文学和艺术……将缚在人身上的铁链饰满花环"。在他的眼中，科学和艺术不仅美化了，而且也模糊了将人们从道义上彼此分割开来的丑恶现实，而且艺术本身就是问题的一部分。科学和艺术不仅俯首取悦那些腰缠万贯的富人和达官贵人们，而且强化了他们高人一等的幻觉。那些哲学家们（特指百科全书学派——译者注）则利用科学和艺术来表现自我，从而将人与人之间真诚、坦率的关系割裂开来。[5]这种贵族文化的审美价值是过度分化的艺术与科学领域的一部分，艺术与科学不仅成为社会分裂的基础，而且将人逐离了人之存在的道德之源。

如果我们在一定程度上同意马克斯·韦伯针对英美世界所作的"新教伦理"的分析，我们会发觉，与卢梭的设想正好相反，工程—技术取向在英美世界的产生完全没有必要以彻底地悬置"美德"为前提。尽管卢梭自己就出生于信奉新教的日内瓦一个手工艺人家庭，但我们在他的著作中却找不到有关冷静节制的新教伦理是否可以推动科学和实践技艺发展的争论。如果卢梭确实面临这一问题的话，他肯定早就将矛头指向韦伯提出的这种似是而非的论点了。如果技术的进步在逻辑上会带来消费社会和人们对舒适和奢侈的无限制的欲求，以节俭著称的新教伦理究竟能维持多久？事实上，即使在今日的美国，虽然新教的神学根基已支离破碎，但无限制地追求以工程—技术思路来解决社会问题的倾向本身也没有完全割断它与道德关切之间的关联，至少在一部分工程师本人身上如此。

当然，那种认为工程—技术取向缺乏道德关怀的观点，即便在法国语境中，也是不正确的。毕竟，那些立法者——工程师们的全部目的不过是为了促进人类的福祉。很多百科全书派的学者们和卢梭一样，他们为之献身的终极目标也是自由和平等，不过，他们达成这一目标的手段是对社会进行良好的设计。一个设计良好的政治制度自然会带来和平与安全，以及物质的极大丰富。以此为基础，不难达致商品与服务的平等分配，个人也有可能按照自己的方式去追求幸福。无论如何，作为功利主义伦理的产物，工程—技术取向可以完全绕过将"本质的善"（"being good"）作为当务之急的动机伦理（morality of motivation）。它用以实现自由、平等目标的手段是技术科学，他们用以讨论的语言也是冷静、超然、自鸣得意的技术话语（technical discourse）。这种技术话语和渴望与义愤交织、犹疑与兴奋并存的伦理话语殊少共同之处。

在启蒙时期，工程—技术取向常常无法掩饰其对人类过去历史的恼怒，并愚蠢地曲解了人类社会中轻重缓急的真实次序。在他们看来，如果人类将其注意力放在物质技术和社会技术上，人类早已追求到了自己想要的幸福，至少也比现在强，可是在过去的岁月中，人类却将其精力浪费在各种罪恶之中：宗教、神话和迷信的铺张、徒劳无益的哲学玄思。除此而外，伏尔泰、杜尔哥[6]、孔多塞等人对人类历史发展趋势的谴责并不是像卢梭那样将其指斥为集权主义（当然，在卢梭本人那里，斯巴达、罗马、日内瓦和其他形式的公民道德也被列为例外）。他们明确地指出，人类历史之光明的一面在于科学和艺术的缓慢但持续的进步，而这一点在卢梭看来正是邪恶的根源。在他们对未来的展望中，随着科学与艺术的进步，并逐步成为历史发展的主流，一个最终告别泪水和愤怒的历史进程将会到来。

不管工程—技术取向与伦理的关系如何，当我们转向卢梭时，我们马上会为柏克对卢梭的准确观察所震惊：卢梭除了是一个道德家以外，什么也不是。这一点对柏克而言是显而易见的，尽管他与塞缪尔·约翰逊（Samuel Johnson）一样坚信卢梭根本就是一个很糟糕的人，坚信卢梭的道德完全是不恰当的道德。我们将卢梭视为道德家是指他的道德主义与那些被他攻击为工程—技术取向代表的功利主义伦理有着质的区别。首先，道德不是指那些随着本身是价值无涉的技术手段而来的可欲的社会后果，而是指人的精神品格和社会关系的性质。"善良的"动机是其关键，这不仅是因为好的社会后果最终只能在由善良的人所组成的社会中实现，而且是因为达致社会幸福的关键在于人的精神品格（在卢梭的道德情感中，这种品格体现在人最初的社会关系中的纯粹而"透明"的情感）。在卢梭看来，自由和平等本身并不是目的，而是手段，运用它们可以创造出一个基于道德和情感结合基础之上的社会。很多人认为，卢梭并未完全否认科学和艺术，而且希望将它们纳入道德社会的范围之内，并与之协调起来。最后，不管怎么说，居于人类境况中心的应是个人与社会的道德品格。

当然，我们应该马上补充说明的是，我们有充分的理由认为卢梭是启蒙之子，他的道德是一种现代意义上的道德。尽管他和他的对手们在哲学上有着真实而意义深远的差别，尽管卢梭在现代思想中的余响和技术化潮流之间存在着巨大的鸿沟，我想指出的是，他们之间还是共同分享着某些基本的预设，这些共同的预设可以保证，我们在现代性的范畴下将二者包容起来是正当的。

在他对于道德之面相的先见中，卢梭在某种程度上比他的对手们显得更传统。对人类境况的道德诊断可能不仅仅要靠近西方主流传统，更要靠近那些伟大的非西方文明的核心传统。甚至当我们考察卢梭的道德所包含的内容时，我们会发现，他对恶行所开列的条目（catalogue of vices）不仅与西方文明的犹太—基督教传统关于道德邪恶的想象相应，而且与非西方文明关于道德邪恶的想象相应。当我们考察非西方文明的道德倾向时，我们最终会发现，不管这些文明的道德体系在实际的规定方面差别有多大，他们对于道德邪恶的声明却惊人地趋同。贪婪、骄傲、虚荣、纵欲、野心以及对权势和名声的欲求，所有这些都被佛教和儒教视为邪恶，就像他们在西方主流的伦理“传统”中被视为邪恶一样。这些传统在对个人主义冲动的容忍程度上有着相当大的差异，但是一般而言，对于自我的富于进攻性的主张都是被否定的。从这个角度观察，新出现的工程—技术取向对于私利、雄心以及物质利益和肉欲快乐的合法化都标志着与传统观点的根本断裂，这种断裂的程度在卢梭那里我们是找不到的。卢梭对此有清醒的意识，他在攻击梅伦（Melon）（马基雅维利的法国信徒）对奢侈的合法化时强调：“虽然奢侈到处流行，但直到现在为止，奢侈一直被人们视为永恒之恶的致命之源。是梅伦先生第一次宣扬这种缺德的学说，他是用他残缺不全的理性而不是用他健全的理性来实现这一创新的。”[7]尽管卢梭是现代社会政治思想的激进主义之父，但却是他的对手实现了更加激进的价值转型。

那么，究竟是那些特征标志着卢梭作为启蒙之子的地位并表明他的道德是现代意义上的道德呢？首先，他主张“一种作为整体的政治学”，终其一生，卢梭一再声称，道德问题和政治问题是无法分开的。在卢梭的用法中，“政治”一词包括我们所说的整个社会政治秩序，在他看来，人类大多数的行为（暂时不考虑准超越性的教育者和立法者）都是由其所处的社会政治环境决定的。尽管卢梭接受了大量当时流行的感觉论心理学知识，但他的“自然人”概念显然与洛克的用法不一样。从表面上看，自然人是淳朴的、未受污染、仅为有限的本能需求所驱使的造物，但他是一个懂得欣赏存在之丰富性的造物。他不仅具有在进入社会时发展出各种能力的可能性——既可能随这个罪恶的、不平等的社会一同堕落，也可能发展出更高的社会美德——而且即使在自然状态下，他对自身的存在也具有深刻的理解力。作为其存在核心的天真无邪早已标志出他是一个道德的存在。卢梭在其晚年准备从这个罪恶的世界隐退，退回到人迹罕至的孤独之域，这时他心目中的理想就是他作为一个自然人的核心本质。用斯特罗宾斯基（Starobinski）的话来说就是：“为了勾画出人的原始天性，他真心地希望能够返本还源。他毫不怀疑他自己就是一个‘自然人’，或至少是一个尚未被抹去自然记忆的人。”[8]

尽管卢梭的“自然人”概念深入了人的内在核心，但他在本质上与工程—技术取向关于人的模式一样，只是被动地接受其所处的社会环境的影响，这一点是令人震惊的。一个关于现代之特点的老生常谈的说法是，正是在现代社会，人类才第一次对自己控制自己的命运充满信心。不管怎么说，这取决于我们怎么来定义“人”这个最简单的字眼。如果我们所谓的“人”是指居于平均水平的一般的个人（average individual），那么我们会为其社会规定所具有的支配性地位所震惊。卢梭就是一个很好的例子，他一方面真诚地相信人在本质上是天真无邪的；另一方面，他又认为人无力在社会中将这种天真无邪的潜质变为现实。他的《忏悔录》说明，人内在的纯真与他的实际行为之间的基本结合点正好反映出在一个罪恶的社会中罪恶之所由成。卢梭在其无拘无束的童年所表现出来的纯真折射出的是当时日内瓦手工艺人阶层所处的健康的社会环境；而其后来在萨福瓦（Savoy）和法国的遭遇折射出的则是一个罪恶的社会所具有的种种诱惑。

尽管当自然人变得越来越依赖他人以满足他不断产生的各种人为的需求时，他具有种种堕落的可能性，但对卢梭而言，有一点十分关键，那就是堕落的原因是外在的。他在《社会契约论》中陈述道："为了论辩的需要，我设想人类的历史到达了这样一个时刻，阻止自然状态延续的力量超过了每个个体力图让自然状态延续下去的力量。"[9]这时，外在于自然的力量就导致了最初的堕落，而一个高尚社会的形成也只能通过"外在的"的力量——具有"卓越才能"和神圣的个人魅力的立法者——来实现。而被邪恶的社会环境扭曲的人类"已经不知道自己需要的究竟是什么了，因为很少有人知道什么东西对自己才是有益的"[10]。这样，卢梭和他的支持者们坚信，社会政治环境具有决定作用，人类需要出类拔萃的立法者和教育者。与他同时代的人一样，卢梭思考的不仅是人类个体心灵与自然世界的关系，而且包括作为"第二自然"的社会、经济和政治秩序在其中所扮演的作用，尽管社会环境和自然的立法者这两个概念在卢梭和他的对手那里用法有很大的不同。对工程—技术取向的支持者而言，人作为被动的原料被设想为简单的、可计算的单位，他们可以被作为社会工程师的立法者编织进新的、更有效率的社会结构之中，所谓的环境就是需要重新编织的原材料；而对于卢梭而言，按照斯特罗宾斯基的解读，罪恶的社会政治环境是阻止人们以纯洁的形式相互交往的障碍。在某种程度上，卢梭的立法者也是一位工程师，但他的任务是拆除障碍。在《第二论文》中我们可以读到："如果需要，人民可以不断地改进，就像当年莱克格斯在斯巴达所做的那样，先将地方清理干净，将那些破铜烂铁搬到一边，然后才好在上面建设高楼大厦。”[11]在《社会契约论》中，卢梭进一步展开这种社会工程想象，他强调，立法者在某种意义上是“脱离自然”的人（“denature” man)，他“给自己设定的任务就是变化，如其所是的变化是人类自然的本质”[12]。此处的限定词“如其所是”十分重要，立法者制定的基本制度创造出一个适宜的环境，在其中，所有的人都有可能将作为人之核心的“天赋良知”（natural goodness）呈现出来，并提高整个社会的道德水准。而且，伟大的立法者不仅仅是颁布法律，他将自己灵魂中高贵的东西奉献给人民。卢梭在《社会契约论》的题词中引用了一段描写圣萨瓦公共庆典的文字，其中充满着由勇武的同志之谊、公民的爱国之情和自发的相互关心交织而成的情感。如果不是加尔文及其后继者在很久以前就为日内瓦创造了一部崇高的宪法的话，这种情形是不可想象的。[13]正是宪法本身才使得公意（general will）的这种自发的、热情洋溢的表达成为可能。

说真的，卢梭在政治上远较其对手真诚。这不仅是因为他认为人类最高的道德潜能只能通过政治手段来实现，而且是因为他对人类福祉最美好的憧憬是建立在“公共福祉”（“public happiness”）的基础上，而“公共福祉”的想象本身已预设了“古代”的政治理想。卢梭向自我的“个人主义式”回归尽管可以为自己在不堪忍受的社会中寻找到一个满意的避难所，但这一回归并不能代表他所谓的至善（原文为拉丁文：summum bonum)。一个肮脏的社会的罪行可能因逃入家庭而减轻，一如《新爱洛漪丝》所示，或因个人的良好教育而缓和，一如《爱弥儿》所示，但作为“障碍”的罪恶最终——如果不是根本——只能通过整体的社会政治转型而消灭，美好社会的道德只能是政治—社群（political-communal）的美德。斯巴达的莱克格斯（Lycurgus）和塔昆斯（Tarquins）之后的罗马领导人之所以能够带领他们的社会实现转型完全是因为一段时间的暴力和城市冲突带来的断裂。[14]另一方面，工程—技术取向似乎应替那种使用政治手段来实现非政治的个人幸福目的的论调负责。而且，这种工程—技术取向的隐喻鼓励了人们对渐进式改良的信念，这种信念主张在保留部分现存秩序的基础上实现秩序的升级。事实上，那些社会工程—技术取向的支持者们相信，绝对君主制可以成为实现开明专制的工具。毕竟，哲人们可以劝告君主，他们所建议的改革不仅符合他们自身的最高利益，而且符合社会整体的利益。不管卢梭及其对手对社会的看法差别有多大，他们都不相信普通人有把握自己命运的力量，都相信社会政治环境具有压倒性的力量。

在更深的哲学层次上，卢梭后笛卡尔式的人类中心主义（post-Cartesian anthropocentrism）毫无疑问是属于启蒙思想的。不管他在宗教上有多么虔诚，他的目光始终聚焦于人和社会。他对哲学和神学在非人的宇宙中寻找终极意义的努力深深地表示怀疑，他的确定性是主体的确定性。他对理性（“cogito”）的看法可以表述为“我感觉，故我在”（“I feel therefore I am”），他对于人内在的高尚情操的确信深深地根植于他的主体性当中。当然，大立法者身上体现的不仅仅是对情感的确信，更是对人的内在理性的确信。当我们考察卢梭对宗教的看法时，我们必须不断地提醒自己，卢梭所关注的是宗教情感及其对人类个体和社会生活的影响。当他考虑如何在国家（body politic）中给传统宗教定位时，他和伏尔泰一样，采取的是简单的实用主义态度。如我们所知：“为了让人民自由地服从立法者制定的规则并温顺地忍受公共幸福（public happiness）的约束，我们必须将神祇般的智慧赋予给伟大的立法者。”[15] 在更深的层次上，他的“公民宗教”确实是要将宗教情感投射到祖国（la patrie）［或者更准确地说，是人民共和国（la peuple-patrie）］身上。正是在这个意义上，我们可以说卢梭是真正的民族主义之父，这种民族主义将民族—国家上升为一种宗教。确实，卢梭是所有现代形式的社会宗教之父，这些社会宗教将人们的宗教情感引向人类集体而不是像传统宗教那样指向一个充满意义的宇宙。

当我们转向更加个体化的基于自然情感的虔敬时，我们会找到一些卢梭谈及自然神秘主义的证据。如果政治生活中的宗教情感是“公意”的情感黏合剂，那么，孤独的卢梭终其一生都在向内转，转向内在的自我，用自然的美来增进他自己“存在的情感”。他与其对手相比，对宗教情感所激发出来的情感需求有着更为敏锐的感受力和近乎无限的需求，对于现代那些将宗教界定为主观意识状态的人而言，卢梭的确可以称得上是一位圣徒，但所有这些都深深地植根于他那个时代的人类中心主义之中。

当然，有人可能会质疑道，以上所述尽管可以证明卢梭是启蒙之子，但无法证明他的现代性——他那个时代的——视野。我们暂且不提 Carl Becker 在其《天堂般的城市》（Heavenly City）一书中将启蒙与现代性绝对对立所造成的对现代性概念的扭曲，很多作者在界定现代性概念时都着重强调了 19 世纪和 20 世纪思想所带来的转型。尽管 18 世纪的思想会让我们注意到作为“第二自然”的社会、经济、文化和政治结构，但这些结构常常被视为惰性的、没有活动能力的。就像牛顿物理学控制物质的运动一样，制度和社会结构强有力地塑造着人们的生活，但它们并不拥有任何促使变化的内在的动力来源。社会政治秩序的变迁来源于外在的自然灾害，或如卢梭所言，由教育者或立法者有意识的推动。就像社会思想家孟德斯鸠指出的那样，“社会诞生时是领袖创设制度，此后便是由制度来产生领袖了。”19 世纪的历史学家和进化论者都嘲笑这种乞灵于文化英雄的天真论调。另一方面，18 世纪的一些思想家则试图借助“历史进化”、“发展过程”、“社会历史力量”等玄妙的形而上学范畴来解释人类的现实。可以肯定的是，19 世纪初关于历史和发展的思考，我们可以在柏克、甚至是杜尔哥、孔多塞以及其他一些人的著作中找到。卢梭本人对此的看法是，随着“科学和艺术”的持续进步，人类的境遇每况愈下。[16]然而，当我们想象人们对社会变迁和社会转型进行规划时，这种规划只能出自有意识的人，不管这些人是多么的普通。在中国的政治思想中，也有三代之治必由圣人出之的设想，但在中国文化中，所谓的圣人之智泰半有其宇宙论根源。“天”从来就是价值之源，圣人即使不是神，也具有神性。在卢梭那里，立法者也是具有神性的，但他所能赋予的神性不过是过人的能力和崇高的灵魂。因此，卢梭对于立法者还是有所保留，他坚持立法者只能是立法者而不能是法律的执行者，因为执行者永远无法“避免作为一个世俗的人而有损于其工作之圣洁的危险”[17]。立法者身处于邪恶的环境，既可能超越，也可能堕落。然而，无论立法者的本性如何模糊不清，卢梭还是希望，一个好社会的建立取决于立法者的存在，取决于他们能否将其崇高的灵魂带入社会现实。尽管他对科西嘉满怀希望而对波兰则甚为冷淡，但他却被人们称为悲观主义者，这毫不奇怪。重要的是，我们必须了解，他的百科全书派的对手们对进步的希望同样也取决于那些开明的领袖们能否掌握实际的权力。

法国革命后，一种不以人的意志为转移的历史进步观念喷涌而出，卢梭一脉和工程—技术取向一脉在现代思想中都发生了转型。它们都“历史化”了。而历史本身则宣称，它将填平事实与价值之间的鸿沟。两股潮流对所谓历史进步的解释仍有相当大的差异。工程—技术取向不再声称技术专家对原料进行处理，“技术发展的过程”、“工业化”、“经济力量”、“技术发展”成为其主要范畴，我们可以将其称之为“人类进步的技术经济视野”。卢梭一脉在转型后则主要将历史视为一部伦理剧（ethical drama）。不管黑格尔对卢梭有多少保留，他将人类历史看作一曲他所理解的自由的进行曲，这在本质上是将历史视为一部精神—伦理剧。从这一视角审视马克思，我们会发现，马克思的魅力就在于其晚年的著作对这两股潮流进行了出色的综合。马克思追随卢梭，从技术经济史的宏观角度观察了艺术与科学的进步所带来的大量的不公正和剥削现象，尽管如此，他认为这一过程在客观上仍然是一个进步（“objectively progressive”）。据此，马克思既像卢梭那样对工业化的发展表示愤慨和哀叹，又像那些工程—技术论者一样对人类的技术天赋表示惊叹，并毫不掩饰自己的自鸣得意之情。他使我们相信，即便是撒旦也可以胜任上帝的工作。当然，马克思所谓的美好社会并不是卢梭的斯巴达式的乌托邦，在这一社会中，个体不仅享受着艺术与科学带来的丰硕成果，而且在他们的身上还体现着卢梭梦寐以求的社会美德，但这些社会美德并不需要建立在爱国宗教（religion of la patrie）的基础上。

不管马克思的综合多么出色，我要指出的是，他的后继者们已经证明这种结合是不稳定的。作为伦理剧的历史如何与作为技术经济发展和社会理性化的历史结合起来？这一问题并没有得到解决。卢梭与圣西门并未握手言和。

另外，18 世纪思想的历史化并不是很成功的。对立法者的呼唤并没有从历史中消逝，伟大的 19 世纪所宣称的人类进步到了 19 世纪末 20 世纪初变得越来越令人怀疑了。现在，我们越来越感到，要认清不同历史进步图示所展示出来的希望，我们不能再完全依靠那些客观力量的运作。要让历史沿着正确的轨道前进，人的干预是必要的，不管这种干预是由革命领袖还是由作为精英的社会工程师来进行。这并不意味着重蹈启蒙时期关于伟大的立法者的故辙，也不意味着不再相信历史或进步的信念，它仅仅表明启蒙时期关于立法者之作用的思想并不完全是多余的。

卢梭一脉的转型还有其他一些面相。首先，不管卢梭曾经对他所承诺的在小的政治共同体所能实现的政治理想进行重建的可能性表示过多大的怀疑，也不论他在多大程度上接受了可以消除疆域广阔社会的社会罪恶的观念，他坚信斯巴达、古罗马和日内瓦已经为其理想做出了榜样。对理想而言，国家的大小是必要条件而不是充分条件。只有当我们考虑到在一个面对面的公共场合集会这一场景时，我们才能准确把握公意（general will）的意涵：唯一而不可分割。只有在这样的语境下，我们才能理解直接代表自身的公民，理解被地区利益和生活状况的巨大差别分割开来的全体公民概念，理解一个不需要复杂官僚机构的政府。这种语境下的爱国主义是当一个公民从城邦的角度审视整个城市时所产生的情感。这里，我们可以清楚地看到，对作为集体象征的祖国的爱和对作为平等大众的人民的爱其实是一枚硬币的两面。我们可以想象一下，乡土社会即便是大如科西嘉岛，由于其社会生活十分简单，居民之间差别不大，民众可以在一棵橡树之下进行他们的司法审判，卢梭所设想的共和国正类似于此。然而，所有这些都不适宜于幅员辽阔的国家。复杂的社会分工、地区和阶级利益、官僚结构的庞大需求以及知识阶层的虚荣自负无一不与社会规模相关。卢梭本人就否认他的理想可以在大如法国的社会中实现。但是，卢梭的信徒们却进行了这样的尝试并产生了意味深长的后果，用哈贝马斯的话来说就是："老师本人对他的模式之适用性作了限定，学生们对老师的限定却缺乏尊敬；他们试图通过革命在一个幅员辽阔的国家建立共和体制；更准确地说，革命早已突破了卢梭本人所设定的目标。"[18]

卢梭一脉的转型在某种程度上可以说是成功的。事实上，城邦国家的爱国主义宗教已经转变为民族主义宗教。事实证明，将普通大众的宗教情感转化为民族象征是完全可能的，即使在幅员辽阔的国家也没有问题。不管国家大小、社会体系和政治体制如何，人民都乐意为自己的祖国献身。在庞大的民族国家（nation-states）框架内和古典的城邦国家（city-states）一样，人民可以在反对外来者的过程中领受荣耀的时刻、为他们的认同感和一体感而自豪（卢梭对爱国主义的总体描述）。

体现公意的人民主权原则的转换则没那么简单。号称继承卢梭的雅各宾派主张，即使是抹去领导作为立法者和管理者之间的关键性差别，领袖和领导集团也在本质上体现了大规模社会的公意，对于这一点卢梭是很难接受的，对他来说，这无异于为暴政开具了一张通行证。为形势所迫，罗伯斯庇尔试图实行革命道德的统治，此前，恐怕他本人也会拒绝这种实质代表制的观念。由一个忠贞不渝地献身于公德的领导集团来引领共同的理想和共同的利益，唯一而不可分割的人民的公意就寓于这种共同理想和共同利益之中，这样一种公意的观念为人们所看好。当强敌环伺之时，这样一种将"人民"和"国家"结合起来的公意观念就具有不寻常的力量。在列宁对马克思主义的发展中，他所谓的公意就是与阶级观念相连，而不是指向以疆域为基础的民族国家。

总的说来，英美式的代议民主制的理论基础与卢梭是不同的，卢梭对代议民主制的指责不仅是因为他的公意概念本身与代表的观念不相容，而且是因为他永远也不可能相信，相互对抗的"自私"的集团利益和个人利益之间的平衡能够形成公意。比如汉娜·阿伦特，尽管她并不喜欢卢梭，但她完全赞同卢梭的古典公民理想：如果人们一心追求以享乐主义、消费至上为特征的个人幸福，很难想象他能体味社会美德和公共福祉的梦想。当然，工程—技术取向在今天的美国社会达到了它的顶峰。但即使在当代美国文化中，近乎是一种宗教的民族主义和夹杂着试图引导民众道德观念的民族主义也没有完全消失。

如果卢梭确实不准备接受承其思想而下的种种转变，那么我们凭什么说当代世界的“卢梭倾向”？朱迪思·希克拉（Judith Shklar）在其《人与公民》（*Men and Citizens*）一书中指出：“卢梭不是一个卢梭主义者（rousseauisme）。哲学能否成为可操作的意识形态，这一问题当然十分有趣，但是，这主要是一个社会史的问题，而不纯粹是一个政治理论的问题。”[19]对此，我想指出的是，伟大的思想家不能完全与其思想之未预期的后果脱离干系，因为他们的思想中可能暗示了那些未预期的后果。按照哈贝马斯的说法，事实上，那些信徒们对其导师绝妙的观点如此着迷，以至于常常忽视导师对自己的理论所作的限定，这一事实暗示了导师的观点在其信徒的思想和行为塑造过程中所起的作用。这些未预期的后果也引起人们对思想家本人思想上的盲点和局限性的进一步反思。而且，从不那么纯粹的政治理论的观点来看，应该说，未预期的后果既是一个社会史的问题，也是一个思想史的问题。

不管我这里所说的工程—技术取向（由 19 世纪历史主义和进化论修正过的）在当代西方世界如何占有压倒性的优势，以卢梭为代表的道德主义的现代性趋势并未消失。自然，我们的基本问题——内在的道德（或精神—道德）及其对工程—技术取向的反抗——毫无疑问是由卢梭一脉孕育出来的。大体上，当代西方世界仍然生活在由启蒙所奠定的现代性前提构成的框架之中。卢梭一脉在“新左派”的激进思路中得以幸存，它的幸存一方面得益于“新左派”对于工程—技术取向无力解决所有的社会经济问题的观察，另一方面，也得益于“新左派”对于人的内在道德品格和社会关系之重要性的体认（道德再一次被想象为道德情感）。“新左派”更进一步地相信，艺术与科学的进步不仅没有带来有意义的道德生活的提升，相反却导致了道德生活品质的恶化。他们仍然牢记一切都取决于政治的观点。他们的希望仍锁定在用革命作为补救措施，通过革命协调有意义的道德共同体的理想与现代技术社会的现实之间的矛盾，革命在其中担当伟大的立法者的角色。有人甚至深信，在一个冥顽不化的社会中，革命必须采取恐怖手段。他们相信，他们的终极目标是清除前进道路上的"障碍"，创造一个美化的社会，在那里，人们可以坦诚相待、同甘共苦，并从他们对正义忠贞不渝的信仰中汲取生活的意义。这种"革命伦理"本身变成了一些恐怖组织的道德规范。

当我们转向非西方世界，我们发现，卢梭及其后的转型广泛地活跃于知识分子和政治领袖的言行之中。不容否认，西方是以其技术和社会技术方面的优势首次吸引了世人的目光，而且，"实用主义"的工程—技术取向过去在这个世界上找到了它的追随者，将来还会有更多的追随者。但是，与很多美国经济与政治发展理论的预期相反，非西方世界的知识分子和政治精英们常常并没有扮演现代化和"国家建设"战略家的角色。现代西方思想对这些地区的影响主要限于精英阶层，卢梭对他们仍然具有很大的吸引力。他们中间很多人所操纵的意识形态（operative ideology）（说得宽泛一点，包括现存的意识形态）都基于以下观念：由真正体现人民公意的道德高尚的领袖领导民族国家，教育人民将社会主义、正义、美德等理想内化为他们的信念，随时准备为祖国献身。领袖的形式既可以是一党独大的政党，也可以是一位军事领袖，但其首要的任务是培育人民对民族主义的信仰，并将道德作为社会公正的基础。毫无疑问，以苏联和中国为代表的共产主义，将马克思列宁主义作为他们的意识形态，他们对于党的领导地位和民族经济发展的强调具有重大影响。而且，我们此处所要处理的不再是卢梭一脉对技术的反对和工程—技术取向一脉对"科学与艺术进步"的倡导之间的尖锐对立。没有哪路精英反对现代化，作为民族主义者，他们当然欢迎有益于民族富强的技术，特别是现代军事技术。也许，他们真诚地相信他们正在创造的社会结构从长远来看，对现代化的进程是有促进作用的。但是，要想让他们在接受技术和社会技术的“合理性”（rationality）的同时抛弃作为其核心的宗教—道德关怀（religious-moral concerns）却不那么容易，因为这种关怀直接关乎他们权力的合法性。

非西方世界的很多国家都有这种操纵性的意识形态（operative ideology），尽管我并不是被它的特殊性所吸引，我仍感觉到它的背后可能有更深层的冲动。这些国家大部分都决不会与其过去的传统彻底决裂，大部分的传统——从高度文明的传统到部落文化——对人类境况的宗教—道德诊断都仍为人们所奉持，正如我们前面所述，卢梭一脉对现代性的阐释比工程—技术取向对现代性的阐释离这些传统更近。传统在不断销蚀，现代式的人类中心主义逐渐为人们接受，作为信仰的民族主义开始填补人们对宗教—道德的需求真空，并成为国家权威的合法性源泉。因此，民族主义并不仅仅是实现遥远的现代化目标的工具。考虑到传统价值观念在人们心目中的衰落，“民族领袖”（ethical vanguard）的一个重要任务是通过政治法令创造出新的社会道德、新的公意，政治上的这些作为也不能仅仅视为实现现代化目标的工具，它们有着十分紧迫的现实需要。所有这些都与以下事实不相矛盾：意识形态成为权力争夺的工具，领导人自身的狂妄自大。可能有人会怀疑，意识形态真能解决它所面对的问题吗？无论如何，问题本身确实是十分棘手的。

作为一名观察者，当代中国给我印象最深的是，我们这里所讨论的所有问题都与中华人民共和国的历史有着高度的相关性。自然，中国所有的事情都是在一个无所不包的一元化意识形态框架下运作的。不过，我仍然认为，以上所讨论的两股潮流之间的紧张关系在中国的意识形态——马克思列宁主义毛泽东思想——中都已凸现出来。在别的地方我曾探讨过，从卢梭的影响的角度考察毛泽东关于“文化大革命”的思想。[20]在研究过程中，我深深地为毛泽东关于“文化大革命”的思想与中国传统道德观念和政治思想特征之间的声气相通所震惊。卢梭问题的特定形式与中国传统道德—政治思想某些侧面之间的共鸣（暂不提它们之间大量的不同）是否比其他社会的传统道德更甚?

这是一个很值得探讨的问题，但此处无暇展开。

由于毛泽东的去世，中国引人注目地转向了我所说的工程—技术取向。最后，这里所凸现出来的问题不仅是对于中国而言并没有解决，对于我们而言亦是如此。

注　释

第一章　马克思—列宁主义在中国的兴起

［1］陈独秀在给主张社会主义的记者的回信中，特别指出社会主义根本不适合一个像中国这样非工业化的国家。见《通讯》（《新青年》，第二卷，第五期）。

［2］《马克思恩格斯选集》，第2卷，83页，北京，人民出版社，1972。

［3］Benjamin I. Schwartz，*Biographical Sketch*，*Ch'en Tu-hsiu*，*Pre-Communist Phase*，Papers on China，Harvard University 1948，Ⅱ，p. 168.

［4］Ibid.，p. 193，n. 5.

［5］Ibid.，p. 195，n. 12.

［6］Ibid.，p. 196，n. 16.

［7］参见《新青年》，第二卷，第一期。

［8］参见《新青年》，第四卷，第四期。

［9］参见《新青年》，第二卷，第一期。

［10］［11］［12］《新青年》，第二卷，第一期。

［13］［14］《新青年》，第四卷，第四期。

［15］多处明确提到爱默生。

［16］《新青年》，第四卷，第四期。

［17］《实行民治的基础》，见《陈独秀文章选编》（上），430页，北京，三联书店，1984。

［18］参见《新青年》，第三卷，第一期。

［19］参见《新青年》，第五卷，第五期。关于这个问题还有他

的另一篇文章《庶民的胜利》，表达了同样的主题。

［20］《布尔什维主义的胜利》，见《李大钊文集》（上），598页，北京，人民出版社，1984。

［21］同上书，603页。

［22］《庶民的胜利》，见《李大钊文集》（上），595页。

［23］［24］陈独秀：《克林德碑》（1918.11.15），载《新青年》，第五卷，第五期。

［25］See Hatano Kanichi，*Saikin Shina Nenkan*（New China Yearbook）（Tokyo，1935），p. 1597.

［26］李大钊：《我的马克思主义观》，载《新青年》，第六卷，第五期。

［27］《实现民主的基础》，载《新青年》，第七卷，第一期。

［28］［29］《新青年》，第七卷，第一期。

［30］David Shub，Lenin，*A Biography*（New York，1948），p. 144.

［31］参见《列宁选集》，2版，第2卷，730～845页，北京，人民出版社，1972。

［32］《新青年》，第八卷，第四期。

［33］《新青年》，第七卷，第一期。

［34］参见《新潮》，第二卷，第二期，1919年12月。《新潮》评论是北京大学学生出版的刊物，它存在时间虽短但影响很大。在五四运动高潮时期任编辑的是傅斯年。

［35］同上书，207页。

［36］参见《新青年》，第八卷，第四期。

［37］参见《解放与改造》，第五卷，第二期，1920年3月。

［38］参见《解放与改造》，第二卷，第一期，1920年1月。又见第七期，1920年4月。

第二章 中国共产党的建立

［1］《对于时局之我观》，载《新青年》，第八卷，第一期。

［2］《关于社会主义的讨论》，载《新青年》，第八卷，第四期。

［3］［4］陈独秀：《关于社会主义的讨论》，载《新青年》，第八卷，第四期。

［5］陈独秀：《国庆纪念的价值》，载《新青年》，第八卷，第三期。

［6］陈独秀：《对于时局之我观》，载《新青年》，第八卷，第一期。

［7］Lenin，W. "Demokratie und Narodniktum in China，" *Ausgewahlte Werke*（Berlin，1937），Ⅳ，321.

［8］列宁：《民族与殖民地问题提纲初稿》，见《列宁全集》，2版，第39卷，164页，北京，人民出版社，1986。

［9］同上书，233页。

［10］《列宁选集》，2版，第4卷，275页，北京，人民出版社，1972。

［11］参见方路：《清算陈独秀》，见《陈独秀评论》66页，1933。

［12］参见《社会的工业之与良心的学者》，载《新青年》，第八卷，第三期。

［13］参见方路：《清算陈独秀》，见《陈独秀评论》66页，1933。

［14］Hatano Kanichi，Saikin *Shina Nenkan*（New China Yearbook）（Tokyo，1935），p. 1598.

［15］《致陈竞存论革命的信》，载《建设》，第二卷，第一期。

［16］参见戴季陶：《从经济上观察中国的乱源》，载《建设》，第一卷，第二期。

［17］See Hatano Kanichi，*Saikin Shina Nenkan*（New China Yearbook）（Tokyo，1935），p. 1598.

［18］《谈政治》，载《新青年》，第八卷，第一期。

［19］陈独秀：《中国式的无政府主义》，见《独秀文存》，611页，合肥，安徽人民出版社，1987。

［20］参见斯诺：《红星照耀中国》，155 页。

［21］See Hatano Kanichi，*Ajia Mondai Koza*（Lectures on Problems of Asia）（Tokyo，1935），Ⅱ，pp. 23-24.

［22］See Hatano Kanichi，*Ajia Mondai Koza*（Lectures on Problems of Asia）（Tokyo，1935），Ⅱ，p. 24. 波多野列举了陈公博、包惠僧、李汉俊、李达、张国焘、刘仁静、董必武、陈潭秋、毛泽东、何叔衡、周佛海、汪精卫和邓恩铭的名字。几乎同一时间，周恩来、蔡和森和李立三在法国成立了党小组。

［23］《中国共产党简史》，626 页。

［24］参见陈独秀：《告全党同志书》，见《中共党史参考资料》（第 5 册），中国人民解放军政治学院党史教研室编，393～394 页。

［25］参见邓中夏：《中国职工运动简史》，19 页，延安，1943。

［26］参见上书，46 页。

第三章　国共合作的序幕

［1］See Hatano Kanichi，*Saikin Shina Nenkan*，p. 1 600.

［2］*The Fourth Congress of the Communist International*（London，1922），p. 221.

［3］Ibid.，p. 222.

［4］See article of Vilensky in *Izvestiya* of October 9，1920; quoted in Pasvolsky's *Russia in the Far East*（New York，1922），p. 87.

［5］On the interview between Marin and Sun see Okubo Yasushi，*Chūkyō Sanjūnen*（Thirty Years of Chinese Communism），p. 31.

［6］参见方路：《清算陈独秀》，见《陈独秀评论》，68 页，1933。

［7］"Ti erh-tz'ü ch'uan-kuo tai-piao ta-hui hsüan-yen"（Manifesto of the Second Congress），quoted in Chu Hsin-fan，*Chung-kuo Ko-ming yü Chung-kuo She-hui Ko Chieh-chi*（The Chinese Revolution and China's Social Classes)(Shanghai, 1930), p. 260.

[8] *Declaration of the Chinese Communist Party on the Political Situation in China*, translated by Steiner from *Novyi Vostok*, no. 2 (1922), p. 6.

[9] Ibid., p. 6.

[10] Chu Hsin-fan, p. 278.

[11] Ch'en Tu-hsiu, *Kao Ch'üan-tang T'ung-chih-shu* (A Letter to Our Party Comrades), Hoover Library, Chinese Collection, p. 4.

[12] Ibid., p. 3.

[13] Ibid., p. 4.

[14] Hatano, in the compilation by Obikawa Tsunetada, *Shina Seiji Soshiki no Kenkyū* (Tokyo, 1933), p. 88.

[15] 自从中国新民民主主义时期开始，就极其缺乏中共早期历史的文献。

[16] Hua Kang, *Chung-kuo Ta Ko-ming-shih* (History of the Great Chinese Revolution)(Shanghai, 1932), p. 447.

[17] "Ch'en Tu-hsiu ti sheng-p'ing chi cheng-chih chu-chang" (Ch'en Tu-hsiu's Life and Political Views), *Ch'en Tu-hsiu P'ing-lun* (Discussions Concerning Ch'en Tu-hsiu), p. 175.

[18]《目前中国的政治问题》，载《新青年》，第五卷，第二期。

[19]《实行民治的基础》，载《新青年》，第七卷，第一期。

[20] "Hsin-hai ko-ming yü kuo-min-tang" (The Revolution of 1911 and the Kuomintang), from *Chung-kuo Ko-ming Wen-t'i Lun-wen-chi* (A Collection of Articles on the Problems of the Chinese Revolution)(Shanghai, 1927), p. 271.

[21] *Declaration of the Chinese Communist Party on the Political Situation in China*, p. 4.

[22] 马克思列宁主义的主要经典直到当时很少被翻译成中文。

［23］ See Lenin, "Discours sur l'adhesion des Communistes au Labour Party," *Oeuvres Complètes*, XXV, 432.

［24］ Leon Trotsky, *Problems of the Chinese Revolution* (New York, 1932), p. 52.

［25］ Ibid., p. 52.

［26］ Ch'en Tu-hsiu, *Kao Ch'uan-tang T'ung-chih-shu* (Letter to Our Comrades), p. 3.

［27］ See Okubo, *Chūkyō Sanjūnen* (Thirty Years of Chinese Communism), p. 25.

第四章 国共合作

［1］ See *The Fourth Congress of the Communist International*, p. 222.

［2］《中国职工运动简史》，见《邓中夏文集》，511页，北京，人民出版社，1983。

［3］ Ts'ai Ho-shen, "Lun Ch'en Tu-hsiu-chu-i" (Concerning Ch'en Tu-hsiuism), from *Ch'en Tu-hsiu P'ing-lun* (Discussions Concerning Ch'en Tu-hsiu), p. 14.

［4］ "Chung-kuo Kung-ch'an-tang chien-ming-shih" (A Short History of the Chinese Communist Party), p. 15.

［5］ "Chung-kuo kuo-min ko-ming yü she-hui ko-chieh-chi" (The Chinese National Revolution and the Various Classes of Chinese Society), from the *Chung-kuo Ko-ming Wen-t'i Lun-wen-chi* (A Collection of Articles on Problems of the Chinese Revolution), p. 45.

［6］ Ibid., pp. 45-46.

［7］《论陈独秀主义》，见《蔡和森文集》，807页，北京，人民出版社，1980。

［8］ See Li Li-san, *Kung-ch'an Kuo-chi tui Chung-kuo Ko-ming Chüeh-i-an Tai hsü* (A Preface to Comintern Resolutions on the Chinese Revolution), p. 10.

［9］ *Kao Ch'üan-tang t'ung-chih-shu*（A Letter to Our Party Comrades），p. 7.

［10］"Chūgoku Kyōsantō dai-san-kai zenkoku daihyō-taikai"（The Manifesto of the Third Congress of the Chinese Communist Party），from Okubo，*Chūkyō Sanjūnen*（Thirty Years of Chinese Communism），p. 26.

［11］ *T'an-ho Kung-ch'an-tang Liang Ta-yao-an*（Two Proposals for the Impeachment of the Communist Party），subtitled *Chung-kuo Kuo-min-tang*，*yüan-wen chi Tsung-li chih p'i-shih*（The Nationalist Party of China；Original Text and Notes of Generalissimo Sun）（Shanghai，1923），p. 1.

［12］"Kokumintō-ni-zentaikai ni-okeru Ōseiei no seiji kōkoku"（Wang Ching-wei's Political Report at the Second Congress of the Kuomintang），Okubo，op. cit.，p. 41.

［13］ *T'an-ho Kung-ch'an-tang Liang Ta-yao-an*（Two Proposals for the Impeachment of the Communist Party）.

［14］Ibid.，p. 15.

［15］毛泽东甚至在他自传中有关与埃德加·斯诺的谈话都承认他直到五卅运动之后才认识到农民阶级中阶级斗争的程度。

［16］参见《中国职工运动简史》，见《邓中夏文集》，511 页，北京，人民出版社，1983。

［17］"Chung-kuo Kung-ch'an-tang ti-erh-tz'u Chung-yang k'uo-ta chih-hsing wei-yuan-hui i-chüeh-an"（Resolutions of the Second Enlarged Plenum of the Central Executive Committee of the Chinese Communist Party），from the *Su-lien Yin-mou Wen-cheng Hui-pien*（A Collection of Documents of the Soviet Conspiracy），IV，52.

［18］See Mandalian，*Wei-shen-mo Chung-kuo Kung-ch'an-tang ti Ling-tao P'o-ch'an*（Why Did the Leadership of the Chinese Communist Party Fail?），translated from the Russian *Pochemu Obankrotilos Rukoved'stvo Kitaiskoi Kompartii*（Moscow，1927），p. 9.

[19] See Trotsky, *Problems of the Chinese Revolution*, p. 43.

[20] 这些小册子中最有名的是他的《孙文主义之哲学基础》(上海, 1925)。

[21] *Kao Ch'üan-tang T'ung-chih-shu* (A Letter to our Party Comrades), p. 9.

[22] Mandalian, p. 8. Also see Pavel Mif, *Chin-chi Shih-chi-chung ti Chung-kuo Kung-ch'an-tang* (The Chinese Communist Party in Critical Days), translated from the Russian (Moscow, 1928), p. 25.

[23] *Kao Ch'üan-tang T'ung-chih-shu* (A Letter to Our Party Comrades), p. 11.

[24] "Lun Ch'en Tu-hsiu-chu-i" (Concerning Ch'en Tu-hsi-uism), p. 21.

[25] Li Li-san, *Kung-ch'an Kuo-chi Tui Chung-kuo Ko-ming Chüen-i-an Tai-hsü* (A Preface to Comintern Resolutions on the Chinese Revolution), p. 20.

[26] "Kei Chiang Chieh-shih ti i-feng-hsin" (A Letter to Chiang Kai-shek), *Hsiang-tao Chou-pao* (Guide Weekly), no. 151 (June 9, 1926).

[27] See Harold Isaacs, *Tragedy of the Chinese Revolution* (London, 1938), p. 110.

[28] See note [25].

[29] "Lun kuo-min cheng-fu chih pei-fa" (Concerning the Northern Expedition of the National Government), *Hsiang-tao Chou-pao* (Guide Weekly), no. 160 (June 30, 1926).

[30] "Wo-men ti pei-fa-kuan" (Our Views on the Northern Expedition), *Hsiang-tao Chou-pao*, no. 170 (August 10, 1926).

[31] See "These on the Chinese Situation," *International Press Correspondence* (Inprecorr), vol. VII, no. 11, p. 232.

[32] Ibid., p. 231.

［33］“These on the Chinese Situation,” *International Press Correspondence*（Inprecorr），vol. VII，no. 11，p. 231.

［34］*Wei Shen-mo Chung-kuo Kung-Ch'an-tang ti Ling-tao P'o-ch'an*?（Why Did the Leadership of the Chinese Communist Party Fail?），p. 9.

［35］See *Kao Ch'üan-tang T'ung-chih-shu*（A Letter to Our Party Comrades），p. 13.

［36］Ibid.，p. 15.

［37］Ibid.，p. 15.

［38］Mandalian，p. 12.

［39］参见《论陈独秀主义》，见《蔡和森文集》，822～823页，北京，人民出版社，1980。从前的共产党员李昂，详细地记述了中国共产主义运动领导人之间的内部政治关系。《红色舞台》一书激烈地反对斯大林主义，其看法必须小心对待。然而，它包含了有关中国共产主义历史的详细资料，是其他书中所没有论及的。凡是李昂关于事实的记述与其他原始材料有可能比较的地方，通常证明李昂的记述是正确的。

［40］Shinshi Teiichiro，“Kushūhakuden”（The Life of Ch'ü Ch'iu-pai），*Kaizō*，vol. XVIII，no. 8（August 1936），p. 34.

［41］See P'eng Shu-chih，“Shui shih Chung-kuo Kuo-min ko-ming chih ling-tao-che?”（Who Are the Leaders of the Chinese National Revolution?），from the *Chung-kuo Ko-ming Wen t'i Lun-wen-chi*（A Collection of Articles on Problems of the Chinese Revolution），p. 29.

［42］P'eng Shu-chih，“Chung-kuo ko-ming chih ken-pen wen-t'i”（Basic Problems of the Chinese Revolution），quoted in Ch'ü Ch'iu-pai's *Chung-kuo Ko-ming Chih Cheng-lun Wen-t'i*（Controversial Questions of the Chinese Revolution）（Shanghai，1927），p. 67.

［43］“Shui shih Chung-kuo kuo-min ko-ming chih ling-tao-che?”（Who Are the Leaders?），p. 28.

［44］See“Chung-kuo ko-ming chih ken-pen wen-t'i”（Basic

Problems of the Chinese Revolution), p. 77.

[45] "Tu-che chih sheng" (The Reader's Voice), *Hsiang-tao chou-pao* (Guide Weekly), no. 160 (June 30, 1926).

[46] See Mandalian, p. 12.

[47] Ch'ü Ch'iu-pai, *Chung-kuo Ko-ming chih Cheng-lun Wen-t'i* (Controversial Problems of the Chinese Revolution), p. 149.

[48] Mif, p. 35.

[49] See N. Bukharin, "An Abrupt Turn in the Chinese Revolution," *Inprecorr*, vol. VII, no. 41 (July 14, 1927), p. 894.

[50] "Theses on the Chinese Situation at the Seventh Plenum of the Executive Committee of the Communist Internationale," *Inprecorr*, vol. VII, no. 11 (February 3, 1927), p. 231.

[51] Ch'en Tu-hsiu, "Chung-kuo kuo-min ko-ming yü she-hui ko-chieh-chi" (The Chinese National Revolution and the Various Classes of Chinese Society), p. 41.

[52] Ibid., p. 41.

[53] 彭湃，他的父亲是广东的一个地主，彭湃早在1921年就开始在海丰地区组织农民。有关他的经历的记述见《共产国际文献》，第2～3卷（莫斯科，1923）。

[54] See Snow, *Red Star Over China*, p. 160.

[55] 在1927年4月17日召开的中国共产党第五次代表大会上，国民党左派领导人指出，由于中国共产党代表无产阶级，国民党应该代表农民阶级，见米夫，22页。

[56] "Chung-kuo Kung-ch'an-tang ti-erh-tz'u Chung-yang k'uo-ta chih-hsing wei-yüan-hui chüeh-i-an" (Resolutions of the Second Enlarged Plenum of the Central Executive Committee of the Chinese Communist Party), from the *Su-lien Yin-mou Wen-cheng Hui-pien* (A Collection of Documents on the Soviet Conspiracy), IV, 50.

[57] "Theses on the Chinese Situation," *Inprecorr*, vol. VII, no. 11, p. 232.

[58] See Resolutions of the Second Enlarged Plenum, p. 50.

[59] 谭平山参加了共产国际执委会第七次全体会议的讨论，甚至还就会议的重要讲话发表了意见。

[60] The contents of this letter are summarized in Ch'en Tu-hsiu's Kao *Ch'üan-tang T'ung-chih-shu* (A Letter to Our Party Comrades), p. 12. See the discussion of this letter in Isaacs, *Tragedy of the Chinese Revolution* (London, 1938), p. 294.

[61] *Kao Ch'üan-tang T'ung-chih-shu* (A Letter to Our Party Comrades), p. 10.

[62] 关于这一点的进一步讨论见下一章的开头。

[63] *Chin-chi Shih-chi-chung ti Chung-kuo Kung-ch'an-tang* (The Chinese Communist Party in Critical Days), p. 22.

[64] See Li Ang, *Hung-se Wu-t'ai* (The Red Stage), p. 16.

[65] See *Chung-kuo Ko-ming Cheng-lun Wen-t'i* (Shanghai, 1927), p. 16.

[66] See *Chung-kuo Ko-ming chih Ken-pen Wen-t'i*. The original text is not available. Many passages, however, are quoted in Ch'ü's pamphlet.

[67] Ch'ü Ch'iu-pai, *Chung-kuo Ko-ming Cheng-lun Wen-t'i* (Controversial Questions of the Chinese Revolution), pp. 84 and 87.

[68] Ibid., p. 67.

[69] Ibid., p. 98.

[70] Ibid., p. 106.

[71] Ibid., p. 74.

[72] Ibid., p. 86.

[73] Ibid., p. 86.

[74] Ibid., p. 87.

[75] See *Hung-se Wu-t'ai* (The Red Stage), pp. 16-17.

[76] See Bertram Wolfe, *Three Who Made a Revolution* (New York, 1948), pp. 288-291; also Trotsky, *The Permanent Revolu-*

tion (New York, 1931), and Trotsky, Stalin (London, 1947), Appendix p. 432.

［77］From Trotsky's "Do Devyatago Yanvarya" (Before the Ninth of January), quoted by Wolfe, p. 290.

［78］Ibid., p. 290.

［79］See Mif, *Chin-chi Shih-chi-chung ti Chung-kuo Kung-ch'an-tang* (The Chinese Communist Party in Critical Days), p. 22.

［80］参见毛泽东：《湖南农民运动考察报告》，见《毛泽东选集》，2版，第1卷，北京，人民出版社，1991。

［81］See Snow, *Red Star Over China*, p. 160.

［82］毛泽东：《湖南农民运动考察报告》，见《毛泽东选集》，2版，第1卷，13页，北京，人民出版社，1991。

［83］报告中未发现此种说法。——译注

［84］毛泽东：《湖南农民运动考察报告》，见《毛泽东选集》，2版，第1卷，21～22页，北京，人民出版社，1991。

［85］同上书，17页。

［86］Lenin, *The Year 1919 in Works*, XVI, 442; quoted in Trotsky, *The Third International after Lenin* (New York, 1936), p. 226.

［87］Snow, *Red Star Over China*, p. 162.

［88］参见毛泽东：《湖南农民运动考察报告》，见《毛泽东选集》，2版，第1卷，21页，北京，人民出版社，1991。

［89］*Chung-kuo Ko-ming Cheng-lun Wen-t'i* (Controversial Questions of the Chinese Revolution), p. 117.

第五章 主要趋向的评价

［1］引自斯大林1927年4月5日的讲话，in Isaacs, *The Tragedy of the Chinese Revolution*, p. 185.

［2］Ibid., p. 185.

［3］Quoted in Trotsky's *Problems of the Chinese Revolution*,

p. 292.

［4］Quoted in Trotsky's *Problems of the Chinese Revolution*, p. 41.

［5］Ibid.，p. 53.

［6］Ibid.，p. 131.

［7］Ibid.，p. 54.

［8］See "Shōkaiseki no Kōho gunkangakkō kyōsanto ritō kankoku ensetsu"（An Address by Chiang Kai-shek at the Whampoa Officers' Academy Advising the Communist Party to Leave the Party），from Okubo，*Chūkyō Sanjūnen*（Thirty Years of Chinese Communism），pp. 64-65.

第六章　新的路线

［1］Stalin，"Krizis lyevogo Gomindana"（The Crisis in the Left Kuomintang），*Pravda*（July 26，1927）.

［2］"An Abrupt Turn in the Chinese Revolution，" *Inprecorr*，vol. VII，no. 41，p. 894.

［3］See "Theses on the Chinese Situation，" *Inprecorr*，vol. VII，no. 11，p. 232.

［4］Lenin，*Selected Works*（Moscow，1947），I，366.

［5］See Wolfe，*Three Who Made a Revolution*，p. 292.

［6］Lenin，"Attitude of the Social Democrats Toward the Peasantry，" *Selected Works*，I，442.

［7］Lenin，*Works*，vol. XI，part I，p. 79，quoted in Trotsky's *The Third International After Lenin*，p. 221.

［8］Stalin's speech at the Eighth Plenum of the ECCI，quoted in Isaacs，*The Tragedy of the Chinese Revolution*，p. 289.

［9］"Resolutions on the International Situation，" *Inprecorr*，vol. VII，no. 48，p. 1072（August 18，1927）.

［10］"Na krutom perevalye Kitaiskoi revolyutsii"（A Steep Pass in the Chinese Revolution），*Pravda*（July 10，1927）.

[11] "Resolutions of the ECCI on the Preaent Situation of the Chinese Revolution," *Inprecorr*, vol. VII, no. 44 (July 28, 1927).

[12] Ch'ü Ch'iu-pai, *Chinese Revolution*, p. 135, in Isaacs, *Tragedy of the Chinese Revolution*, p. 349.

[13] "Krizis lyevogo Gomindana" (The Crisis in the Left Kuomintang), *Pravda* (July 26, 1927) .

[14] *Problems of the Chinese Revolution*, p. 120.

[15] "Report on Nanchang," *Inprecorr*, vol. VII, no. 48 (August 18, 1927); also *Shina Sobieto Undō no Kenkyū* (A Study of the Chinese Soviet Movement) (Tokyo, 1934), p. 137.

[16] See *Hung-se Wu-t'ai* (The Red Stage), pp. 12-24.

[17] See Isaacs, *Tragedy of the Chinese Revolution*, p. 343.

[18] *Chung-kuo Kung-ch'an-tang Pa-yüeh Hui-i Hsüan-yen* (Manifesto of the August Conference of the Chinese Communist Party) (Moscow, 1927), p. 14.

[19] "Hachi-shichi kaigi" (The August Seventh Conference), in Okubo, *Chūkyō Sanjūnen* (Thirty Years of Chinese Communism), p. 134.

[20] Ibid., p. 135.

[21] *Chung-kuo Kung-ch'an-Tang Pa-yüeh Hui-i Hsüan-yen* (Manifesto of the August Conference of the Chinese Communist Party), p. 10.

[22] Ibid., p. 19.

[23] Ibid., p. 15.

[24] Okubo, p. 133.

[25] Ibid., p. 134.

[26] *Shina Kyōsantō no Gaikan* (A General Survey of the Chinese Communist Party) (Tokyo, 1929), p. 58.

第七章　瞿秋白的领导

［1］ See Harold Isaace, *Five Years of Kuomintang Reaction* (London, 1938).

［2］《简明史》即《中国共产党简明史》，10 页。

［3］ See *Chung-kuo Kung-ch'an-tang Pa-yüeh Hui-i Hsüan-yen* (Manifesto of the August Conference of the Chinese Communist Party), p. 15.

［4］ See Hua Kang, *Chung-kuo Ta Ko-ming-shih* (History of the Great Chinese Revolution), p. 365.

［5］ See Snow, *Red Star Over China*, p. 167.

［6］ Ibid., p. 167.

［7］ Ibid., p. 169.

［8］ Ibid., p. 167.

［9］ Ibid., p. 167.

［10］ Ibid., p. 167.

［11］ 在南昌起义失败后，叶挺、贺龙的部队攻打了汕头和潮州，于 9 月 13 日失败。

［12］ *Chung-kuo Ta Ko-ming-shih* (The Great Chinese Revolution), p. 366.

［13］ Snow, *Red Star Over China*, p. 169.

［14］ *Chung-kuo Ta Ko-ming-shih* (The Great Chinese Revolution), p. 366.

［15］ See Sonw, *Red Star Over China*, p. 169.

［16］ 参见本书第四章注释［53］。

［17］ See Johanson i Taube, *Soviety v Kitae* (Soviets in China) (Moscow, 1934), pp. 131-145.

［18］ See "Noyabr'skii Plyenum Ts. K. K. K. P." (The November Plenum of the Central Committee of the CCP), in *Materialy po Kitaiskomu Voprosu* (Materials on the Chinese Question) (Moscow, 1928), no. 10, p. 7.

[19] "Noyabr'skii Plyenum Ts. K. K. K. P." p. 6.

[20] Ibid., p. 9.

[21] Ibid., p. 1.

[22] Ibid., p. 20.

[23] Ibid., p. 9.

[24] Ibid., p. 7.

[25] 出自斯大林1927年5月在共产国际执委会第八次全体会议上的讲话，见托洛茨基：《列宁死后的第三国际》，340页。

[26] 艾萨克斯指出，广州起义正好安排在苏共第五次全国代表大会召开之际举行，在这次代表大会上斯大林彻底战胜了反对派。(*The Tragedy of the Chinese Revolution*, p. 357.)

[27] *Hung-se Wu-t'ai* (The Red Stage), p. 40.

[28] Ibid., p. 38.

[29] Trotsky, *Problems of the Chinese Revolution*, p. 128.

[30] 在1935年被国民党逮捕后，瞿秋白写了一部自传，书名相当古怪，叫《多余的话》，他用这样的词语指称自己。见Shinshi Teiichiro kushūhakuden, *Kaizō*, Vol. ⅩⅧ, No. 8 (1936. 8) p. 33。

[31] Kushūhaku (Ch'ü Ch'iu-pai), *Chūgoku Kakumei* (The Chinese Revolution), a Japanese translation (Tokyo), p. 154.

[32] Ibid., p. 154.

[33] Ibid., p. 154.

[34] Ibid., pp. 154-155.

[35] Ibid., p. 156.

[36] 1928—1930年期间，以俄文名字Strakhov出现的瞿秋白，在莫斯科和国际共产主义运动中恢复了某些声望。然而，他从未在中国共产党内恢复他的权力。

第八章 路线上的新转变

[1] 早在1927年9月19日召开的中国共产党政治局会议上就

做出了不与中国的其他政治团体合作的最终决定。

[2] Trotsky, *Problems of the Chinese Revolution*, p. 144.

[3] *Resolutions adoptées à la IXe session plenière du C. E. de l'I. C.* (Resolutions Adopted at the Ninith Plenary Session of the ECCI) (Paris, 1928), p. 47.

[4] Ibid., p. 48.

[5] Ibid., p. 48.

[6] Ibid., p. 48.

[7] Ibid., p. 48.

[8] Ibid., p. 51.

[9] See "Cheng-chih chüeh-i-an" (Political Resolution) from the Chung-kuo *Kung-ch'an-tang ti-liu-tzu Ch'üan-Kuo Ta-hui I-chüeh-an* (Resolutions of the Sixth All-China Congress of the Chinese Communist Party) (Hoover Library), p. 25.

[10] Johanson i Taube, *Soviety v Kitae* (Soviets in China), p. 6.

[11] *Resolutions adoptées à la IXe session*, p. 50.

[12] Ibid., p. 49.

[13] "Cheng-chih I-chüeh-an," p. 40.

[14] *Resolutions adoptées à la IXe session*, p. 47.

[15] Ibid., p. 47.

[16] Draft Program of the Sixth Comintern Congress, quoted in Trotsky's *The Third Internationale After Lenin*, p. 195.

[17] *Thèses et resolutions du VIe congrès de l'I. C.* (Theses and Resolutions of the Sixth Congress of the Comintern (Paris), p. 179.

[18] Trotsky, *Problems of the Chinese Revolution*, p. 177.

[19] Ibid., p. 177.

[20] Ibid., p. 190.

[21] Ibid., p. 189.

[22] Ibid., p. 213.

[23] 中国共产党第六次代表大会实际上是在共产国际第六次代表大会之前一个月召开的。共产国际第六次代表大会有关中国问题的决议实际上是建立在中国共产党第六次代表大会决议的基础上。

[24] See *Hung-se Wu-t'ai* (The Red Stage), pp. 64-66.

[25] Ibid., p. 67.

[26] Nakanishi Kō and Nishisato Tatsuo, *Bukan ni-okeru Kakumei to Hankakumei* (Revolution and Counterrevolution in Wuhan) (Tokyo, 1949), p. 152.

[27] Snow, *Red Star Over China*, p. 171.

[28] 当然这个主题贯穿在马克思的著作中。见《资本论》第一卷第 17 章，马克思简明地描述了资本主义解体的最后过程。

[29] See Lenin, "Die Entwicklung des Kapitalismus in Russland" (The Development of Capitalism in Russia), *Ausgewählte Werke* (Selected Works), I, 85-161.

[30] See Lenin, "Thèses sur la question agraire" (Theses on the Agrarian Question), *Oeuvres complètes*, XXV, 319.

[31] "Arbeiterpartei und Bauernschaft" (The Workers Party and the Peasantry), *Ausgewählte Werke*, II, 242.

[32] From Lenin's *Works*, vol. XI, part I, p. 198, quoted in Trotsky's *The Third Internationale After Lenin*, p. 220.

[33] See "Theses on the Chinese Situation," *Inprecorr*, vol. VII, no. 11, p. 231 (February 3, 1927).

[34] See Lenin, "The Agrarian Program of the Social Democrats," *Selected Works* (New York), III, 278.

[35] Stalin's speech at the Eighth Plenum of the ECCI quoted in Trotsky's *The Third Internationale After Lenin*, p. 336.

[36] See *Chung-kuo Kung-ch'an-tang Pa-yüeh Hui-i Hsüan-yen* (Manifesto of the August Conference of the Chinese Communist Party), p. 19.

[37] *Thèses et resolutions du VIe congrès de l'I. C.* (Theses and Resolutions of the Sixth Congress of the Comintern), p. 175.

[38] Ibid., p. 179.

[39] Ibid., p. 189.

[40] See *Ti-liu-tz'u Ta-hui kuan-yü T'u-ti Wen-t'i ti Chüeh-i-an* (Resolution of the Sixth Congress on the Land Problem) (Moscow, 1928), p. 7.

[41] Ibid., p. 7.

[42] Ibid., p. 10.

[43] Ibid., p. 14.

[44] *Chung-kuo Kung-ch'an-tang Ti-liu-tz'u Tai-piao Ta-hui kuan-yü Nung-min Wen-t'i ti Chüeh-i-an* (The Resolution of the Sixth Congress of the CCP on the Peasant Problem) (Moscow, 1928).

[45] Ibid., p. 8.

[46] Ibid., p. 9.

[47] Ibid., p. 10.

[48] "Cheng-chih chüeh-i-an" (Political Resolution), *Chung-kuo Kung-ch'an-tang Ti-liu-tz'u Ch'uan-Kuo Ta-hui I-chüeh-an* (Resolutions of the Sixth All-China Congress of the Chinese Communist Party), p. 39.

[49] Ibid., p. 39.

[50] Ibid., p. 45.

[51] Ibid., p. 49.

[52] Ibid., p. 51.

[53] Ibid., p. 53.

[54] Ibid., p. 232.

[55] Ibid., p. 116.

[56] Ibid., p. 51.

[57] 他年轻时当过船夫，在共产党与国民党政府决裂时，他

担任河北省总工会秘书。

第九章 李立三的领导

［1］ “Cheng-chih chüeh-i-an” （Political Resolution） in the *Chung-kuo Kun-ch'an-tang Ti-liu-tz'u Ch'uan-kuo Ta-hui I-chüeh-an* （Resolutions of the Sixth All-China Congress of the Chinese Communist Party）, p. 40.

［2］ Ibid. , p. 51.

［3］ *Ti-liu-tz'u Ta-hui-hou ti Cheng-chih Kung-tso* （Political Activities After the Sixth Congress）（Shanghai, 1929）, p. 8.

［4］ “Mu-ch'ien cheng-chih hsing-shih yü ch'ün-chung kung-tso” （Present Political Conditions and Mass Activities）, p. 42.

［5］ 周恩来：《目前中国党的组织问题》，2 页，上海，1929。

［6］ See Fang Fu-an, *Chinese Labour*, p. 97, in Isaacs, *Tragedy of the Chinese Revolution*, p. 388.

［7］《第六次大会后的政治工作》，21 页。

［8］ “Chung-yang T'ung-kao ti san-shih-hao” （C. C. Circular No. 30）, work cited in note 7, p. 127.

［9］ Ibid. , p. 127.

［10］ “Chün-fa chang-cheng ti hsing-shih yü wo-men tang ti jen-wu” （The Wars Among the Militarists and the Taska of our Party）, work cited in note 7, p. 185.

［11］ Ibid. , p. 193.

［12］ “Kung-ch'an Kuo-chi chin-hsing Wei-yüan-hui yü Chung-kuo Kung-ch'an-tang-shu” （Letters of the Executive Committee of the Communist Internationale to the Chinese Communist Party）, work cited in note 7, p. 227.

［13］ Ibid. , p. 232. “凯末尔主义道路”是共产主义者用来指与在土耳其凯末尔领导下发生的革命相类似的一种发展。

［14］ Ibid. , p. 234.

[15] "Fan-chün-fa chan-cheng-chung ti kung-tso fang-chen" (Our Policy on Activities Against the Wars Among the Militarists), pp. 220-221.

[16] See Li Ang, *Hung-se Wu-t'ai* (The Red Stage), pp. 127-128; also, *Chung-Kuo Kung-ch'an tang Chung-yang Wei-yüan-hui K'uo-ta ti Ti-ssu-tz'u Ch'üan t'i Hui-i I-chüeh-an* (The Resolutions of the Fourth Enlarged Plenum of the Central Committee of the CCP) (Shanghai, 1931), p. 2.

[17] 周恩来:《目前中国党的组织问题》, 5 页。

[18] Ibid., p. 15.

[19] 参见《第六次大会后的政治工作》, 133～137 页。

[20] See Isaacs, *Tragedy of the Chinese Revolution*, p. 341.

[21] *Chung-kung Chung-yang Ti-erh-tz'u Ch'uan-ti Hui-i Ts'ai-liao* (Materials of the Second Plenum of the Central Committee of the CCP) (Shanghai, 1929), p. 126.

[22] Ibid., p. 129.

[23] Ibid., p. 129.

[24] Ibid., p. 77.

[25] Ibid., p. 29.

[26] Ibid., p. 129.

[27] Ibid., p. 134.

[28] "Lun Kuo-min-tang kai-tsu-p'ai ho Chung-kuo Kung-ch'an-tang ti jen-wu" (Concerning the Kuomintang Reorganizationists and the Tasks of the CCP), *Hung-ch'i* (Red Flag), no. 16 (February 15, 1930), p. 9.

[29] Ibid., p. 10.

[30] Ibid., p. 11.

[31] Ibid., p. 11.

[32] 《周恩来关于红军发展的报告》, 见 Okubo, *Chūkyō Sanjūnen* (Thirty Years of Chinese Communism), p. 143.

［33］ See Snow，*Red Star Over China*，p. 179.

［34］ Tang Shin-she， “Comrade Mao Tze-dung，” *Inprecorr*，vol. X，no. 14（March 20，1930）.

［35］ Trotsky，*Problems of the Chinese Revolution*，p. 302.

［36］ *Shih-li-p'ai* in Chinesey . See Li Ang，*Hung-se-Wu-t'ai*（The Red Stage），p. 127；also，*Shina Sobieto Undō no Kenkyū*（A Study of the Chinese Soviet Movement），p. 130.

［37］ *Hung-ch'i*（Red Flag），no. 16（February 15，1930），p. 11.

［38］ “Kao Ch'üan-t'i T'ung-chih-shu”（A Letter to all Comrades），in *Ti-liu-tz'u Ta-hui-hou ti Cheng-chih Kung-tso*（Political Activities After the Nineteenth Congress），p. 52.

［39］ See Snow，*Red Star Over China*，p. 174.

［40］《准备建立革命政权与无产阶级的领导》，载《红旗》，第88期（1930年3月29日）。

［41］ 同上。

［42］《怎样准备夺取一省与几省政权的胜利的条件》，载《红旗》，第90期（1930年4月5日）。

［43］《关于无产阶级领导的问题》，载《红旗》，第104期（1930年5月24日）。

［44］ Pavel Mif， “Navstrechu gryadushchim revolyutsionnym buryam v Kitae”（Toward Coming Revolutionary Storms in China），*Pravda*（April 28，1930）.

［45］ Ivin，“The Partisan Movement，” *Inprecorr*，vol. X，no. 24，p. 431（May 1930）.

［46］ See *Shina Kyosanto Undoshi*（History of the Chinese Communist Movement）（Tokyo，1931），p. 314.

［47］ Ibid.，p. 323.

［48］《全国第一次苏区代表大会宣言纲要》，载《红旗》，第112期（1930年6月21日）。

［49］《新的革命高潮与一省或几省首先胜利》，《1930 年 6 月 11 日政治局会议通过目前政治任务的决议》，载《红旗》，第 121 期（1930 年 7 月 19 日）。

［50］同上。

［51］同上。

［52］同上。

［53］同上。

［54］同上。

［55］1930 年 7 月 30 日共产国际执委会政治秘书处有关中国问题的决议，见 Isaac，*The Tragedy of the Chinese Revolution*，p. 403。

第十章　长沙与“李立三路线”

［1］“The Occupation of Changsha by the Chinese Red Army,” *Inprecorr*，vol. X. no. 36（August 7，1930）.

［2］“The Soviet Revolution and the War of the Generals in China,” *Inprecorr*，vol. X.，no. 38（August 21，1930）.

［3］“Na preddveriya novoi revolyutsionii v Kitae”（On the Eve of a New Revolution in China），*Kommunisticheskii Internatsional*（August 10，1930）.

［4］See “Letter of Ch'en Tu-hsiu to the Central Committee”（August 1929），in Appendix of Ch'ü Ch'iu-pai's *Chung-kuo Ch'ü-hsiao-chu-i ho Chi-hui-chu-i*（Liquidationism and Opportunism in China）（Moscow，1930），Appendix，p. 44.

［5］Ibid.，p. 44.

［6］*Wo-men ti Cheng-chih I-chien-shu*（A Statement of our Political Views）（Shanghai，1929）.

［7］Ibid.，p. 16.

［8］Ibid.，p. 18.

［9］Ibid.，p. 20.

［10］ *Wo-men ti Cheng-chih I-chien-shu*（A Statement of our Political Views）（Shanghai，1929），p. 20.

［11］ Ibid.，p. 23.

［12］ Ibid.，p. 20.

［13］ See *Hung-ch'i*，no. 121，p. 4（July 19，1930）.

［14］ See *Shino Sobieto Undō no Kenkyū*（A Study of the Chinese Soviet Movement），p. 126.

［15］ *Liu-ngo-p'ai in Chinese*，Ibid.，p. 126；also Li Ang，*Hung-se Wu-t'ai*（The Red Stage），p. 133.

［16］ Ibid.，p. 133.

［17］ 米夫在拉狄克免职后被任命为莫斯科中山大学的主任。见 Li Ang，*Hung-se*，*Wu-t'ai*，pp. 138-140.

［18］ Ibid.，p. 139.

［19］ See *Wu-chuang Pao-tung*（Armed Uprisings）（Shanghai，1929）.

［20］ Ibid.，p. 12.

［21］ Ibid.，p. 113.

［22］ Ibid.，p. 12.

［23］ Ibid.，p. 159.

［24］ "Mu-ch'ien chün-fa chan-cheng yü tang ti jen-wu"（The Present Wars Among the Militarists and the Party's Tasks），*Pu'rh-se-wei-k'o*（Bolshevik），vol. III，no. 4，p. 95（May 15，1930）.

［25］ Ibid.，p. 103.

［26］ See Ozuka Reizo，"Chung-kuo Kung-ch'an-tang chih hsien-shih"（The Present Situation in the Chinese Communist Party），translated from the Japanese，*Kuo-wen Chou-pao*，vol. VIII，no. 29，p. 3（July 27，1931）.

［27］ See *International Press Correspondence* for the 1929—1930 period. Many of Ch'ü's contributions appear under his Russian pseudonym，Strakhov.

［28］ See Ch'en Tu-hsiu，*Wo-men ti Cheng-chih I-chien-shu*（A

Statement of Our Political Views), p. 23.

[29] See *Hung-se Wu-t'ai* (The Red Stage), p. 129.

[30] Chou En-lai, *Shao-shan Pao-kao-San-chung Ch'üan-hui Ts'ai-liao* (The Report of Chou En-lai; Materials of the Third Plenum of the Central Committee) (Hoover Library), p. 4.

[31] Ibid., pp. 1-4.

[32] Ibid., p. 1; also Isaacs, *Tragedy of the Chinese Revolution*, p. 402.

[33] See *Shao-shan Pao-kao* (The Report of Chou En-lai), p. 3.

[34] Ibid., p. 1.

[35] Ibid., p. 6.

[36] Ibid., p. 8.

[37] Ibid., p. 4.

[38] Ibid., p. 4.

[39] Ibid., p. 8.

[40] Ibid., p. 8.

[41] 参见《伟大的中共第三次中央全体会议》，载《红旗》，第48期（1930年10月4日）。

[42] See *Ti-ssu-tz'u Ch'üan-t'i Hui-i I-chüeh-an* (Resolutions of the Fourth Plenum), p. 4.

[43] See contents of the November 16 letter of the ECCI as outlined in Ozuka's "Chung-Kuo Kung-ch'an-tang chih hsien-shih" (The Present Situation in the Chinese Communist Party), *Kuo-wen Chou-pao*, vol. VIII, no. 29, p. 2 (July 27, 1931).

[44] For contents of this letter see article referred to in note 43; also, Isaacs, *Tragedy of the Chinese Revolution*, pp. 408—409, and Chung-kuo Kung-ch'an-tang Chung-yang Wei-yüan-hui kao T'ung-chih-shu (A Letter of the Central Committee of the Chinese Communist Party to Our Party Comrades) (Hoover Library, Micro-

film).

[45] See *A Report to the Oriental Bureau of the Comintern* (Hoover Library), p. 4.

[46] See Van Min (Wang Ming), "Bor'ba s lilisyanovshchinoi v Kitaiskoi Kompartii" (The Struggle With Li Li-sanism in the Chinese Communist Party), *Revolutsionnyi Vostok* (The Revolutionary East), nos. 3-4 (1932), p. 146.

[47] Van Min, p. 148.

[48] Ibid., p. 148.

[49] Ibid., p. 148.

[50] See Chou En-lai, p. 1.

[51] See *Die Kommunistische International vor dem VIIten Weltkongress* (The Communist International Before the Seventh Congress) (Moscow, 1935), p. 428.

[52] D. Manuilsky, *The Revolutionary Crisis Is Maturing* (New York, 1933), p. 15.

[53] Ozuka, p. 2.

[54] "Cheng-chih chüeh-i-an" (Political Resolution), in *Chung-kuo Kung-ch'an-tang Ti-liu-tz'u Ch'uan-kuo Ta-hui-i I-chüeh-an* (Resolutions of the Sixth All-Chian Congress of the CCP), p. 40.

[55] *Kung-ch'an-tang Chung-yang Wei-yüan-hui Kao T'ung-chih-shu* (A Letter of the Central Committee of the Chinese Communist Party to Our Party Comrades), p. 9.

[56] Lozovsky, "Help to the Labour Movement in China," *Inprecorr*, vol. VIII, no. 38, p. 691 (July 19, 1928).

[57] See Ozuka, p. 2.

[58] 参见本书第九章。

[59] *A Report to the Oriental Bureau of the Comintern*, p. 5.

[60] Van Min, p. 152.

[61] Mif, "Na poroge novogo revolyutsionnogo pod'ema v Ki-

tae" (On the Threshold of a New Revolutionary Upsurge in China), *Pravda* (September 25, 1929), p. 11.

[62] *Chung-kuo Kung-ch'an-tang Chung-yang Wei-yüan-hui Kao T'ung-chih-shu* (Letter of the Central Committee of the CCP to Our Comrades), p. 13.

[63] See *A Report to the Oriental Bureau of the Comintern*, p. 10.

[64] "Kitaiskaya revolyutsiya i niekapitalisticheskii put' razvitiya" (The Chinese Revolution and the Non-capitalist Path of Development), *Problemy Kitaya* (Problems of China) (1931), quoted in *Soviety v Kitae*, p. 497.

[65] See Manuilsky, The Revolutionary Crisis Is Maturing, p. 54.

[66] 参见本书第九章注释 [47]。

第十一章　王明的领导

[1] See Li Ang, *Hung-se Wu-t'ai* (The Red Stage), p. 154.

[2] 参见何孟雄：《何孟雄意见书》，1～2 页，上海，1931。

[3] 同上书，4 页。

[4] 同上书，6 页。

[5] See Ozuka, "Chung-kuo Kung-ch'an-tang chih hsien-shih" (The Present Situation of the Chinese Communist Party), *Kuo-wen Chou-pao*, vol. VIII, no. 29, p. 5.

[6] See Van Min, "Bor'ba s lilisyanovshchinoi v Kitaiskoi Kompartii" (The Struggle With Li Li-sanism in the Chinese Communist Party), p. 158. After the Fourth Plenum, Ch'ü was forced to denounce his own "cowardly rotten opportunism"; see Isaacs, *Tragedy of the Chinese Revolution*, p. 407.

[7] See Ozuka, p. 6.

[8] See Isaacs, *Tragedy of the Chinese Revolution*, p. 407.

［9］*Ti-ssu-tz'u Ch'üan-t'i Hui-i I-chüeh-an*（Resolutions of the Fourth Plenum），p. 2.

［10］See *Fei-ch'ang Wei-yüan-hui* in Chinese. in *Shina Sobieto Undō no Kenkyū*（A Study of the Chinese Soviet Movement ），p. 126；also，Wo Wen，"Ch'uan Kung-tang Fei-ch'ang Wei-yüan-hui"（An Accout of the Communist Party Emergency Committee），in *Hsien-tai Shih-liao*（Materials on Modern History）（Shanghai，1934），III，266.

［11］See Isaacs，*Tragedy of the Chinese Revolution*，p. 407；also Li Ang，*Hung-se Wu-t'ai*（The Red Stage），pp. 140－141.

［12］See Wo Wen，"Ch'uan Kung-tang Fei-ch'ang Wei-yüan-hui"（An Account of the Communist Party Emergency Committee），pp. 266－270.

［13］《海总工作中的右倾机会主义》，载《红旗周报》，第25期（1931年12月2日）。

［14］同上。

［15］Ozuka，p. 6.

［16］See Van Min，p. 152.

［17］实际上，在1935年7月的共产国际第七次代表大会之前，没有增加新东西。

［18］See Ozuka，p. 3；also *Chung-kuo Kung-ch'an-tang Chung-yang Kao T'ung-chih-shu*（Letter of the Certral Committee of the CCP to Our Comrades），p. 13.

［19］Ibid.，p. 13.

［20］Ibid.，p. 13.

［21］*Ti-ssu-tz'u Chiüan-t'i Hui-i I-chüeh-an*（Resolutions of the Fourth Plenum），p. 2.

［22］Ibid.，p. 2.

［23］*Chung-kuo Kung-ch'an-tang Chung-yang Kao T'ung-chih-shu*（A Letter of the Central Committee of the CCP to Our Comrades), p. 13.

[24] Mif, "Grazhdanskaya voina i bor'ba za Soviety v Ktiae" (The Civil War and the Struggle for Soviets in China), *Bol'shevik*, no. 13, p. 72 (July 15, 1931).

[25] Ibid., p. 76.

[26] Kuchumov, "The Struggle for the Bolshevization of the Communist Party of China," *Communist International* (March 1931), p. 162.

[27] Yolk, "Novaya pobieda Kitaiskikh Sovietov" (A New Victory of the Chinese Soviets), *Pravda* (November 4, 1931).

[28] See Trotsky, *The Third International After Lenin*, p. 329.

第十二章 毛泽东的胜利

[1] See Hatano Kanichi, *Sekishoku Shina no Kyúmei* (A Study of Red China) (Tokyo, 1941), pp. 49－50.

[2] See Snow, *Red Star Over China*, p. 173.

[3] Ibid., p. 168.

[4] Ibid., p. 172.

[5] See Shina, *Sobieto Undō no Kenkyū* (A Study of the Chinese Soviet Movement), p. 126; also, Ch'eng Sheng-ch'ang, "Fu-t'ien shih-pien yü tang nei-pu fen-hua" (The fut'ien Incident and the Internal Divisions in the Party), *Hsien-tai Shin-liao* (Materials on Modern History), III, 265. The Chinese expressions used are *Tang-ch'üan-p'ai and Chüan-ch'üan-p'ai*.

[6] "Chung-kuo Kung-ch'an-tang Hung-chün ti-ssu-chün ti-chiu-tz'u tai-piao ta-hui chüeh-i-an" (Resolutions of the Ninth Conference of the Fourth Army of the Red Army of the CCP), *Mao Tse-tung Hsüan-chi* (Selected Works of Mao Tes-tung), p. 547.

[7] Ibid., p. 547.

[8] "Chung-kuo Kung-ch'an-tang Hung-chün ti-ssu-chün ti-chiu-tz'u tai-piao ta-hui chüeh-i-an", p. 547.

[9] Snow, *Red Star Over China*, p. 174.

[10] See Li Ang, p. 152.

[11] See Johanson i Taube, pp. 314 - 317.

[12] 1931 年 11 月 7 日第一次全国苏区代表大会在江西瑞金召开。

[13] 参见本书第四章。

[14] Snow, p. 169.

[15] Ibid., p. 171.

[16] "Ch'ing-kang-shan Ch'ien-wei tui-Chung-yang ti pao-kao" (A Report from the Chingkanshan Front Committee to the Central Committee), *Mao Tse-tung Hsüan-chi* (Selected Works of Mao Tse-tung), p. 542.

[17] See *Resolutions adoptées à la IXᵉ session plenière du C. E. de l'I. C.* (Resolutions Adopted at the Ninth Plenary Session of the ECCI), p. 51.

[18] Snow, p. 171.

[19] 李立三作为顾问出席了共产国际执委会第九次全体会议，从而在中国共产党第六次代表大会上起了主导作用。

[20] Snow, p. 178.

[21] See "Hsin ti ko-ming kao-ch'ao yü i-sheng huo chi-sheng shou-hsien sheng-li" (A new Revolutionary Wave and an Initial Victory in One or Several Provinces), *Hung-ch'i*, no. 121, p. 3 (July 19, 1930).

[22] Snow, p. 179.

[23] See *Soviety v Kitae* (Soviets in China), p. 255.

[24] Ibid., p. 269.

[25] Ibid., p. 269.

[26] See *Hung-se Wu-t'ai* (The Red Stage), p. 126.

[27] Snow, p. 180.

［28］Snow，p. 179.

［29］See Isaacs，*The Tragedy of the Chinese Revolution*，p. 405.

［30］Ibid.，p. 406.

［31］*Hung-se Wu-t'ai*（The Red Stage），p. 154.

［32］See Snow，p. 415.

［33］*Hung-se Wu-t'ai*（The Red Stage），p. 156.

［34］Ibid.，p. 143.

［35］*Shina ni-okeru Kyōsan Undō*（The Communist Movement in China）（Tokyo，1933），p. 158.

［36］Johanson i Taube，*Soviety v Kitae*（Soviets in China），pp. 417-456.

［37］See Wang I-shih，*K'ang-chan i-ch'ien ti Chung-kuo Kung-ch'an-tang*（The Chinese Communist Party Before the War of Resistance）（Chungking，1942），p. 70.

［38］See *Hung-se Wu-t'ai*（The Red Stage），p. 156.

［39］Ibid.，p. 155.

［40］Ibid.，p. 156.

［41］Ibid.，p. 157.

［42］See Wang I-shih，p. 70；also Chin Tung-p'ing，*Yen-an Chien-wen-lu* A Record of an Inspection Trip to Yenan）（Chungking，1945），p. 1.

［43］See Li Ang，p. 159.

［44］See Hatano，"Shūonraiden"（Biography of Chou En-lai），p. 90.

［45］See Li Ang，p. 159.

［46］See Hatano，*Sekishoku Shina no Kyūmei*（A Study of Red China），p. 229.

［47］See *Die Kommunistische International vor dem VIIten Weltkongress*（The Communist International Before the Seventh Congress), p. 280.

［48］伊普西隆（Ypsilon）在他的《世界革命的类型》（Pattern for World Revolution）（p. 425）中声称，毛泽东曾经随同李立三去了莫斯科，在那里他得到了斯大林的认可。其他任何史料，无论是赞同共产主义的，还是反对共产主义的都不支持这个说法。毫无理由认为毛泽东会保守这个机密。正如已经指出的，毛泽东极其渴望形成他的权力从马克思列宁主义信仰方面讲是合理的这种印象。如果斯大林曾经授予了他权力的衣钵，那么他会自豪地宣布这个事实。

［49］Li Ang, p. 157.

第十三章 毛泽东主义战略的基本特征

［1］参见《毛泽东选集》，2 版，第 1 卷，57 页，北京，人民出版社，1991。

［2］参见上书，58 页。

［3］参见上书，57 页。

［4］同上书，81 页。

［5］Snow, p. 180.

［6］George Lukacs, *Lenin, Eine Studie über den Zusammenhang seiner Gedanken* (Lenin, a Study of the Structure of His Thought), p. 23.

［7］Ibid., p. 24.

［8］See *Shao-shan Pao-kao* (Report of Chou En-lai), p. 7.

［9］See Trotsky, *Problems of the Chinese Revolution*, p. 158.

［10］*International Press Correspondence*, vol. X, no. 51, p. 1 063 (November 13, 1930).

［11］Trotsky, *Problems of the Chinese Revolvtion*, p. 239.

［12］Nym Wales, *Inside Red China* (New York, 1939), p. 221.

［13］Lenin, "Thèses sur la question agraire" (Theses on the

Agrarian Question), *Oeuvres complètes*, XXV, 319.

[14] See *Soviety v Kitae* (Soviets in China), pp. 425 - 432.

[15] See "Wei kung-hui hui-yüan wen-t'i kei ko-Su-chü kung-hui hsin" (A Letter to Union Branches in All the Soviet Areas Concerning the Problem of Union Members), *Hung-ch'i Chou-pao*, no. 52, p. 53 (November 15, 1932).

[16] for example, chapters vi and xxvii of Marx's *Capital*, vol. I.

[17] "Wei kung-hui hui-yüan wen-t'i kei ko-Su-chü kung-hui hsin," p. 35.

[18] Ibid., p. 36.

[19] Ibid., p. 35.

[20] Ibid., p. 36.

[21] *Soviety v Kitae* (Soviets in China), p. 92.

[22] Ibid., p. 106.

[23] See Lenin, "Sur les questions coloniales et nationales," *Oeuvres complètes*, XXV, 420.

[24] Stalin, "The Revolution in China and the Tasks of the Communist International," *Communist International*, vol. V (June 30, 1927).

[25] *Soviety v Kitae*, p. 95.

[26] *Tragedy of the Chinese Revolution*, p. 404.

[27] *Inside Red China*, p. 335.

[28] 参见本书第八章注释[39]。

[29] 东欧最近的历史表明，这个形式的后半部分不一定是一个基本的、不变的因素。共产党在这些国家已经表现出完全愿意通过诸如控制内政部的方式取得权力。然而，在中国，使用的完全是最初的形式。

附录一 德性统治："文化大革命"中领袖与党的宏观透视

[1] 本文的标题为"The Reign of Virtue: Leader and Party in

the Cultural Revolution”，收入 Benjamin I. Schwartz，*China and Other Matters*，Harvard University Press，1996。本文译自该书第169～186页。史华慈此处使用“德性统治”（“The Reign of Virtue”）作为文章之标题是有其深刻用意的。因为在西方学术界一般把法国大革命雅各宾专政称为“恐怖统治”（The Reign of Terror）。为了与这一表层表述相区别，史华慈使用了一个表达不同意思的相同语句。作者的意图是提醒读者，在“恐怖统治”这一历史表层背后还有一个重要的思想远景（vision），那就是“德性统治”。这个“思想远景”具有超越现实权力之争的道德诉求，这个诉求就是“把人民组织起来粉碎一切自私自利、结党营私的图谋，建立一个使每个社会成员都充满公共德性的社会”。应当说，1968年史华慈提出的这个观点与西方学术界当时对“文化大革命”的主流解释有着相当的不同。但历史证明，史华慈的探讨确实体现出视域的大家慧眼和深刻的理论洞见，这是一般时论所无法比拟的。——译注

[2] 瑞金斯·戴伯锐：《革命中的革命?》，格罗夫出版社，第78、101、104、102、125、105页。

[3] 参见《论中国军事官僚独裁制的建立》，1968。

[4] NCNA in English；FBIS，第1卷，第95期。

[5] 西德尼·里滕伯格（Sidney Rittenberg），现年83岁，1945年到1980年住在中国。“文化大革命”之中是著名的毛泽东主义者。改革开放后曾任职于微软北京公司。See “A Long March From Maoism to Microsoft, Gary Rivlin,” *The New York Times*, Dec. 5, 2004。——译注

[6] 参见《研究服务合刊》(JPRS)，第44期，204页。

[7] 《中国共产党——毛风暴的孤儿》，载《时局》，第6卷，第4期。

[8] 人们可能会想一些“极左分子”事实上大概已经有将党完全废掉的可能性。

[9] 参见《红旗》，第11期。

[10] “公意”是卢梭政治思想的核心概念之一，其英文原文为

General Will，可直译为“普遍（整体）意志”。这个概念的对应概念是“众意”，All of Will，意指所有个人意志的总合。在卢梭看来，所谓“公意”并不是所有个别意志相加的总和，而是超越任何个别意志之上的某种共同体集体精神，因而具有不可侵犯和不可分割的神圣性质。在汉语表达中，很容易把“公意”（General Will）理解成“公共精神”（public spirit），而把“众意”（All of Will）理解为“部分利益”（partial interesting）。所以，译者认为，卢梭的 General Will 应当译为“整体意志”，而把 All of Will 译为“意志总和”。但考虑现有中文翻译已约定俗成，固本文中凡涉及 General Will 概念，一律译作“公意”，文中不再注释。——译注

[11]《社会契约论》，第 2 卷，第 3 章，转引自《洛克、休谟与卢梭》，274 页，牛津大学出版社。

[12] 这是指黑格尔从卢梭的道德悖论关怀的“问题意识”中，走向了一种抽象自由意志的伦理学说，这是回应卢梭的一条思想路径。而马克思则走向了一条回应卢梭的另一条路径。——译注

[13] 对罗伯斯庇尔来讲“党”是一个坏词。在主权人民中间不应该有“党群”。然而，当马克思主义的阶级斗争概念加上了党代表阶级这一观念时，便为党的概念提供了十分坚固的基础。

[14] 参见列宁：《退一步，进两步》。

[15] 在过去的理想社会里，道德的首创性都来自于诸如尧、舜、禹等圣哲贤明的个人。

[16]《社会契约论》，第 2 卷，第 6 章，289 页。

[17] 参见上书，293 页。

附录二　卢梭在当代世界的回响

[1] 本文原文的标题为“The Rousseau Strain in the Contemporary World”，in Benjamin I. Schwartz，*China and Other Matters*，Harvard University Press，1996，pp. 208-226. “strain”一词在此处应作名词“潮流、趋势、倾向”解，考虑到标题的简洁与冲击力，将其意译为“回响”。在文中，则根据语境有时译为“潮流”、

有时译为“脉络”，特此说明。——译注

［2］对于这一关键用语，文中有不同的表述：technological or engineering approach、technological approach、engineering approach、engineering—technological approach，我统一译为“工程—技术取向”或“工程—技术方法”。——译注

［3］在以古希腊为代表的古典世界，“艺术”一词与现代的用法不同，凡是可凭专门知识来学会的工作都叫“艺术”，音乐、诗歌、绘画是“艺术”，手工艺、农业、医药、烹调也是“艺术”。后者我们称之为“技艺”，但古希腊人并不作这种区分。见朱光潜：《柏拉图文艺对话集》译后记，343 页。中世纪以降，“艺术”一词的用法仍相当宽泛，现代意义上的“艺术”观念起源甚晚。见沃勒斯坦：《开放社会科学》，三联书店，1997。故文中有此论，而且也与后面强调卢梭与古典思想的关联相应。——译注

［4］此处的 grosser 意为“赚钱的产品或生产”，意译为流行的、通俗的创作，唯流行、通俗才有钱可赚，用通俗与下面的高雅（refined）相对。——译注

［5］See Jean Starobinski，*La Transparence et l'obstacle*（Paris：Galtimard，1971）.

［6］杜尔哥（1727—1881），法国政治家，重农学派主要代表人物，自称是 F. 魁奈的弟子。——译注

［7］Rousseau，“Fragments sur le luxe，le commerce et les arts” in *Oeuvres completes de Jean-Jacques Rousseau*，ed. Bernard Gagnebin and Marcel Reymond，4 vols.（Paris：Gallimard，1959—1969，Bibliotheque de la Pleiade），vol. 3，p. 95.

［8］Starobinski，*La Transparence et l'obstacle*，p. 341.

［9］*The Social Contract*. Essays by Locke，Hume，and Rousseau，with an Introduction by Sir Ernest Baker（London：Oxford University Press，1953）p. 254.

［10］Ibid.，p. 289.

［11］*Jean-Jacques Rousseau：First and Second Discourses*，e-

d. Roger D. Masters (New York: St. Martin's Press, 1964), p. 162.

［12］*The Social Contract*, p. 291.

［13］Ibid., p. 293.

［14］See The *Social Contract*, p. 291.

［15］Ibid., p. 295.

［16］See Bertrand Jouvenel, "Rousseau, The Pessimistic Evolutionist," *Yale French Studies*, 28 (1961—1962): 83 - 96.

［17］*The Social Contract*, p. 293.

［18］J. Habermas, *Theory and Practice* (Boston: Beacon Press, 1974), p. 106.

［19］Judith Shklar, *Men and Citizens. A Case Study of Rousse's social Theory* (Cambridge: Cambridge University Press, 1969), p. 216.

［20］See Benjamin Schwartz, "The Reign of Virtue: Some Broad Perspectives on Leader and Party in the Culture Revolution", *China Quarterly*, (July-September 1968).

参考文献

图书

1. *Ajia Mondai Kōza*[1] (Lectures on Problems of Asia) Seijigunjihen[2] (Political Military Section), vol. II, Sogansha[3] (Tokyo, 1940) . p. 524.

2. Ch'en Shao-yü[1] (Wang Ming),[2] *Wu-chuang Pao-tung*[3] (Armed Uprisings) (Shanghai, 1929) . p. 160, Hoover Library, Chinese Coll. HX388C959.

3. Ch'en Tu-hsiu,[1] *Kao Ch'üan-tang T'ung-chih Shu*[2] (A Letter to All Our Party Comrades) (Shanghai, 1929) . p. 25. Hoover Library, Chinese Coll. HX388C519.

4. Ch'en *Tu-hsiu P'ing-lun*[1] (Discussions Conerning Ch'en Tu-hsiu), Pei-p'ing Tung-ya Shu-chü[2] (Peiping, 1933) . p. 256.

5. Ch'en Tu-hsiu, *Tu-hsiu Wen-ts'un*[1] (Collected Works of Ch'en Tu-hsiu), Oriental Book Co. (Shanghai, 1922), 3 vols, p. 662.

6. Ch'en Tu-hsiu, *Wo-men ti Cheng-chih I-chien-shu*[1] (A Statement of Our Political Views) (Shanghai, 1929) . p. 46. Hoover Library, Chinese Coll. HX388C516.

7. Ch'en Tuan-chih,[1] *Wu-ssu Yün-tung chih Shih ti P'ing-chia*[2] (An Historical Evaluation of the May Fourth Movement), Sheng-huo[3] (Shanghai, 1935) . p. 390.

8. Chin Tung-p'ing,[2] *Yen-an Chien-wen-lu*[2] (A Record of an Inspection Trip to Yenan), Tu-li Ch'u-pan-she[3] (Chungking, 1945). p. 164.

9. Chou En-lai,[1] *Mu-ch'ien Chung-kuo Tang ti Tsu-chih Wen-t'i*[2] (Organizational Problems of the Party in China at the Present Time) (Shanghai, 1929) . p. 44. Hoover Library, Chinese Coll. HX388C539.

10. Chou En-lai, *Shao-shan Pao-Kao San-chung Ch'uan-hui Ts'ai-liao*[1] (Report of Shao-shan [Chou En-lai] Materials on the Third Plenum of the Central Committee) (1929) . p. 44. Hoover Library, Chinese Coll. HX388C539.

11. Ch'ü Ch'iu-pai[1] (Kushuhaku), *Chūgoku Kakumei*[2] (The Chinese Revolution), a Japanese translation from Chinese. p. 340. Library of Congress.

12. Ch'ü Ch'iu-pai, *Chung-kuo Ch'ü-hsiao-chu-i ho Chi-hui-chu-i*[1] (Liquidationism and Opportunism in China), Kommunisticheskaya Universita Trudyashchikhsya Kitaia Im. Sun Yat-sena (The Communist University of the Toilers of China in the Name of Sun Yat-sen) (Moscow, 1929) . p. 50.

13. Ch'ü Ch'iu-pai, *Chung-kuo Ko-ming chih Cheng-lun Wen-t'i*[1] (Controversial Questions of the Chinese Revolution) (Shanghai, 1927) . p. 222. Hoover Library, microfilm.

14. Ch'ü Ch'iu-pai, *Chung-kuo Ko-ming yü Kung-ch'an-tang*[1] (The Chinese Revolution and the Communist Party) (1928) . p. 298. Hoover Library, Chinese Coll. HX388C561.

15. Chu-Hsin-fan[1], *Chung-kuo Ko-ming yü Chung-kuo She-hui Ko-Chieh-chi*[2] (The Chinese Revolution and the Various Classes of Chinese Society), Hsin Sheng-ming Shu-chü[3] (Shanghai, 1930). p. 364.

16. *Chung-kung Chung-yang Ti-erh-tz'u Ch'üan-t'i Hui-i Ts'ai-liao*[1] (Materials of the Second Plenum of the Central Committee of the Chinese Communist Party), K. U. T. K. (Sun Yat-sen University) (Moscow, 1929) . p. 137. Library of Congress.

17. *Chung-kuo Ko-ming Wen-t'i Lun-wen-chi*[1] (A Collection of Articles on Problems of the Chinese Revolution), Hsin-Ch'ing-nien-

she[2] (Shanghai, 1927) . p. 544. Hoover Library, Chinese Coll. HX388C518.

18. *Chung-kuo Kung-ch'an-tang Chung-yang Wei-yüan-hui K'uo-ta ti Ti-ssu-tz'u Ch'uan-t'i Hui-i I-chüen-an*[1] (The Resolution of the Fourth Enlarged Plenum of the Central Committee of the Chinese Communist Party) (Shanghai, 1931) . p. 5. Hoover Library, Chinese Coll. HX384. 31. 1931 A. I.

19. *Chung-kuo Kung-ch'an-tang Pa-yüeh Hui-i Hsüan-yen*[1] (Manifesto of the August Conference of the Chinese Communist Party), K. U. T. K. (Sun Yat-sen University) (Moscow, 1927). p. 50. Library of Congress.

20. *Chung-kuo Kung-ch'an-tang Ti-liu-tz'u Ch'üan-kuo Ta-hui Chüehi-an*[1] (The Resolutions of the Sixth All-China Congress of the Chinese Communist Party) . p. 272. Hoover Library, Chinese Coll. HX388C588.

21. *Chung-kuo Kung-ch'an-tang Ti-liu Tai-piao Ta-hui Kuan-yü Nung-min Wen-t'i ti Chüeh-i-an*[1] (The Resolution of the Sixth Congress of the Chinese Communist Party on the Peasant Problem), K. U. T. K. (Sun Yat-sen University) (Moscow, 1928). p. 11. Library of Congress.

22. "The Declaration of the Chinese Communist Party on the Political Situation," translated by Leo Steiner from *Novyi Vostok* (The New East) (1922), no. 2. pp. 600 – 612.

23. Dewey, John, *Letters from China and Japan*, E. P. Dutton (New York, 1921) .

24. *The Fourth Congress of the Communist International* (London, 1922) . p. 291.

25. Hatano, Kanichi,[1] *Sekishoku Shina no Kyūmei*[2] (A Study of Red China), Daito Shuppansha3 (Tokyo, 1941) . p. 384.

26. Ho Meng-hsiung,[1] *Ho Meng-hsiung I-chien-shu*[2] (A Statement of the Views of Ho Meng-hsiung) (1931?) . pp. 8. Hoover Li-

brary, Chinese Coll. HX384A4464.

27. *Hsien-tai Shih-liao*[1] (Material on Modern History), Hai-t'ien Ch'u-pan-she[2] (Shanghai, 1934). 3 vols. Hoover Library, Chinese Coll. DS775. H873.

28. Hua Kang[1], *Chung-kuo Ta Ko-ming-shih*[2] (A History of the Great Chinese Revolution), Ch'un-keng Shu-t'ien[3] (Shanghai, 1932). p. 561.

29. Isaacs, Harold, *Five Years of Kuomintang Reaction*, Forum Publishing Co. (Shanghai, 1932).

30. Isaacs, Harold, *The Tragedy of the Chinese Revolution*, Sacker and Warburg (London, 1938). p. 502.

31. Johanson i Taube, *Soviety v Kitae* (Seviets in China), translated from German, Partiinoe Izdatyel'stvo (Moscow, 1934). p. 518.

32. *Die Kommunistische International vor dem VIIten Weltkongress* (The Communist International Before the Seventh World Congress), Verlagsgenossenschaft Auslandischer Arbeiter (Moscow, 1935). p. 718.

33. Kuo Chan-po,[1] *Chin Wu-shih-nien Chung-kuo Ssu-hsiang-shih*[2] (An Intellectual History of China in the Last Fifty Years), Jen-Wen Shu-tien[3] (Peiping, 1935). p. 432.

34. Lenin, V., *Ausgewählte Werke* (Selected Works), Marx-Engels-Lenin Institut (Moscow, 1937). 12. vols.

35. Lenin, V., *Imperialism, the Highest Stage of Capitalism*, International Publishers (New York, 1939).

36. Lenin, V., *Oeuvres Complètes*, Editions Sociales Internationales (Paris, 1935). 25 vols.

37. Lenin, V., *Sämtliche Werke*, Verlag für Literatur und Weltpolitik (Vienna, Berlin, 1929). 25 vols.

38. Lenin, V., *Selected Works*, Foreign Language Publishing

House, (Moscow, 1947) . 2 vols.

39. Lenin, V. , *Selected Works*, International Publishers (New York) . 12 vols.

40. Li Ang,[1] *Hung-se Wu-t'ai*[2] (The Red Stage) Sheng-li Ch'u-pan-she[3] (Chungking, 1942) . p. 184.

41. Li Li-san,[1] *Kung-ch'an Kuo-chi Tui Chung-kuo Ko-ming Chüeh-i-an*[2] (Resolutions of the Communist International on the Chinese Revolution), with a preface by Li entitled "Chung-kuo Ko-ming ti Chiao-hsün"[3] (The Lessons of the Chinese Revolution) . Hoover Library , microfilm.

42. Lukacs, György, *Lenin, Eine Studie über den Zusammenhang seiner Gedanken* (Lenin, A Study of the Structure of His Thought), Malik Verlag (Vienna, 1924) . p. 77.

43. Mandalian, *Wei shen-mo Chung-kuo Kung-ch'an-tang ti Ling-tao p'o-ch'an*[1] (Why Did the Leadership of the Chinese Communist Party Fail?), translated from the Russian, K. U. T. K. (Sun Yat-sen University) (Moscow, 1927) . p. 13. Library of Congress.

44. Manuilsky, D. , *The Revolutionary Crisis is Maturing*, International Publishers (New York, 1933) . p. 68. A speech at the Seventeenth Congress of the CPSU.

45. Mao Tse-tung[1], *Mao Tse-tung Hsüan-chi*[2] (Selected Writings of Mao Tse-tung), Tung-pei Shu-tien[3] (1948) . p. 999. The latest edition of Mao's writings.

46. Marx, Karl, *Capital*, Modern Library, Random House (New York, 1906), vol. I.

47. Marx, Karl, A *Contribution to the Critique of Political Economy*, International Library Publishing Co. (New York, 1904). p. 314.

48. Mif, Pavel, *Chin-chi Shih-chi-chung ti Chung-kuo Kung-*

ch'an-tang[1]（The Chinese Communist Party in Critical Days），translated from the Russian（Moscow，1928）. p. 79. Library of Congress.

49. Nakanishi Kō[1] and Nishisato Tatsuo[2]，*Bukan ni okeru Kakumei to Hankakumei*[3]（Revolution and Counterrevolution at Wuhan），Minshū Hyōronsha4（Tokyo，1949）. p. 217. Hoover Library.

50. Nakanishi Kō，*Chūgoku Kyōsantoshi*[1]（A History of the Chinese Communist Party），Hakutosha[2]（Tokyo，1949）. p. 271.

51. Nakanishi Kō and Nishisato Tatsuo，*Chugoku Kyosanto to Minzoku Toitsu Sensen*[1]（The Chinese Communist Party and the National United Front），Taigado[2]（Toyko，1946）. p. 154.

52. Obikawa Tsunetada，[1] *Shina Seiji Soshiki no Kenkyu*[2]（A Study of China's Political Organization），Keiseisha[3]（Tokyo，1933）. p. 1051.

53. Okubo，Yasushi，[1] *Chūkyō Sanjūnen*[2]（Thirty Years of Chinese Communism），Nyūsusha[3]（Tokyo，1949）. p. 382. A collection of important documents.

54. Pasvolsky，Leo，*Russia in the Far East*，Macmillan（New York，1922）. p. 181.

55. Plekhanov，*George*，*Fundamental Problems of Marxism*，International Publishers（New York，1930）. p. 145.

56. *Resolutions adoptées à la IX*[e] *session plenière du C. E. de l'I. C.*（Resolutions Adopted at the Ninth Plenum of the ECCI），Bureau d'Editions（Paris，1928）. p. 56.

57. *Report to the Oriental Bureau of the Comintern*（translated at Hoover Library）. p. 25. Contains Li Li-san's recantation.

58. Roy Manabendra，*Revolution and Counterrevolution in china*，*Renaissance Publishing Co.*（Calcutta，1948）. p. 478.

59. *Saikin Shina Nenkan*[1]（The New China Yearbook），Toa

Dobunkai[2] (Tokyo, 1935) . p. 1703.

60. *The Seventh Congress of the Communist International*, Foreign Language Publishing House (Moscow, 1939) . p. 595.

61. *Shih-shih P 'ing-lun Hui-k'an Ti-i-chi*[1] (Compilation No. 1 of Articles on Current Affairs) (Shanghai, 1931) . p. 58. Hoover Library, Chinese Coll. HX388K94.

62. Shih Ts'un-t'ung[1] and Yün Tai-ying,[2] *Chung-kuo Ko-ming ti Li-lun Wen-t'i*[3] (Theoretical Problems of the Chinese Revolution) and *Shih Ts'un-tung tui-yü Chung-kuo Ko-ming ti Li-lun*[4] (Shih Ts'un-tung's Theory of the Chinese Revolution), K. U. T. K. (Sun Yat-sen University) (Moscow, 1929) . p. 90. Library of Congress.

63. *Shina Kyōsantō no Gaikan*[1] (A General Survey of the Chinese Communist Party) (Tokyo, 1929) . Library of Congress.

64. *Shina Kyōsantō Undōshi*[1] (A History of the Chinese Communist Movement), Sambo Hombu[2] (The General Staff) (Tokyo, 1931) . p. 382. Library of Congress.

65. *Shina Sobieto Undō no Kenkyū*[1] (A Study of the Chinese Soviet Movement), Tōa Keizai Chōsakyoku[2] (Tokyo, 1934). p. 459. Hoover Library, Japanese Coll. HX387T627.

66. Shup, David, *Lenin, A Biography*, Doubleday (Garden City, 1948) . p. 438.

67. Smedley, Agnes, *China's Red Army Marches*, Vanguard Press (New York, 1934) . p. 315.

68. Snow, Edgar, *Red Star Over China*, Modern Library, Random House (New York, 1938) . p. 529.

69. Strong, Anna Louise, *China's Millions*, Coward-McCann (New York, 1928) . p. 143.

70. *Su-lien Yin-mou Wen-cheng Hui-pien*[1] (A Collection of Documents on the Soviet Conspiracy) (Peking, 1928) . 2 vols. Hoover

Library, Chinese Coll. DS775K16. The documents seized in the Soviet Embassy by Chang Tso-lin.

71. Tai Chi-t'ao,[1], *Sun-wen-chu-i chih Che-hsüeh chih Chi-ch'u*[2] (The Philosophic Foundations of Sun Yat-senism) (Shanghai, 1925). p. 60.

72. *T 'an-ho Kung-ch'an-tang Liang Ta-yao-an*[1] (Two Proposals for the Impeachment of the Communist Party), subtitle *Chung-kuo Kuo-min-tang Kuang-tung Chih-pu T'an-ho Kung-ch'an-tang Yüan-wen chi Tsung-li chih P'i-shih*[2] (Original Text of the Proposal of the Kwangtung Branch of the Kuomintang for the Impeachment of the Communist Party, annotated by Dr. Sun Yat-sen) (Shanghai, 1923) . p. 30.

73. Tang Leang-Li, *The Inner History of the Chinese Revolution*, Routledge and Sons Ltd. (London, 1930) . p. 365.

74. Teng Chung-hsia,[1] *Chung-kuo Chih-kung Yün-tung Chien-shih*[2] (A Short History of the Chinese Labor Movement), Chieh-fang-she (Yenan, 1943) . p. 287.

75. *Thèses et resolutions du VIe congrès de l'I. C.* (Theses and Resolutions of the Sixth Comintern Congress), Bureau d'Editions (Paris) . p. 230.

76. *Ti-liu-tz'ü T'u-ti Wen-t'i ti Chüeh-i-an*[1] (Resolution of the Sixth Congress on the Land Question), K. U. T. K. (Sun Yat-sen University), Library of Congress (Moscow, 1928) . p. 23.

77. Ti-liu-tz'u Ta-hui-hou ti Cheng-chih Kung-tso[1] (Political Activities After the Sixth Congress), Shanghai Min-chih Shu-chü[2] (Shanghai, 1929) . p. 282. Hoover Library. An extremely significant collection of party circulars.

78. Trotsky, Leon, *The Permanent Revolution*, Pioneer Publishers (New York, 1931) . p. 157.

79. Trotsky, Leon, *Problems of the Chinese Revolution*, Pioneer Publishers (New York, 1932). p. 432.

80. Trotsky, Leon, *Stalin*, Hollis and Carter (London, 1947). p. 516.

81. Trotsky, Leon, *The Third International After Lenin*, *Pioneer Publishers* (New York, 1936). p. 357.

82. Wales, Nym, *Inside Red China*, Doubleday, Doran (New York, 1939). p. 356.

83. Wang I-shih[1], *K'ang-chan i-ch'ien ti Chung-kuo Kung-ch'an-tang*[2] (The Chinese Communist Party Before the War of Resistance), Sheng-li Ch'u-pan-she[3] (Chungking, 1942). p. 100.

84. Wolfe, Bertram, *Three Who Made a Revolution*, Dial Press (New York, 1948). p. 661.

85. Yakhontoff, Victor, *The Chinese Soviets*, Coward-McCann (New York, 1934). p. 296.

86. Ypsilon (pseudonym), *Pattern for World Revolution*, Ziff-Davis (New York, 1947). p. 479.

报纸和期刊

87. *Bol'shevik*, Izdatyel'stvo Pravda (Moscow, 1921—). Russian Research Center, microfilm.

88. *Chien-she*[1] (Reconstruction), a monthly, Chien-she Yüeh-K'an-she[2] (Shanghai, 1919—1920), vols. Ⅰ—Ⅱ. Yenching Institute Library.

89. *Chūō Kōron*[1] (Central Review), a monthly, Chuo Koron-sha[2] (Tokyo, 1912—). Yenching Institute Library.

90. *The Communist International*, Workers Library Publishers (New York, 1924—1938). Widener Library.

91. *Hsiang-tao Chou-pao*[1] (Guide Weekly) (Shanghai, 1925—

1927), nos. 150—171, 184—186. Library of Congress, microfilm. Organ of the Chinese Communist Party.

92. *Hsin Ch'ing-nien*[1] (Youth), Shanghai Ya-tung T'u-shu-kuan Ch'iu-i Shu-she[2] (Shanghai, Peking, 1915—1921). 7 vols. Yenching Institute Library.

93. *Hung-ch'i*[1] (The Red Flag). Hoover Library. Chinese Coll. HX384A1936. Scattered issues from 1929 to 1931. A party organ.

94. *Hung-chi Chou-pao*[1] (The Red Flag Weekly). Hoover Library, Chinese Coll. HX384A1936. Scattered issues from 1931 to 1934. A party organ.

95. *International Press Correspondence* (Moscow, 1925—1935). 10 vols. Organ of the Executive Committee of the Communist International. Widener Library.

96. *Kaizō*,[1] Kaizōsha[2] (Tokyo, 1932—). Yenching Institute Library.

97. *Kommunisticheskii Internatsional*, weekly organ, Ispolnitel'nogo Komityeta Kommunisticheskogo Internatsionala (Moscow, 1920—). Russian Research Center, microfilm.

98. *Kuo Wen Chou-pao*,[1] weekly, Kuo-wen Chou-pao-she[2] (Tientsin, 1931). Yenching Institute Library.

99. *Materialy po Kitaiskomu Voprosu* (Materials on the Chinese Question), K. U. T. K. (Sun Yat-sen University) (Moscow, 1927—1928), nos. 9-14. Widener Library.

100. *Pravda* (Moscow, 1918—). Russian Research Center, microfilm.

101. *Revolyutsionnyi Vostok* (The Revolutionary East), Nauchno-, isslyedovatyel'skaya Assotsiatsiya po Izucheniyu Natsional'nykh I Kolonialnykh Problem (The Scientific Association for the Study of Na-

tional and Colonial Problems)(Moscow, 1931—1933). Scattered issues 1931—1933. Chinese Library, Harvard University.

102. *Pu'rh-se-wei-k'o*[1] (Bolshevik)(Shanghai, Juichin). Scattered issues, 1930—1932. Hoover Library, Chinese Coll. HX384A1976.

Russian Research Center Studies

103. Public Opinion in Soviet Russia: A Study in Mass Persuasion, by Alex Inkeles

104. Soviet Politics—The Dilemma of Power: The Role of Ideas in Social Change, by Barrington Moore, Jr.

105. Justice in the U. S. S. R.: An Interpretation of Soviet Law, by Harold J. Berman. Revised edition

106. Chinese Communism and the Rise of Mao, by Benjamin I. Schwartz

107. Titoism and the Cominform, by Adam B. Ulam

108. A Documentary History of Chinese Communism, by Conrad Brandt, Benjamin Schwartz, and John K. Fairbank

109. The New Man in Soviet Psychology, by Raymond A. Bauer

110. Soviet Opposition to Stalin: A Case Study in World War Ⅱ, by George Fischer

111. Minerals: A Key to Soviet Power, by Demitri B. Shimkin

112. Soviet Law in Action: The Recollected Cases of a Soviet Lawyer by Harold J. Berman and Boris A. Konstantionvsky

113. How Russia is Ruled, by Merle Fainsod. Revised edition

114. Terror and Progress USSR: Some Sources of Change and Stability in the Soviet Dictatorship, by Barrington Moore, Jr.

115. The Formation of the Soviet Union: Communism and Nationalism, 1917-1923, by Richard Pipes. Revised edition

116. Marxism: The Unity of Theory and Practice, by Alfred G. Meyer

117. Soviet Industrial Production, 1928～1951, by Donald R. Hodgman

118. Soviet Taxation: The Fiscal and Monetary Problems of a Planned Economy, by Franklin D. Holzman

119. soviet Military Law and Administration, by Harold J. Berman and Miroslav Kerner

120. Documents on Soviet Military Law and Administration, Edited and translated by Harold J. Berman and Miroslav Kerner

121. The Russian Marxists and the Origins of Bolshevism, by Leopold H. Haimson

122. The Permanent Pruge: Politics in Soviet Totalitarianism, by Zbigniew K. Brzezinski

123. Belorussia: The Making of a Nation, by Nicholas p. Vakar

124. A Bibliographical Guide to Belorussia, by Nicholas p. Vakar

125. The Balkans in Our Time, by Robert Lee Wolff

126. How the soviet System Works: Cultural, Psychological, and Social Themes, by Raymond A. Bauer, Alex Inkeles, and Clyde Kluckhohn

127. The Economics of Soviet Steel, by M. Gardner Clark

128. Leninism, by Alfred G. Meyer

129. Factory and Manager in the USSR, by Joseph S. Berliner

130. Soviet Transportation Policy, by Holland Hunter

131. Doctor and Patient in Soviet Russia, by Mark G. Field

132. Russian Liberalism, by George Fischer

133. Shalin's Failure in China, 1924～1927, by Conrad Brandt

134. The Communist Party of Poland, by M. K. Dziewanowski

135. Karamzin's Memoir on Ancient and Modern Russia. A Translation and analysis, by Richard Pipes

136. A Memoir on Ancient and Modern Russia, by N. M. Karamzin, the Russian text edited by Richard Pipes

137. The Soviet Citizen: Daily Life in ǎ Totalitarian Society, by Alex Inkeles and Raymond A. Bauer

138. Pan-Turkism and Islam in Russia, by Serge A. Zenkovsky

139. The Soviet Bloc：Unity and Conflict，by Zbigniew K. Brzezinski. Revised edition

140. National Consciousness in Eighteenth-Century Russia，by Hans Rogger

141. Alexander Herzen and the Birth of Russian Socialism，1812～1855，by Martin Malia

142. The Conscience of the Revolution：Communist Opposition in Soviet Russia，by Robert V. Daniels

143. The Soviet Industrialization Debate，1924～1928，by Alexander Erlich

144. The Third Section：Police and Society in Russia under Nicholas I，by Sidney Monas

145. Dilemmas of Progress in Tsarist Russia：Legal Marxism and Legal Prpulism，by Arthur p. Mendel

146. Political Control of Literature in the USSR，1946～1959，by Harold Swayze

147. Accounting in Soviet Planning and Management，by Robert W. Campbell

148. Social Democracy and the St. Petersburg Labor Movement，1885～1897，by Richard Pipes

149. The New Face of Soviet Totalitarianism，by Adam B. Ulam

150. Stalin's Foreign Policy Reappraised，by Marshall D. Shulman

151. The Soviet Youth Program：Regimentation and Rebellion，by Allen Kassof

152. Soviet Criminal Law and Procedure：The RSFSR Codes，translated by Harold J. Berman and James W. Spindler；introduction and analysis by Harold J. Berman

153. Poland's Politics：Political Idealism vs. Political Realism，by Adam Bromke

154. Managerial Power and Soviet Polieics，by Jeremy R. Azrael

155. Danilevsky：A Russian Totalitarian Philosopher，by Robert E. MacMaster

156. Russia's Protectorates in Central Asia：Bukhara and Khiva，1865—1924，by Seymour Becker Out of print.

索　引

（所注页码均为英文原书页码，即本书边码）

A

B

C

D

E

F

G

H

M

N

O

P

R

S

T

V

W

Y

译后记

首先感谢萧延中先生邀请我来翻译史华慈教授的名著《中国的共产主义与毛泽东的崛起》，这是对我的信任和学业上的推动。作为当代“中国问题研究”的经典名著，《中国的共产主义与毛泽东的崛起》终于有了第一个中译本，这是译者最感欣慰的事情。为使读者更为深入地理解史华慈教授的整体学术理路，主编决定收录美国哈佛大学林同奇教授的纪念文章，作为全书的导引。这无疑将会大大有助于读者的理解，也为这部译著大加精彩。为此，我们向林同奇教授致以深深的谢意！

我的专业并非当代中国政治研究，在翻译上也非行家里手。我能有机会翻译这样一部名著，的确是一种荣幸。但是我却不敢自信地说，这种荣幸就能自然演绎出一个最好的译本。19世纪末叶，严幾道关于“信”、“达”、“雅”之翻译训辞，一直沿用至今。现代翻译家也认为，在译者技术性翻译的背后，面对的是另一种文化和另一个世界。两种说法其实道出的是一个道理：翻译不仅仅是文字的转换，其中更渗透着一种不同文化内涵之间的“互动”和“理解”。“从一种文字出发，积寸累尺地度越那许多距离，安稳到达另一种文字里，这是很艰辛的历程。一路上颠顿风尘，遭遇风险，不免有所遗失或受些损伤。因此译文总有失真和走样的地方，在意义或口吻上违背或不尽合原文。”因而，翻译中的问题是殊难避免的。

史华慈教授的这部著作虽然并不晦涩难懂，但是它涉及的内容极其广泛，从中国近代知识分子的哲学思想到中国共产党早期历史人物的政治主张，从西方著名思想家的学说到共产国际内部的重要文献，所有这些如何以准确贴切的语言予以再现，着实令我费了一番工夫。除了参阅大量相关史料书和著述外，还得到了专家的指教。在完成了初译后，我又用了更长的时间四校其稿，其间经历了多少推敲和揣摩，经历了多少愁苦和欢乐自不待言。但对我个人来说，这倒的确应验了王国维先生的那句老话："衣带渐宽终不悔……"

在学术事业发展的进程中，中外文化交流是一个不可或缺的知识源泉。如果这部译著对于时下的学术研究有所助益的话，那么自然应该归功于史华慈先生独具匠心的开拓性研究；而如果这部译著有什么缺憾的话，则是译者的水平和能力的局限所致，在此我谨表示歉意，望各位专家、学者批评指正。

最后需要说明的是，为使读者对史华慈教授的学术思想有一个更全面的理解，经林毓生教授推荐，该书附录了史华慈教授的两篇重要论文。其中《德性统治："文化大革命"中领袖与党的宏观透视》由萧延中先生翻译，《卢梭在当代世界的回响》由谈火生先生翻译。对于他们对本书的贡献，谨表谢意。中国人民大学中共党史系的专家对本书中有关马克思、恩格斯、列宁和毛泽东的著作，以及中国共产党和共产国际的历史文献，作了详细的逐一核对，并完善了注释。其中吴志军先生校注了第1～5章，王国荣先生校注了第6～9章，毛胜先生校注了第10～13章。中国人民大学国际关系学院的秦文明先生翻译了全书索引。对于他们的帮助和贡献，我也表示深深的谢意。

值此译著完成之际，我还要向中国人民大学的专家表示诚挚的谢意，他们在我翻译的过程中给予了无私的支持和帮助。同时也向为本书出版而辛勤工作的编辑人员表示诚挚的谢意。

陈　玮

2005年10月于天津大学

图书在版编目（CIP）数据

中国的共产主义与毛泽东的崛起：典藏本/（美）史华慈著；陈玮译．—北京：中国人民大学出版社，2013.8
（国外毛泽东研究译丛/石仲泉，萧延中主编）
ISBN 978-7-300-17630-7

Ⅰ.①中… Ⅱ.①史…②陈… Ⅲ.①毛泽东思想研究②中国共产学-党史-研究 Ⅳ.①D23②84

中国版本图书馆 CIP 数据核字（2013）第 156334 号

国外毛泽东研究译丛
主编　石仲泉　萧延中
中国的共产主义与毛泽东的崛起
典藏本
[美] 本杰明·I·史华慈　著
陈　玮　译
Zhongguo de Gongchanzhuyi yu Mao Zedong de Jueqi

出版发行	中国人民大学出版社		
社　　址	北京中关村大街 31 号	**邮政编码**	100080
电　　话	010－62511242（总编室）		010－62511770（质管部）
	010－82501766（邮购部）		010－62514148（门市部）
	010－62515195（发行公司）		010－62515275（盗版举报）
网　　址	http://www.crup.com.cn		
经　　销	新华书店		
印　　刷	北京联兴盛业印刷股份有限公司		
开　　本	720 mm×1000 mm　1/16	**版　　次**	2013 年 9 月第 1 版
印　　张	22.5 插页 3	**印　　次**	2024 年 11 月第 7 次印刷
字　　数	303 000	**定　　价**	98.00 元